浜村淳・戸田学
Toda Manabu

名優・
名画・
名監督

浜村淳の浜村映画史

Hamamura Jun

青土社

浜村淳の浜村映画史——名優・名画・名監督　目次

まえがき　浜村淳　7

第一章　浜村淳――映画ことはじめ　13
京都市北区鷹峯周辺に育つ／映画開眼／黒澤明デビュー作『姿三四郎』に感激する／戦前の映画館／「映画概論」講義で溝口健二監督の撮影現場へ／京都の映画撮影所／卒論「日本映画における家族制度の考察」／『続新悪名』に司会者役で出演／浜村の映画出演履歴

第二章　映画の語り部としての浜村淳　93
浜村映画講談誕生／大阪の映画館のこと／アカデミー賞授賞式に出席する／おおさかシネマフェスティバル

第三章　浜村淳が出逢った映画監督　129
マキノ雅弘監督／伊藤大輔監督／衣笠貞之助監督～新国劇の話へ／木下恵介監督／加藤泰監督／野村芳太郎監督／沢島忠監督／田中徳三監督／山田洋次監督／パトリス・ルコント監督、アラン・ドロン、ソフィア・ローレン、マイケル・ダグラス

第四章　浜村淳が出逢った映画スター・女優篇　189
若尾文子、八千草薫／浅丘ルリ子、北原三枝／山田五十鈴、浪花千栄子／香川京子、田中絹代／岸恵子、杉村春子／新珠三千代、木暮実千代、岡田茉莉子／山口淑子、山本富士子／有馬稲子、淡路恵子／岩下志麻、吉永小百合、江利チエミ／倍賞千恵子、淡島千景／逢いたかったスター――桂木洋子、原節子

第五章　浜村淳が出逢った映画スター・男優篇　255
三船敏郎、市川右太衛門、片岡千恵蔵、嵐寛寿郎／大河内傳次郎、長谷川一夫、市川雷蔵／中村錦之助（萬屋錦之介）、石原裕次郎／植木等、フランキー堺、森繁久彌、伴淳三郎／三國連太郎、緒形拳／鶴田浩二、若山富三郎、仲代達矢／丹波哲郎、小林旭、加山雄三

第六章　浜村淳が語っておきたい外国映画の巨匠たち　299
まずは、ターザン映画の話から――／ジョン・フォード監督／ウィリアム・ワイラー監督／デヴィッド・リーン監督／アルフレッド・ヒッチコック監督

第七章　浜村淳がお勧めする古今東西の名画　343
『旅情』／『ローマの休日』／『駅馬車』／『風と共に去りぬ』／『北北西に進路を取れ』／『禁じられた遊び』／『サウンド・オブ・ミュージック』／『二十四の瞳』／『残菊物語』／成瀬巳喜男監督諸作品～小津安二郎『小早川家の秋』／『五瓣の椿』／『仁義なき戦い』／『影武者』／浜村淳が語る映画の魅力

あとがき　戸田学　401

浜村淳の浜村映画史——名優・名画・名監督

まえがき

浜村　淳

映画は美しい。

映画は、おもしろい。

人生を、社会を、さまざまな角度から切り取って映してみせてくれる。勇ましくて悲しいこともある。

そして映画は、はかない。

幻をみるようである。幻はすぐ消える。

高倉健も吉永小百合も森繁久彌も渥美清も想い出の幻である。すべての記憶は、やがておぼろになる。

断片が少しでも残るようにエピソードを探す。裏話をふくらませる。

スターだけではない。脇役も監督も脚本家もカメラマンも大道具も小道具も音楽も美術も映画界すべてにわたって裏話で映画の本体を肥大させる。

きれいに云えば夢のかけらを探して話を装飾する。そのことで映画の記憶をつよく残そうとこころみる。

こうなると、ぼくも戸田氏も話が終わらない。良い話もバカな話も収録時間が足りないくらいしゃべりつづける。しかも中身はあちらへ飛び、こちらへ飛び、まとめようもない。

思えば映画の世界ほどおもしろいところはない。どこまでが真実で、どこまでが虚構なのか。どこまでがホンキで、どこまでが遊びなのか、よその人間には見当もつかない。

映画人を昔はカツドウ屋と云った。京都の街にはカツドウ屋がワンサといた。

ぼくはこんな街に生まれて育った。

桜の平安神宮、紅葉の高尾、新緑の嵐山、雪の金閣寺、祇園まつりに大文字の送り火と、実に情緒のゆたかな街である。

そして撮影所も多かった。

オモロイ、カツドウ屋人種もいっぱいいた。常識を超えた言語行動を大マジメでやるオモロさである。そんな生態を一本の映画にまとめたら『蒲田行進曲』になる。『太秦ライムライト』になる。

けっしてオーバーではない。あの世界に住めば、なんのフシギもないあたりまえの日常である。

むかしスター俳優たちは京都を中心に自分の制作プロダクションを持った。

市川右太衛門も片岡千恵蔵も阪東妻三郎も嵐寛寿郎も持っていた。

いまより、もっともっとたくさんのカツドウ屋がいた。関西ではないけれど、三船敏郎、石原裕次郎、勝新太郎らも制作会社を持っていた。

しかし、なぜかカツドウ屋には関西弁がよく似合った。関東から来た人でも関西弁に染まっていた。監督でさえスターに向かって「御大《おんたい》ここでひとつ、お顔のおアップを頂戴します」と云っていたくらいの伝説はやまほどあった。

どうしてこんな人種が生まれたのだろう？

映画はもともと虚構の糸を紡いでいる。そして組み立てている。毎日、そんな仕事をしていると人間も、いささか現実ばなれしてくる。どこまでがツクリアゲタ世界か、境界がわからなくなる。境界を一歩、踏み越えれば魔界になる。そこに狂気に近い空気がある。狂気も馴れてくると歓喜になる。ウソがたのしみになってくる。

監督が云う。

「この景色は、この角度から撮影してくれ」

「無理でっせ。時代劇やのに電柱が映りますが」

「電柱を切れ」

こんな話をカツドウ屋は大好きらしい。

姫路城での撮影。

「監督、新幹線の音が入りますが」

「列車を止めればよい」

無茶な要求でもカツドウ写真のためならば嬉々として実行してしまう。

近頃は、こんな話よほど聞かなくなった。

みんな温厚な常識人になってしまった。それでよいのである。しかし、そのぶん狂気と正気の紙ひとえ、アブナイおもしろさは消えた。

ぼくが子供のころ実家のそばでよくロケーション撮影していた。スタッフのひとりに訊いた。

「オッチャン、これ、なんという映画や」

男はニコリともせず答えた。

「『コドモはアホ』という題名や」

『手をつなぐ子ら』でもないし『蜂の巣の子供たち』でもなかった。ぼくは啞然とした。まわりの森や林がいっせいに笑っているようにみえた。ぼくは奇妙なたのしさをおぼえた。

(こんな人たちが映画をつくってるんや)

ハワイへ行ったとき現地の人が「プレスリーノ『ブルーハワイ』ヲ撮ッタ場所へ案内シマショウ」と、なんの変化もない岩の前につれて行ってくれた。

「監督ガ云イマシタネ。ココへ滝落トセ、ト。ミンナ三日ガカリデ滝ツクリマシタ。映画公開サレテ見ニ行ッタラ十秒も映ッテイナカッタ。誰モ怒リハシナイ、笑イマシタネ、アキレマシタネ。映画ッテソンナモンデスネ」

こんな話、世界中にあるらしい。

そんなカツドウ屋の笑い話を語りで残しておきたい。すぐ消える幻をアノ手コノ手で記憶しておきたい。

そんなケッタイナ情熱でこんな本を作ってみた。こちらも狂気だったかもしれない。

対談相手の戸田学氏は博覧強記の人である。映画を始め芸能全般にわたってよく観察し、よく掘り下げ、よくおぼえている。ただの噂話を語るだけではなく、その内面に秘められた人間の宿命、ひいてはカツドウ屋の「業《ゴウ》」まで、あぶり出そうと挑んでくる人である。

そこに人間という生き者への興味がしんしんと湧いてくる。

「おもしろうて　やがてかなしき　鵜舟かな」（芭蕉）

まだまだ人間の本質にせまる浮世絵屏風は豊富である。

第二、第三の続篇に期待して頂きたい。

第一章　浜村淳——映画ことはじめ

昭和十年一月十日、京都市北区鷹峯に生まれた浜村淳は、幼少期から自宅周辺での映画のロケ撮影を見て育つ。昭和十八年三月公開の黒澤明監督のデビュー作『姿三四郎』に感激、映画の面白さを知ることになる。同志社大学文学部に進学した浜村は、脚本家・依田義賢の「映画概論」の授業を受け、撮影中の溝口健二監督作『近松物語』の撮影現場の見学を果たす。その後、司会者となった浜村は『続新悪名』にも出演する。

京都市北区鷹峯周辺に育つ

戸田　二〇一五年十一月十九日にオープンした109シネマズ大阪エキスポシティで、浜村さんは、名誉支配人を務めていらっしゃいますね。

浜村　もう両眼から涙を流してね、嬉しいと言うて喜んでますね。

戸田　その姿がそのままポスターになっています。こういう映画館の名誉支配人のお仕事って今までにもおやりになったことはあるんですか？

浜村　ちょいちょい、ありますよ。大阪難波に南街劇場（現・TOHOシネマズなんば）という映画館があって、閉まる時も、また始まる時も名誉支配人をやっています。

戸田　一時、大阪で有名な大きな映画館が閉まる時には、必ず浜村さんが出てこられてましたね。

浜村　シネラマOS劇場とかね（笑）。

戸田　それから大阪キタにあった北野劇場の時もそうでした。だから、我々は陰で浜村さんを「映画館おくりびと」と呼んでましたけどね（笑）。

浜村　ようそんなしょうもないことを言うてますね（笑）。「映画館おくりびと」ではありますが、「映画館ひらきびと」でもあるんですよ。

戸田　オープニングもやられてるんですね。

浜村　オープニングもやっています。

戸田　今回もそうですね。我々はマスコミ試写という形でオープニングで、『ザ・ウォーク』（二五）という作品をIMAXの大画面でいきなり見せていただきました。

浜村　そうなんです。あれは、高さ18m、幅26mという、これがスクリーンの大きさです。ニューヨークの世界貿易センタービルが二つありますね、この二つのビルの間にね、ピーンとロープを張ってね、命綱を全然付けないで綱渡りする馬鹿な男の物語。

戸田　これ、『バック・トゥー・ザ・フューチャー』シリーズ（八五〜九〇）や『フォレスト・ガンプ／一期一会』（九四）のロバート・ゼメキス監督ですから、特撮がすごいですね。

浜村　それで、これは実話なんです。従いまして、こういうことをやろうという計画の段階から周りはね、言葉は悪いですよ。「アホ」「バカ」と言うたんですよ。「そんなことができるわけがないがな」。５０８mの高さですよ。そこを綱渡りするんですから。それでね、本人に「なんでそんなことをするんや?」って、皆が訊きますよね。ただでさえ、十数メートルの高さで綱渡りするのも怖いのに、５０８mですよ。二つのタワーの間、およそ43m、命綱付けず……もっともバランスをとるために横棒一本は持ってますね。「そんなことが何がおもろいねん」ということでしょ。もう一ミリ狂ったら真っ逆さまに墜落ですもん。そう言うとね、本人は……映画にはこのセリフは出てきません。でもね、本人の言葉を総合して感じますとね、「自分は高い場所があると、綱渡りがしたいんや」と。で、パリのノートルダム寺院でもやってます。それで逮捕されてるんですよ。無許可でやるもんですから。でもね、高い場所を見ると綱渡りをしたくなるんです。なぜかと言うと、目もくらむばかりの高いところをね、綱渡りしてるうちに神様に逢えると言うんですね。自分は神様に逢いたいからだと言うんですね。でもね、５０８ｍですよ、戸田さん（笑）。

戸田　見ていて怖かったですよ。それに３Ｄ画面ですしね。

浜村　もう見てるほうがよっぽど怖いですよ。

戸田　特に、あのＩＭＡＸの劇場で見ると奥行きがすごくって、それからＳＦＸが上手い監督です

「１０９シネマズ大阪エキスポスティ」オープニング・チラシ

からね。

浜村　自由の女神像に乗ってね、本人が「ぼくはこういうことをやったんだよ」と映画の中で語ってる以上、本人は無事でね、綱渡りが無事にできてね、生きてるわけです。

戸田　観客は結果が分かってるんですけどね。

浜村　分かってるのにね、怖いんですよ。ハラハラ、ドキドキの連続でね、まあ、映画というものの醍醐味を感じさせるような作品でしたね。

戸田　さっきの109シネマズ大阪エキスポシティのポスターにですね、浜村さんの「映画人生80年」という風に書かれていましたね。

浜村　ハッ、ハハハハ……！　歳がばれるやないですか。

戸田　だから、今回はその八十年の最初の頃からのお話をお伺いしたくてお邪魔しました。

浜村　戸田さん、映画人生八十年というと、私は生まれた時から映画を見てるわけですか？

戸田　まあ、本当は七十数年ということになるんでしょうがね。

浜村　でもね、母の胎内にいる時から見てましたからね。

戸田　そうなんですか。それはどういうことなんですか？

浜村　いや、お母さんが私をお腹に入れたまま映画を見に行ってましたからね。

戸田　映画評論家の淀川長治さんと同じ体験をしておられますね。

浜村　そのとおりです（笑）。「（淀川長治の声色）まあ、皆さん、すごい、すごい、すごいですね。ハラハラしますね、ドキドキしますね」。まったくそのとおりですよ。

戸田　浜村さんの年齢を言うと、たいへん失礼かもしれませんが、生年月日が昭和十年一月十日なんですね。

浜村　そうです。十日戎の生まれですからね。一生、お金に困ることはないと、よう言われたもんです。

戸田　でも、ホントにそうですよね（笑）。

浜村　年中困っていますよ（笑）。ただ、新聞で私の名前を出す度に……いや、私だけではないですよ。誰かの名前を出す度に年齢を書くんですよ。

戸田　あれは我々でも時々自分の年齢を書かれて、ゾッとしています。

浜村　ハッ、ハハハハ……！

戸田　私が初めて浜村さんを知った時代は、まだ三十代でした。

浜村　もう、ラジオの深夜放送をやってましたでしょ？

戸田　やっておられました。だから浜村さんが映画語りを始められて、数年経ったぐらいですかね。ですから、我々は浜村さんの映画語りで映画を勉強させていただいた世代です。

浜村　そうおっしゃっていただくと実に嬉しいですね。私は昭和十年生まれですが、芸能界において自慢できるものが三つほどあります。で、ひとつは、もう三歳ぐらいから京都・南座の歌舞伎の顔見世興行を見ていましたからね。国宝と言われた六代目中村歌右衛門さん、初代中村吉右衛門さん。それから今の海老蔵さんのお祖父ちゃんの市川海老蔵さんの『切られ与三』・玄治店。

戸田　のちの十一代目市川團十郎ですね。

浜村　そうです。初代中村吉右衛門さんの『地震加藤』ですね。それから『鈴ヶ森』の番随長兵衛を演りました。それから河内山宗俊。そして中村歌右衛門さんの『鷺娘』。

戸田　六代目歌右衛門の若かった頃ですね。

浜村　全部覚えてますよ。だって子ども心に感激するんですから（笑）。印象に残ってますよ。これがひとつです。それから十一歳の時から宝塚歌劇を見てますからね。宝塚百年の歴史のうちね、ざっと七十年近く見てるわけですよ。で、もうひとつは映画ですね。古い古い作品。今から言うと古い作品ですが、公開当時は新しい映画です。それををズゥ――ッと見てきたわけです。

戸田　浜村さんは、京都市北区鷹峯というところのお生まれですよね。一度、浜村さんと血の天井がある源光庵というお寺へ行かせていただいたことがあります。

浜村　京都伏見城に立てこもった徳川方の武将ですね。鳥居元忠が攻められた時、あそこで石田三成方とか徳川方が戦いました。その時の戦闘の血の流れ、血だまりの廊下を全部天井にしてるんです。「血の天井」と言いましてね。

戸田　それからまあるい窓の……。

浜村　「悟りの窓」。四角い窓の「迷いの窓」があります。

戸田　吉川英治原作『宮本武蔵』に出てくる本阿弥光悦の……。

浜村　光悦を祀った光悦寺……それからその吉川さんの『宮本武蔵』に出てくる吉野太夫、当時、随一の花魁ですよね。吉野太夫が門を寄進した、常照寺というお寺のすぐそばにあるんですよ。だからいまだに常照寺は、四月になりますと、桜の花ざかりの頃に吉野太夫を偲んでお祭りをやってますね。

戸田　川端康成の『古都』の舞台もすぐそばですよね。

浜村　昔は中川村と言ったんです。北山杉の故郷ですね。今、中川町になっています。ここで苗子と千重子という双子の姉妹がいましてね、この二人が初めて会うのは祇園祭の御旅所ですけれども、この北山杉の村では、苗子のほうが北山杉の枝打ちを仕事にしてるんですね。千重子は、室町の呉服問屋に拾われて、この双子の姉妹の運命の変転を川端先生独特の美しい筆致で描いていますね。

戸田　我々は岩下志麻さんの映画でね。中村登監督でしたか。

浜村　おっしゃるとおりですね。よく知ってますね。

戸田　この映画が良かった。長門裕之さんが良かったです。

浜村　はいはい、秀男というね、西陣織を織る人の役が長門裕之さん。のちに山口百恵さんでもういっぺん映画になりましたね。

戸田　これは市川崑監督でしたね。山口百恵引退記念作品ですよね。そういう自然と言いますか、風光明媚な場所なので、浜村さんがお子さんの頃は、映画撮影がよく行われていたそうですね。

浜村　そうなんです。もともと本阿弥光悦という当代きっての文化人がですね、この人が徳川家康からもらった土地なんですね。それを文化人村にしたわけですね。だから自分にゆかりのある人……例えば絵で言うと尾形光琳とかね、豪商って、立派なお商売をやってる人で言えば、茶屋四郎次郎とかね、そういう人が全部、別荘をあそこへ構えたりしました。だから鷹峯というと文化村やったんですね。その当時の邸もいまだに二、三残ってますよ。

戸田　時代劇も当たり前のようによく撮影に来ていたとか。

浜村　そのとおりですね。三日にいっぺん時代劇のロケーション撮影が来てましたねえ。

戸田　浜村さんご自身が映画というものを実際に最初に感じられたのは、映画をご覧になられたほうなのか、ロケをご覧になられたほうなのか、どちらなのでしょうか。また、それは幾つぐらいの時だったのでしょうか？

浜村　それはね、いちばん小さい頃から言うと、エノケンの映画ですね。当時、榎本健一は日本一の喜劇王でしょ。エノケンと古川緑波。この二人が日本の喜劇の世界を握ってましたですね。で、『エノケンの鞍馬天狗』（三九）とか、『エノケンの法界坊』（三八）、『エノケンのちゃっきり金太』（三七）、『エノケンの江戸っ子三太』（三六）、それからね……。

戸田　『エノケンの近藤勇』（三五）もありましたね。ミュージカル調で下駄でタップを踏むんですね。

浜村　『三尺左吾平』（四四）とかね。長い長い刀を後ろに車をつけて差して歩いてまして（笑）。そういう奇想天外な映画。子どもはやっぱりそういうものが好きですね。

戸田　まず映画は、ご覧になるほうから印象づけられたわけですか。

浜村　そうです、そうです。『エノケンの孫悟空』（四〇）もありましたですね。そのうち小学校へ上がるようになってからは、家の近所に時代劇映画の撮影に来る。するともう鞄を放り出して皆で見に行くわけですよ。

戸田　「カツドウの種とり」と言ったそうですね。

浜村　ハッ、ハハハハ……！　映画のね、ロケーション撮影のことを、昔は活動屋の世界では「カツドウの種とり」と言うてましたね。それでね、石田民三なんていう監督はね、京都の花街《かがい》、はなまちの人なんです。映画監督でありながら、縕袍《どてら》着て、撮影に来るんです。

戸田　それで、『花つみ日記』（三九）という色街の映画を撮ったりとかするんですかね。

浜村　台本を丸めて懐へ入れてるんです（笑）。そんな監督もおりましたんですよ。

戸田　浜村さんは、当時お子さんですから、やっぱりスターとかカメラマンのほうを意識されたりするもんじゃないのですか。

浜村　やっぱりスターは意識しますよ。

戸田　どんな方が特に印象に残っておられますか。

浜村　ぼくが覚えておりますのはね、小学校も高学年になってきてからは、スターの名前も分かってきた。市川右太衛門さん。『天狗飛脚』（四九）という映画の撮影に来てました。それからエノケン・ロッパで弥次さん、喜多さん……『エノケン・ロッパの弥次喜多ブギウギ道中』（五〇）を撮ってましたね。

戸田　あれは確か舞台でヒットした作品ですね。

浜村　そのほかに『修羅城秘聞　双龍の巻』（五二）という映画で大河内傳次郎さん、轟夕紀子さん……そういう人が来てました。板東妻三郎さん、田村兄弟（高廣、正和、亮、ともに俳優）のお父さんですね。そういう人々も日常茶飯事として眺めてましたからね。で、撮影が終わって、映画が完成して公開されると今度は町中でね、「川藤さんの家が映ってたで」とか、「杉原さんの家、映ってたで」と言うので、今度は映画館へ走って見に行くわけですよ。

戸田 撮影のスタッフと子どもたちがその時に交流するとかというのはないのですか。

浜村 あんまりなかったですね。子どもが口を挟む世界ではなかったですね。

戸田 「ここからは入るな」というような線を張られるということはあったのですか。

浜村 それはなかったですね。ただ道の端に立って見てるとか、子どもばっかりようけ来てるんですよ（笑）。大人はあんまり来ない。ただね、杉原さんの家を借りてね、前進座総出演で溝口健二監督の『宮本武蔵』（四四）を撮った時なんか、田中絹代という当時の大スターに、中村翫右衛門、河原崎長十郎、この人たちは前進座ですね。こういう人たちが来ていましたね。

戸田 それは山の中の場面がありますね。あの道の撮影がだいたい鷹峯のあたりですかね。

浜村 そうですね。私が行ってる小学校ですね。鷹峯小学校。私の何年か後輩にテニスの伊達公子さんがおりましたけれどもね（笑）。その学校の前を通りすぎると街道になるんですね。その山道が映画によっては、東海道になったり、中山道になり、甲州街道になったりするんですよね。それが映画を見てると非常に面白かったですね。

戸田 この時代は戦意高揚映画の時代ですよね。『宮本武蔵』をこの間、見直しましたですけれども。この作品の原作は吉川英治ではないんですね。菊池寛原作で川口松太郎の脚色です。敵討ちをしたい姉弟がいて、この姉さんが田中絹代ですね。

浜村 そうです。信夫という役でした。

戸田 一乗寺下がり松の決闘がチラッと出てきて、後半が巌流島の決闘になって終わるという感じで、一時間ほどの作品でした。もともと原作は毎日新聞戦争版というものに連載されていたんですね。それで「撃ちて止まん」とかが最初に出る映画ですよ。

浜村　だいたい溝口健二という世界に有名な監督ですけれども、この人は武家の世界とか上流社会を描くのがいたって苦手な人です。ですから、むしろあの人が得意だったのはどん底の世界に喘いでいる女性とかね、運勢の悪さに襲われてですね、結局は悲運、悲しい運命の元に泣く女性とか、そういうものを描かせると、『夜の女性たち』（四八）とか、『赤線地帯』（五六）とかね、『雨月物語』（五三）もそうですが、そういうものは上手かったですが、『宮本武蔵』という武士を描くというのは苦手でしたね。

戸田　『宮本武蔵』は、失敗作だと言われていますよね。

浜村　『元禄忠臣蔵』（四一〜四二）というのがありましたが、これも失敗でした。

戸田　これは前後篇で討ち入りがない。真山青果の原作ですよね。歌舞伎で演じられる。

当時のスターと撮影現場で話をされたということはなかったのですか。

浜村　そんな子どもがね、近づける世界ではなかったですね。近所の兄ちゃんたちがね、「わッ、エノケンが来てる」「緑波が来てる」と言うてね、サインをもらいに行くんですよ。でも、色紙みたいな立派なものは持っていかない。テッシュペーパーを持っていくんですよ。昔はちり紙と言うたもんです。そんな失礼なことをね（笑）、と思いながら、我々はとにかく見ているばっかりですね。特に長谷川一夫主演の『番町皿屋敷』。これも鷹峯でロケーションしてるんです。青山播磨という主人公が長谷川一夫。津島恵子がお菊。映画のタイトルが『番町皿屋敷　お菊と播磨』（五四）。

こういうタイトルでやったんです。

戸田　これは戦後の作品じゃないんですか。

浜村　ええ、戦後の作品です。戸田さん、私が見たから言うて、戦前や思わんといてください。冗談じゃない。戦後ですよ（笑）。

戸田　（笑）。『宮本武蔵』とか、『元禄忠臣蔵』は戦前の映画ですからね。

浜村　『元禄忠臣蔵』は、昭和十六年ですね。私の家の近所にそういうたくさんのスターが来ました。長谷川一夫も来ました。津島恵子も来ました。そして進藤英太郎という名脇役ですね。この人が旗本のひとりになって、馬に乗ってくるんです。馬に乗ったままの撮影ですね。田崎潤が火消しの役なんですね。そういう場面をね……火消しの場面は江戸が舞台ですけどね。そういう人が来ました。でも、そういうスターと子どもはね、話しできるわけないじゃないですか（笑）。「おっちゃん、しんどいか？」とかね、「撮影、キツそうやな」って、言えるかいな、それはね（笑）。

戸田　また、落語の『いかけや』の子どものようにとり囲んでるのかと思いました（笑）。

浜村　とんでもない。相手は光輝く雲の上の人ですからね。

戸田　話は少し変わりますが、浜村さんがお子さんの頃は新選組を知ってるお婆さんとかがいらしたとか。

浜村　そう……（笑）。とにかくね、シャーロック・ホームズがイギリスのコナン・ドイルによって書かれたのは、これが百三十年前ですね。それより二十二年くらい前に新選組が三条小橋の宿屋「池田屋」へ斬り込んでますね。だからそういう時代ではあった、明治維新直前に徳川幕府が倒れそうになっている頃にイギリスではシャーロック・ホームズが活躍したわけですね。だから、当時、京都の人には、本当は壬生の浪人と言って新選組が今みたいに人気がなかったですね。壬生の浪人でミブロと言うてね。異常に嫌がったもんですが、ただ、京都の人やから、そうはっきりは言いません。「よろしおすなあ。あッ、新選組の旗がゆく。お見事どすなあ」と言いながら（笑）、「ミブロがなんですの、あれ……」。これは新選組が悪いんじゃない。それ以前の芹沢鴨が率いていた新徴組や芹沢鴨自身が無茶苦茶やったんです。横暴を極めた。だから京都の人は嫌がっていました。新徴組が急に芹沢が殺されたから言うて、新選組に変わった。ガラッと変わるわけないですね。「名前が変わったけど、やっぱりあれは壬生の浪人でっせ。ミブロでっせ」言うて非常に嫌がった、新選組が屯所を西本願寺のほうへ移したでしょ。あのあたりから新選組を見直した。「そんな悪い人ばっかりやない」という気分が出てきてね。特に沖田総司は新選組随一の遣い手でありながら、子どもが好きでね。あれは胸を患っていたから、命短いと自分で知ってたから、特に次の世代へ育っていく子どもに愛着を覚えたんじゃないかと思いますが、暇がある時は、いつも子どもを周りに集めて、鬼ごっこ、かくれんぼをやっていたと、そういうことを話しましたですね。そのお婆ちゃんもその中に入っていたわけですからね。で、私的な表現でね、「西本願寺の境内の大銀杏が夕陽に染まって金色に輝く頃、「さいなら、さいなら、沖田はん、さいなら、また明日会いましょうね」と言うて、うちらは別れて行ったんどすえ」という記憶をね、八十代半ばのお婆ちゃんが、おぼろげな記憶ですね。それをポツリ、ポツリとしゃべったですね。

戸田　近所の方ですね。

浜村　そうです。そんな話はね、京都にはいくらでもあると思うんです。たまたま私が覚えていただけのことで、ほかにもいくらでもあると思いますよ。

映画開眼

戸田　浜村さんの子ども時代は、お芝居も見に行っておられたとか。お父さまが招待券をよくもらわれて帰ってこられたそうですね。

浜村　そうなんです。父親はね、京都の公務員、交通局に勤務しながらですね、本当は材木商なんですが、人に任せて自分は公務員をやっていました。その立場からかね、しょっちゅう映画、お芝居の招待券が手に入るんですよ。余計に行ってましたね。

戸田　横山エンタツ・花菱アチャコの実演もご覧になったとか。

浜村　見ております。新京極の花月。あそこが寄席やった頃にね、柳家三亀松とかが出るんですよ。エンタツ・アチャコも「早慶戦」、あの出し物で大人気になったでしょ。それを引っ提げて出ておりましたですね。その頃はね……。

戸田　花菱アチャコ・千歳家今男、横山エンタツ・杉浦エノスケという別々のコンビではないのですか。

浜村　そうじゃなくて、エンタツ・アチャコで出ておりました。というのは、映画ではこの二人は一緒でした。映画、面白かったですよ。この二人に柳家金語楼さんなんかが加わって、『縁は異なもの』(四七)とかね、『これは失礼』(三六)とかね、『エンタツ、アチャコ、虎造の初笑ひ国定忠治』(三九)とかね、そんな厳めしい映画と違うんですよ。お笑い、お笑いで、斎藤寅二郎という喜劇の名人、監督が撮るんですから、実におかしかった。「おのね、おっさん」の高勢実乗とかね。

戸田　高勢実乗は場面に関係なくどこにでも出てきますね。

浜村　(笑)。そうなんです。「あのね、おっさん、わしゃ、かなわんよ〜」と言うて(笑)、ストーリーに関係なしに出てくるんです。

戸田　俳優の小沢昭一さんの思い出話で、学校で流行っていた「あのね、おっさん」が禁止になったんですって。で、「明日から、あのね、おっさんは禁止にします」と校長先生が言うと、生徒が一斉に「あのね、おっさん、わしゃ、かなわんよ〜」って、合唱したという。

浜村　なるほど(笑)。小島よしおさんが「そんなの関係ねえ」って、海パン一丁になってギャグをやったでしょ。あれ、学校で流行ったらしい(笑)。先生が「あの言葉を止めなさい。禁止します」って言うたら、「そんなの、関係ねえ」って生徒が言う。流行語ってそんなもんですね。

戸田　先ほどエノケンのお話が出ましたが、エノケンの映画をよく撮られてた山本嘉次郎監督には『馬』(四六)という作品がありますね。昭和十六年の映画ですから、浜村さんは六つぐらいですよね。この作品にびっくりされたとか。

浜村　それはね、戸田さん、まず六歳の時に、当時、親に連れられて見てます。でもね、戦後になって、リバイバル上映したでしょ。その時、改めて感心した。これは名作やなあと。もう本当に見とれましたですね。で、聞いてみると山本嘉次郎監督ではあるけれども、東北の春夏秋冬、四季折々にカメラを据えて撮った映画ですよね。

戸田　何年間かかけて……その間、エノケンの映画を撮ってたらしいですね。

浜村　だから『馬』を実際に大部分撮ったのは、助監督の黒澤明やと聞きました。だから見ていると黒澤らしい演出がありますよ。

戸田　特に馬市のシーンでカメラが移動するところで、例によって撮影の邪魔になる民家を潰したって話ですよね。

浜村　ハッ、ハハハハ……！

戸田　黒澤さんが直接、その家へ行って交渉したらしいです。

浜村　まだその頃は助監督やのに？

戸田　映画会社の大道具さんって、大工さんより家を建てるのが上手いですからね。

浜村　本物そっくりに作りますからね。いねという少女が高峰秀子さんでしょ。いねが十四歳の時から自分の家で生まれた仔馬を牧場で放牧、もう牧場で育てるのを愛情を持って見守っているじゃないですか。で、一時ね、その馬を軍馬として徴用されるはずなんですよね。

戸田　最後にその馬を売るんですよね。

浜村　あッ、売ってしまいましたか？　で、向こうの遥かな丘の上からね、いねの姿を見つけた馬がね、ダァ——ッと走ってくるのをね、撮っている。あれは黒澤演出ですよ。あのダイナミックさは。

戸田　高峰さんがその前に『綴方教室』（三八）っていう山本嘉次郎監督作品で演技開眼するんで

すけどね、その時の助監督も黒澤さんで、で、恋心が芽生えたそうですね。

浜村　それはね、テレビでご一緒した時に高峰さんに直接訊いたんですよ。ほんなら本人は「あなた、もうそんな昔の話をね……少女の淡い憧れ、この兄ちゃん、ええ人やなあという感じの憧れをね、世間では五倍、六倍に膨らませて、高峰秀子の初恋とかね。黒澤明とのロマンスがあったとか。そんなことはないのよォ。そんな大層なことないのよ。少女の淡い憧れみたいなもんなのよ」って言ってましたが……。戸田さん、黒澤の映画に高峰秀子は出てますか？

戸田　出てないです。『醜聞／スキャンダル』（五〇）という映画がありましたでしょ。山口淑子さんが出た。あの役を高峰さんでという話があったんですが、結局流れたらしいですね。

浜村　あッ、そうですか。結局、高峰さんは一本も出てないでしょ。

戸田　先ほどの『綴方教室』で、高峰さんは、十二〜十四歳ぐらいの少女……子役から少女、大人になってゆく時代の作品ですが、手に蚊が止まるというシーンがあったらしいですね。

浜村　あの、ブーンと飛んでくる蚊ですか。

戸田　はい、それを助監督の黒澤さんが糸で上手に蚊を作って、高峰さんの手の上に乗せて、ニコッと笑ったんですって、それでボォ〜ッとなったというような話ですがね。

浜村　はあ……それが憧れのきっかけになったんですか。

戸田　黒澤さんは背が高いですしね、男前ですもんね。

浜村　黒澤監督のお兄さんは有名な活動弁士ですね。

戸田　浅草の。

浜村　ねえ。映画解説者って、今の人は「なんのこっちゃねん、それ?」と(笑)、お思いでしょうが、映画が音を出さなかった頃には、ひとりの弁士が舞台の隅に立って、映画のすべてを説明した。これを映画解説者あるいは活動弁士、略して活弁と言ったんですが、映画がいよいよ音を出す時になって、弁士の皆さんは大反対をされたんですね。映画が音を出したら、弁士の連中は失業じゃないですか。だから反対を叫んでストライキまで起こした。その時、リーダーやったんが、黒澤監督のお兄さんやった。

戸田　黒澤丙午(芸名=須田貞明)でしたっけ?

浜村　そういう名前でしたか。のちには恋人と心中してますね。

戸田　黒澤明さんは、この兄さんにかなりの影響を受けてるみたいですね。名作映画を「これ、見とけ」と言われて見ていたらしい。

浜村　そうだろうと思いますよ。そして黒澤さんは絵描きさん、画家志望でしたからね。自分の撮る映画をあらかじめ一冊の画集にしたりするでしょ。

戸田　後半の作品は全部してましたね。

浜村　もう、『影武者』(八〇)の頃は、見事な一冊の本になってますよね。

戸田　のちにそれをアニメーションみたいにして映像ができましたからね(笑)。

浜村　まあ、京都という街は、だいたい映画の街ですから、そこで生まれ育って、時代劇映画の撮影現場を度々見てると、こら、映画好きになるのは仕方がないですね。

黒澤明デビュー作『姿三四郎』に感激する

戸田 特に浜村さんが映画に開眼したのは、今のお話に出た黒澤明監督の第一作の……。

浜村 助監督から監督になった時の最初の映画……。

戸田 『姿三四郎』（四三）ですよね。

浜村 そうですね。

戸田 ♪向こうへ来るのが三四郎　寄ると怖いぞ　三四郎…っていう、劇中の子どものわらべ歌みたいなものがありました。

浜村 ありました。

戸田 あれが当時、流行ったって聞いたのですが、どうだったんですか。

浜村 それは覚えてないですねえ。ぼくは歌わなかったですけどねえ。

戸田 『姿三四郎』は、昭和十八年の三月の公開ですね。

浜村 おっしゃるとおりですね。私、八歳の年ですよ。

戸田 この時に社会現象になって、日本中が『姿三四郎』の話題になってたって、よく聞くんですが……。

浜村 もう、そのとおりですね。だいたい小説がヒットしたでしょ。原作者の富田常雄さんのお父さんは、講道館の名人でしょ。講道館四天王のひとりが西郷四郎と言って、この人をモデルに『姿三四郎』という小説を書いた。これがまず大ヒット。これを黒澤さんが自分の監督一本立ちになる時にデビュー作として選んだのは、賢明やったと思いますね。

戸田　小説の広告が出た段階で東宝に原作者との交渉に当たってもらったとか。

浜村　……らしいんですよ。それでね、戦時中、昭和十八年、「鬼畜米英」「米英撃滅」とかね、おもろい四文字熟語……今から考えたら面白いですけど、当時は真剣ですよね。そんな言葉をさかんにマスコミが騒ぎ立ててる頃にひたすら柔道というものに青春をかけた若者の世界を映画に撮ったから、皆、そら熱狂して見に行った。また上手い。演出が上手いですもん。

戸田　脚本はあらかじめ検閲がかけられますから、元のシナリオはその頃の軍意高揚の言葉が入ってたんですってね。

浜村　入ってたでしょうね。

戸田　で、実際の撮影になったら、全部黒澤さんが省いたらしいですね。

浜村　ねえ。それをやったと思いますね。だって映画が出来上がっても、もういっぺん検閲するでしょ。よく、承知したと思うんですよね。

戸田　それから藤田進の三四郎と轟夕紀子の小夜が神社の階段でラブシーンのような出会いがありますよね。ああいう場面があの時代によく撮れたなって思いますね。

浜村　轟夕紀子は、村井半助という柔道家の娘ですね。

戸田　志村喬が演ってる。

浜村　志村喬が演ってました。で、三四郎は講道館の門下生で、この二人が他流試合をやるということは、本当は許されないんですが、警視庁の主催でね、どうしてもほかの一門とも戦わなければならない。その一番のライバルが村井半助という志村喬の柔道家です。その娘が小夜と言うて轟夕紀子さんですよね。と、偶然、姿三四郎と出逢った時、鼻緒が切れて困っている。それを三四郎が腰の手ぬぐいを割いて鼻緒をいわえてやるという……で、敵同士、ライバル同士と、その娘とのほのかな初恋ですね、ほのかな感情をもち合うという……。

戸田　また、藤田進さんが朴訥ですから「いやあ……いえいえ……」とか言う。何度も神社の階段で出会うシーンを映像としても重ねますね。

浜村　そうですね。まあ、そういう意味から言うと大河内傳次郎とか藤田進とか高倉健とか（笑）、こういう人たちは芝居しないですよ。朴訥でね、ぶっきら棒でね。で、立ってる後ろ姿だけでオーラが出るという。そういう人は昔は多かったですね。

戸田　この作品では、檜垣源之助と言って、月形龍之介が敵役で、不気味な不気味な男が、フロックコートって言うんですか。ああいうのを着て出てきますね。

浜村　そうなんですよ。檜垣源三郎と兄弟ですね。

戸田　『續姿三四郎』（四五）に出てきますね。

浜村　で、講道館に他流試合を申し込みに来てね、「うちは他流試合はやらない」と言うた時、「キャ〜〜ッ！」という声が出て、道場の羽目板へ手を突っ込むんですよ。あんなことできるわけないじゃないですか。空手名人ですからね。道場の分厚い羽目板へブゥワァ〜〜ンと五本の指を突っ込んでね、穴を空けるという一種のデモンストレーションですね。

戸田　特にこの映画で浜村さんが「映画って面白いな」って思われたのは、どのあたりですか？

浜村　それはやっぱりね、他流試合を禁じている講道館で他流試合を申し込まれた檜垣兄弟に黙って逃げているようでは恥やと姿三四郎はそう思いまして、わざと道場で酒を飲んで破門されようとするんですね。で、道場に胡坐をかいて一升徳利を傾けていると講道館の矢野正五郎……、嘉納治五郎ですね。大河内傳次郎がやってきて、そうして三四郎が飲んでいる一升徳利の紐をこう手に持って、（声色で）「これが山嵐！」「これが大外刈り！」言うて、足でポン、ポンと蹴りながら教えてゆくでしょ。映画的ですね。いかにもドラマチックですね。

戸田　『續姿三四郎』って、黒澤さんは、失敗作っておっしゃるけども、やはりそこは名場面ですね。『姿三四郎』では如何ですか？

浜村　右京ヶ原というところで檜垣源之助と対決にゆくでしょ。こっからは黒澤ですね。夜空を雲の塊が、ビュ――ッ、ビュ――ッ、ビュ――ッとえらい速さで流れている。右京ヶ原の草村、丈の高い草村がザワザワザワッ、ザワザワザワッと揺れまくるでしょ。そこへ必殺山嵐の技を引っ提げて姿三四郎が姿を現す。見事なラストシーン、あの対決ですね。映画史上に残る名場面です。

戸田　あれは三日間だけロケへ行って、全然、風が吹かなくて、結局最後の一日になって、もうダメだなという時にあの嵐が吹いたんですってね。

浜村　（笑）。ああ、本当？　扇風機を使ってないんですか？

戸田　使ってないんですって。浜村さんにお訊きしたいのは、志村喬との試合の場面で、三四郎が投げられても、クルッと立ちますよね。あれは三四郎が猫を落とした時にクルッと見事に立ったのがヒントとなって、あの技を習得するというシーンがあったらしいですが、そんな場面は覚えてはりますか。

浜村　ぼくはね、覚えてますね。ぼくはあの映画を見て、初めて猫というものは高いところから落としてもクルッと反転してね、地上に安着するということを知ったんですから覚えてますよ。

戸田　貴重な記憶ですね。『姿三四郎』は次の年に再公開される時に、二十分ぐらいカットされてるんですね。ネガを切ったものだから、のちの公開はすべてカット版でした。その後、ロシアで短縮版が見つかって、その中に日本で失われてしまったシーンが見つかって、それをカット版につないだのが、最長版というものです。かつて、淀川長治さんがもうフィルムがなくなってしまった映画の場面を覚えておられて、しゃべってはったんですが、浜村さんの記憶だけで残る映画というものもあるかもしれませんね（笑）。

浜村　いやいや（笑）、淀川さんて、『ステラダラス』（二五）なんていう名作を今見たように語りますからね。

戸田　『唐人お吉』（三五）とか、『狂恋の女師匠』（二六）とか……もう、フィルムがどこにもないんですってね。『狂恋の女師匠』は、三遊亭円朝の『真景累ヶ淵』ですよね。怪談です。

浜村　鈴木澄子という女優がおりましたですね。『佐賀怪猫伝』（三七）、『夜嵐お絹』（三六）。この人はそういう怪談映画の主演をさせたら上手かったですね。のちに入江たか子という人が、その伝統を受け継いでいるんですよね。

戸田　化け猫女優と言われていましたね。

浜村　そう、大映映画においてね。入江たか子って、貴族の出身ですからね、上品なお姫様女優やったんですよ。晩年そんな役をたくさん演りまして。

戸田　娘さんが入江若葉。

浜村　『宮本武蔵』でお通を演ってますね。お通は、そら戸田さん、なんと言うても八千草薫、最高でしたね。

戸田　ぼくらはね、中村錦之助、内田吐夢監督の『宮本武蔵』（六一〜六四）五部作が武蔵だと思っていまして、以前、浜村さんから「いや、そんなことはないです。八千草薫のお通がどれだけ素晴らしかったか」というお話をお聞きしましてね。

浜村　武蔵が三船敏郎でね。

戸田　三船だったら、決闘する前から勝負が決まっていると思っていたんですが、その『宮本武蔵』（五四〜五六）三部作を見たんですが、やっぱりいいですね。稲垣浩監督ですね。

浜村　稲垣浩監督、〝イナカン〟と言いましてね。

戸田　伊那の勘太郎というのは、その〝イナカン〟から採ったらしいですね。

浜村　そのとおりなんです。昭和十八年頃、小畑実さんがね、「伊那の勘太郎」という歌謡曲を発表した。戦時歌謡じゃないんです。ヤクザものですよ。股旅ものですよ。で、伊那の勘太郎って、どっから思いついたのかって、作詞した人に訊いたら、稲垣浩監督を現場では「イナカン、イナカン」って呼ぶから、そこで思いついてああいう名前をつけたと言うてましたですね。

戸田　さて、『姿三四郎』で、浜村さんは映画を注目してご覧になるようになりました。同じ年の昭和十八年に、のちに黒澤さんとライバルと言われるようになる木下恵介監督が……。

浜村　『花咲く港』（四三）でデビューしてますね。

戸田　この時にご覧になられていますか？

浜村　見てます。ただね、ぼくは木下映画って好きですよ。もう、『二十四の瞳』（五四）なんか最高ですからね。

戸田　もう、ベストワンに近いみたいなことをおっしゃっておられました。

浜村　そうです。ただ、子ども心には、あの『花咲く港』、詐欺師が港町にやってくる。で、人々を騙すうちに……。

戸田　二人ですよね、上原謙と小沢栄太郎ですね。

浜村　だんだん詐欺師が本気になって……。

戸田　いい人になっていくんですよね。

浜村　そうなんです（笑）。それ、子どもにはちょっと分かり難かったですね。

戸田　まだ、『カルメン故郷に帰る』（五一）みたいなほうが……。

浜村　よく分かりますね（笑）。あれは昭和二十六年ですから。

戸田　だから、黒澤明と木下恵介の二人が、この年の山中貞雄賞っていう、新人賞を……。

浜村　はあ、獲ってるんですよね。山中貞雄って、名監督ですね。

戸田　現在は、三本の映画と、あとは断片が残っているだけみたいですね。

浜村　山中貞雄生誕百年というＤＶＤが出たんですねえ。あれにちょっとずつ断片が入ってるのを見ましたけれどもね。

戸田　当時のおもちゃフィルムという家庭用に売られていたものが残ったんでしょうね。

浜村　ハッ、ハハ……そうか。

戸田　伊藤大輔監督の『忠治旅日記』（二七）のように全篇が発見されるということはあまりないようですね。

浜村　山中貞雄は『河内山宗俊』（三六）、『人情紙風船』（三七）、『丹下左膳　百萬両の壺』（三五）ですね。この三本だけしか残ってない。『磯の源太　抱寝の長脇差』（三二）とか、名作だと言われながら全然フィルムが見つからないですね。

戸田　伊藤大輔監督も戦前のサイレント時代のほうがすごかったというのですが、フィルムがあまり残ってないのでよく分かりません。

浜村　日本のジョン・フォードって言われたひとりですけれどね。ダイナミックな男っぽい映画を撮る人でしたね。アラカン——嵐寛寿郎の鞍馬天狗でも、『鞍馬天狗　横浜に現る』（四二）という作品があります。

戸田　その映画は、浜村さんにお聞きしました。それから竹中労の『鞍馬天狗のおじさんは——聞書アラカン一代』（白川書院、七六）という本でもふれていたように思いますが、鞍馬天狗が、ズゥ——ッと走ってゆくシーンがあるそうですね。

浜村　岡山の天野造船所でアラカンが悪い奴をバッサ、バッサ、ブスッ……と斬る場面を、伊藤大輔監督が「寛寿郎さん、ここは走りながら斬ってくれ！」って言うので、「わて、そんなことできまへん」と答えたんですが、アラカンが斬って走ってゆくのを、監督はカメラを台に乗せて、ズゥ

――ッと、アラカンの動きと同時に動かして撮影する。伊藤大輔って、そういう撮り方が好きでしょ。仇名が「イドウダイスキ」っていうね。それをやるから言うてね。無理にやらした。アラカン自身が語ってました。「いやあ、名場面になりましたなあ」と言うてね。本人が感心していました。「そんなことできるか」と言うたのをやってみるとね、実にいい場面になった。

戸田　あの時代の監督って、そのへんはすごかったですね。

浜村　監督は神様です。絶対に逆らえないですね。

戸田　戦後の東映なんかはスターが中心でしたけれども、それでも沢島忠監督の作品なんかは走っているような面白い撮り方をしてましたですね。

浜村　あの人の映画自体がね、『一心太助』シリーズ（五八～六三）にしても、監督自身が走っている、映画も走っているというような作品でしたね。

戦前の映画館

戸田　戦前、小学校時代によく行かれた映画館は、どちらになりますか。

浜村　そうですねえ……よく行ったって……ホントによく行きましたよ。

戸田　まず、新京極ですか。

浜村　新京極と……うちの家からは、千本中立売にあった西陣京極が近いから、ここへよく行きましたね。

戸田　西陣京極にあった千本座へは行っておられたんですか。

浜村　もちろん行ってました。千本座は、牧野省三――「日本映画の父」と言われた。「大将」という仇名の牧野省三とそのお母さんが経営していた芝居小屋なんですね。これを日本の商社が撮影できるカメラや映写できる映写機を輸入したけれど、映画自体を作ってくれる人がいないので、千本座の経営をやっておりました牧野省三に頼んだわけです。日本映画の発祥の地ですよね、ここは。

戸田　当時の映画館は、どういう造りでしたか。

浜村　ズゥ――ッと千本通りを、中立売から南へ下りますとね、昭和館という映画館がありまして、二階は畳敷きでした。ここでね、中村メイ子さんが一時、疎開で京都にいたでしょ。

戸田　子役の頃ですね。

浜村　そうです。彼女がね、柳家金語楼さんなんかと一緒に出た映画は、昭和館で見てるんです。そうするとね、監督が誰か分からない。庭にね、雨が降って、雨粒がピシャン、ピシャン、ピシャン……と、その飛沫がね、そのまま踊り子になってゆくんです。幻想としていい場面でしたね。それで、私が「良かったよ」って、中村メイ子さんになんぼ説明してもね、本人は覚えてないんです。

戸田　本人は、子どもで、次から次へと撮影所を走ってますからね。

浜村　まあ、そうなんですが……（笑）。だから映画のタイトルも思い出せない。で、腹話術で有名な川上のぼるさん。私の高校の先輩になりますけど、川上さんは、メイ子さんと一緒に劇団を作ったりしてやってたんですよ。その川上さんに訊いてもね、映画のタイトルすら分からなかったですね。

戸田　やっぱり見る人のほうが記憶に残るんですね。

浜村　そらそうですね。やってるほうは……ほら、映画って、戸田さん、順撮りしないでしょ。もう真ん中から撮り始めたり、ラストシーンを最初に撮ったり、順番がバラバラです。監督によっては、順撮りする人もありますけれどね。だから出ている人はね、「このセリフが良かったですねえ」とか言うてもね、覚えてないことが多いですね。

戸田　有名なのは、『カサブランカ』（四二）は、もう、脚本がメモみたいなもので、毎日少しずつやってくる。イングリッド・バーグマンが、ハンフリー・ボガートが好きなのか、ポール・ヘンリードが好きなのか、よく分からない。監督に訊くと「そのへんはどちらとも取れるように演ってく

『カサブランカ』チラシ

れ」と言われて、「こんな映画はダメだわ」と思ってズゥ――ッと見なかったらしいですね。

浜村　そう、その話は記憶にありますよ。

戸田　もう何十年も経って、バーグマンの講演の前に『カサブランカ』が上映されて、初めて全部見た。「この映画はいい映画じゃないの」って言ったという話がありますね（笑）。

浜村　ハッハハハハ……！　「君の瞳に乾杯」というセリフが有名になってね、この映画は昭和十七年でしょ。だから、アメリカといえども、アフリカへはロケ撮影には行けないんで、撮影所の中へセットを組んだ。これがまたよくできているんですよね。

戸田　「リックズ・バー」というボギーが経営するバーなんかね。

浜村　そうなんですよ。そしてね、マイケル・カーチスという監督は、いつもそうらしいですが、台本が完成しないうちに撮影になる。だから、メモ用紙に書いては、千切って渡すらしいんですが……そら、バーグマンも怒るはずですよ。

戸田　ボギーも怒ったという話ですね。

浜村　ハンフリー・ボガートが「こんな映画を撮れるか」って言うて怒った。ところがこれが名作になってますね。宝塚歌劇でもやったぐらいですもん。私は、カサブランカを海で挟んだ反対側まで行ったんですよ（笑）。マルデリージャというところがね、ジブラルタル海峡を挟んで、そこにアフリカ大陸が見えるんですもん。一緒に行った皆さんが涙を流して感激して、「アフリカが見える～！」って。あの『あゝ野麦峠』（七九）で、大竹しのぶさんがお兄さんの地井武男さんの背中に負ぶさって、「飛騨が見える……」。あれと一緒です。「アフリカが見える……」。

戸田　新京極の映画館というのは、ご近所の映画館とはまた違いましたか。

浜村　まあ、あそこは一流の繁華街ですからね。映画館も立派でした。

戸田　新京極の映画館で畳敷きはありましたか。

浜村　私が覚えているのは、先ほども申しました昭和館だけでしたね。ただ、新富座とか芝居小屋がね、新京極にありました。これは畳敷きの部屋はあったと思います。

戸田　浜村さんがご覧になっていた時代は、トーキー、音の出る映画の時代ですよね。

浜村　もちろんそうです。

戸田　サイレント映画、弁士がつく映画はご覧になってますか。

浜村　それは好きな人が集まってね、サイレント映画、沈黙映画を見る会というのがあってね、それはしばしばそういう催しがあっては、私も親に連れられて行ってますよ。そうするとね、当時は、映画よりも誰が弁士をやるかという、弁士のほうが人気があったという説があります。

戸田　……らしいですね。弁士へ差し入れをしたりとか。

浜村　そうです。生駒来遊とか竹本嘯虎とか……こういう人がいてね。「空に紫紺の星が乱れ飛び、地には緑の池の花吹雪、千秋万洛春たけて、春や春、春、南方のローマンス」。こういう調子でね、しゃべるんです。これ、『南方の判事』（一七）という映画ですがね、子どもにストーリーが分からないですよ。しかしながらね、「いやあ、名調子やな」って、そっちのほうに感動した記憶はありますね。

戸田　弁士というのは、何巻かで替わったりするとお聞きしましたから、浄瑠璃から来てるんですかね。文楽の時に途中で太夫が替わりますね。

浜村　語り手がね。弁士はそうでなかったように思いますけれども……。

戸田　名札にパッとライトがつくんですってね。これは淀川長治さんにお聞きしたんですけども……それは多分、浜村さんの時代は懐かしでやってる興行ですから……。

浜村　そうです、そうです。だから恐らくね、ひとりで一本の映画を語らないと、かえってやりにくいんじゃないですか。

戸田　例えば、チャップリンとか、ロイド、キートンといった、「ニコニコ大会」という喜劇大会は、関西では関西弁で演ったんですか。

浜村　恐らくそうでしょ。お正月ですからね。だから客の回転を速くするために、途中でフィルムを抜いたりね。チャップリンはストーリー性が豊かですが、他の喜劇映画ってね、例えつじつまが合わなくてもね、客が怒ったりしません。どこを抜いたか分からないですから。椅子もなるべく、座るところが前へ傾くようにしてあったりね。

戸田　昔の弁士の名人って、映写する時に、一巻目、二巻目、三巻目と続いている時に、その巻数を間違えて上映したら、その弁士が気がついて途中で回顧場面にして、しゃべってつないだという話がありますね。

浜村　そういうこともできたんでしょう。

戸田　浜村さんならおできになると思うんですが……。

浜村　アホなことを……それはできない（笑）。で、音楽はね、一流の映画館はちゃんと楽団がありました。

戸田　オケボックスという……。

浜村　オーケストラボックスね。五、六人のもんですがね。一流でない映画館では、蓄音機にレコードを載せて、これを伴奏音楽にしたんですね。

戸田　そんなこともあったんですか。

浜村　そうなんです。「東山三十六峰、静かに眠る丑三つ時、突如響く剣戟の音……」てなことを言うてね、名調子です。チャンチャン、バラバラ……という音楽がレコードから流れる。弁士は実際の人間が演っておりましたですねえ。これは今から思うと、とても懐かしいというか……。

戸田　連鎖劇をご覧になっておられるとか。

浜村　あッ、見てますよ。これはね、私がかなり大きい時分でもね、節劇と言いまして、ストーリーを浪花節でつないでゆく。だから舞台に向かって右は、上手になりますから、上手にちゃんと浪曲を演る方《かた》の台が置いてあったですね。そうしてお芝居を演るんですよ。で、「早くも月日は過ぎて十年経ちました……」。そのあたりの経過を浪曲で演るわけです。だから、非常に上手いことつながってゆくんですね。これをね、当時の人々は節劇って言いました。私がアメリカのニューヨークへ行った時、一緒に行った人に、「『キャッツ』というミュージカルをブロードウェイで演っているから見に行こう」と言うと、「どんなもんですか？」って訊かれたんで、「歌でお芝居をつないでゆく」と言うた時にその人は「節劇ですか」（笑）って、言いましたもんね。年配の人でしたが……。

戸田　節劇は地方巡業の劇団がよく出したとか……。

浜村　そうだろうと思いますね。

戸田　『雲の上の団五郎一座』（六二）という舞台でヒットした作品が映画になりまして、その時にエノケンさんが節劇で節を語りました。

浜村　はッは〜、『最後の伝令』でしょ。

戸田　それから『次郎長三国志』シリーズ（五二〜五四）というマキノ雅弘監督の映画がありますが、あの時に張り子の虎造と言うて、二代目廣澤虎造が出てきて、途中でナレーションを節にしていました。映画では珍しいですね。

浜村　映画では珍しいですが、マキノさんって、映画監督としては非常に娯楽的な才能豊かな人ですからね、そういうことをどんどん採り入れたじゃないですかね。

「映画概論」講義で溝口健二監督の撮影現場へ

戸田　浜村さんの大学時代のお話をお伺いいたします。同志社大学に入られて文学部で新聞学専攻ですね。この時代に有名な脚本家の依田義賢さんに「映画概論」という講義を受けられたそうですね。

浜村　はい。そうなんですよ。

戸田　これはどういう授業なんですか。

浜村　つまりね、難しい話は一切抜きにしてね、依田先生はのちに大阪芸術大学の学部長か何かになりましたが、依田先生は溝口健二監督と組んですでに昭和十一年頃、『浪華悲歌』（三六）とかね、名作を撮っていますね。

戸田　もう、溝口健二専属の脚本家という感じですね。

浜村　『祇園の姉妹』（三六）。あれね、姉、妹と書いて、祇園の〝しまい〟と読んだらダメなんですってね。〝きょうだい〟と読むんですって。もう、実に名作でね、映画評論家として有名だった津村秀夫さんが、想い出としてね、「あの映画を見たあと、もう家へ帰る気になれん。皇居のお堀端を何回も回って歩いて今見た映画を思い出し、思い出しして陶酔した」って、書いてましたね。

戸田　山田五十鈴さんが若くて綺麗ですよね。

浜村　そのとおりですよね。『浪華悲歌』では、勤め先の犠牲になり、家族の犠牲になりね、ついに悪事を働いて刑務所へ入って、その刑務所から出て家へ帰ると、皆家族一同、「そんなことがあったか？」。知らん顔してすき焼きを食べてるんです。それを見て山田五十鈴が「わあ、美味しそう。うちもよばれたいわあ」という場面が、ラストシーン近くにありましたね。

戸田　『祇園の姉妹』では、初期の溝口のヒロイン役の梅村容子さんと共演していましたね。

浜村　山田五十鈴の姉芸者が梅村容子でね、没落、倒産した旦那にね、「昔、世話になったから」というので、梅村容子の芸者はズゥ――ッと旦那の面倒を見るわけです。山田五十鈴の妹芸者は〝おもちゃ〟という名前でね、自分に惚れ込んだ呉服屋さんの番頭さんを騙して、反物や着物を持ってこさせるんですよね。で、結局、その番頭になんの愛情もないことが分かって、番頭さんは山田五十鈴の芸者〝おもちゃ〟を傷つけますね。「なんでや。なんで女ばっかりが損するんや。なんで女ばっかりがこんな目に合うんや」。これはラストシーンでのセリフですね。そのあたり、溝口健二と依田義賢、監督と脚本家の名コンビですが、溝口監督は、依田先生に何度も書き直しを命じてね(笑)。

戸田 撮影現場にズッと詰めてたらしいですね。

浜村 だから、講義の最中、依田先生は名コンビでありながら、溝口監督のことをあんまりよく言わなかったんですよ(笑)。

戸田 「映画概論」は、どういう講義だったんですか。

浜村 映画とは何か、映画とはどういう風に見るものか、というそのあたりが講義の中心やったですね。で、実習として、「今日は、撮影所へ行きましょう。溝口監督が『近松物語』(五四)を撮ってますので、見学へ行きましょう」言うて、まあ全員を連れてゆくわけには行かないんです。溝口さんの撮影現場って、シィ——ンと、緊張、緊張、緊張ですから、空気がビィ——ンと張り詰めてますね。針一本落ちても聞こえるくらい緊張の連続で。私は実際には見たことはない市川崑監督の現場って実にご陽気だそうですね(笑)。ジャズ音楽が聞こえるみたいな。溝口監督は違うんです。だから、二十人も三十人も連れて行けない。ホントに映画が好きな五、六人の学生を引率して、依田先生、『近松物語』の撮影現場へ連れて行くわけですね。で、「これが溝口演出です。よく見ときなさいよ」って、言われてスタジオへ入ると、長谷川一夫、香川京子が演技している。何べん演っても溝口監督が「ダメです」。なんべんやっても「ダメです」。「ＯＫ!」とは言わない。「ダメで

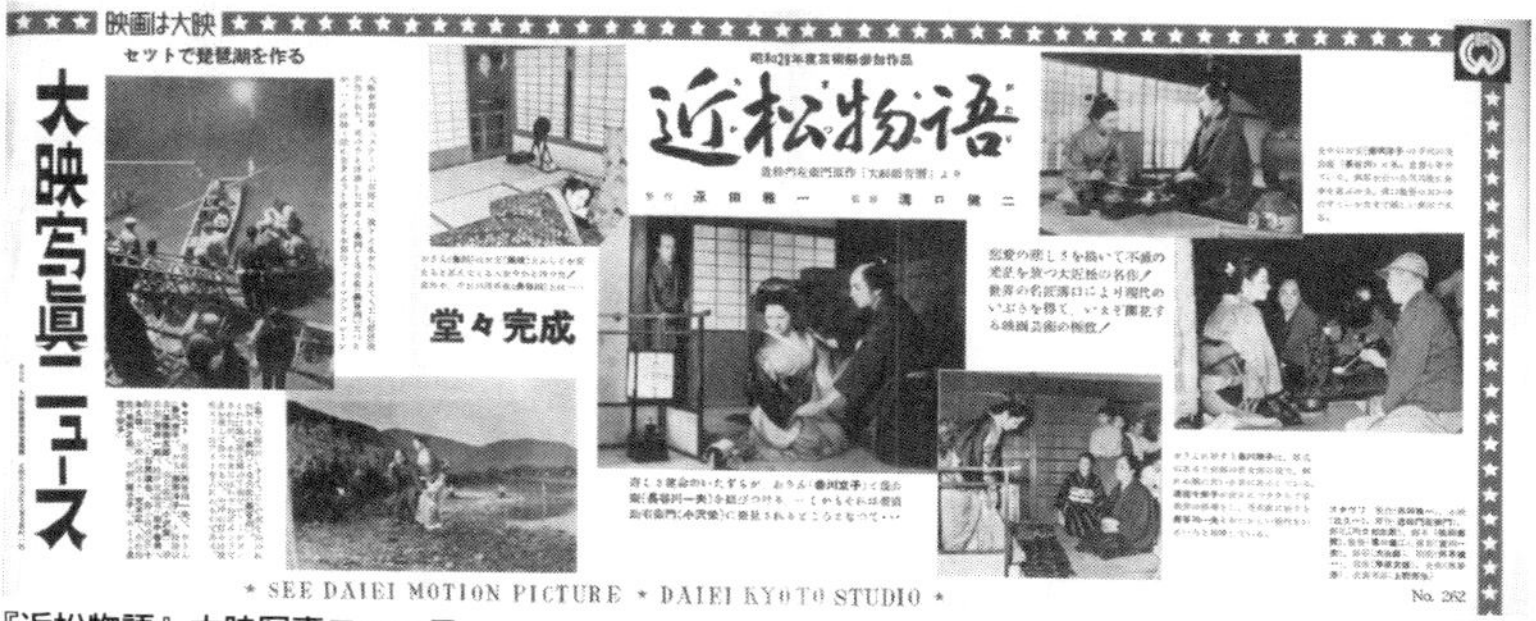

『近松物語』大映写真ニュース

す」ばっかりです。で、具体的に「ここがダメやから、こうしなさい」とは言わない。「ダメです」。終いに長谷川一夫さんが「先生、どこがダメですか？」。そら、言いますよね。「いやあ、君たちの演技はね、感覚的な輝きが不足してるんだよ」。なんのこっちゃ分からんでしょ。抽象的にしか言わない。

戸田　「反射しなさい」とか。

浜村　そうなんです。自分の心のうちに浮かんだ言葉しか言わないですからね。マキノ雅弘監督みたいに、「ここは身体を横に崩して、足投げ出して、こうするんですよ」って、自分で演ってみせる。こんな監督は有り難いですよ。

戸田　「踊る監督」と「踊らん監督」という言い方があるらしいですね。「踊る監督」は、踊る——自ら演技の手本を見せて、撮影も早く済んで予算も安上がり。「踊らん監督」は、溝口さんとか、黒澤さんみたいに時間と金がかかると言われている。

浜村　なるほどねえ。小津安二郎監督とか、うるさい、厳しい監督ばっかりで、昔は名監督がおりました。

戸田　『近松物語』で実際にご覧になった場面は、どのシーンなんですか。

浜村 どの場面でしたっけね。『大経師昔暦』という歌舞伎が原作です。宮中にまで暦を収めるという由緒正しい老舗。これを昔は大経師と言ったんだそうです。で、その主人が進藤英太郎さんで、以春って名前ですね。そして、そこに勤める長谷川一夫さんの茂兵衛が風邪をひいていると、南田洋子さんのお玉がお粥を運んでくれたりする。この二人は多少想い合っている。以春の妻が香川京子さんのおさん。おさん・茂兵衛ですね。香川京子さんがお手伝いさんの南田洋子のお玉を見舞いに部屋へ行った時に、実は自分の夫の以春が、どうもお玉の部屋へ忍んで行くらしいということを聞いて、居場所を入れ替わってお玉の寝床へ寝てますよね。そこへ暗闇に潜んできた男がいた。「あッ、亭主やな」と思てたら、これが長谷川一夫扮する茂兵衛やったわけでしょ。それ以来二人は……いきなり愛し合うわけはないと思うんですが、ここらは溝口演出の上手で抜き差しならぬ男女の関係になったでしょ。これ、あの当時で言う姦通ですよね。

戸田 大経師屋の場面をご覧になったんですか。

浜村 大経師屋の場面やったと思いますね。軽いやりとりやったですけどね。

戸田 学生がそれをジィ――ッと見てるわけですか。

浜村 ジィ――ッと。そら、途中で出るわけにもいけませんしね。見てるわけですよ。と、こっちも緊張してきますね。息が詰まってくる。そして、撮影が昼休みになって、皆、昼食に出て行くでしょ。そうしたら、溝口監督ひとりがディレクターチェアに座って、腕組んでジィ――ッと考え込んでいるわけですね。何かイメージが固まるまで、イメージが出来上がるまで考え込んでるわけでしょ。

戸田　当時、助監督の田中徳三監督が言ってたのは、スタジオにしびんを置いてトイレにも行かなかったと。

浜村　そういう噂はありましたね。イメージが固まるまで、トイレにも行かない。で、撮影が一段落ついて、皆が出て行った。監督ひとりが残っている。ぼくが依田先生に「厳しい監督ですねえ」と言うたら、依田先生、「いや、長谷川一夫さんは、大看板だから、監督は優しくしてるんですよ」って(笑)。どこが優しいんですか。

戸田　監督は、長谷川一夫の配役は気に入ってなかったらしいですね。大映の社長・永田雅一さんから無理やり「うちの看板だから使ってくれ」というようなことで……。

浜村　でも、良かったですけれどもね。

戸田　良かったですね。普段の長谷川一夫独特のクサさって言うんですか、初代中村鴈治郎ゆずりの……。

浜村　抑えられていますね。そういうところをやっぱり、あの監督は抑えるんですね。

戸田　あと、香川京子さんのおさんが異常に良かったですね。

浜村　香川京子さんが良かったですね。おさん・茂兵衛のおさんですね。私は香川京子さんを豊田四郎監督、森繁久彌主演の『猫と庄造と二人のをんな』(五六)で、いかにも現代風の……あの頃、フラッパーって言うたんです。今で言うとなんです？　ヤンキーですか？

戸田　ヤンキーとも少し違う感じが……。

浜村　あのヤンチャなね、跳ねっ返りの娘を『猫と庄造と二人のをんな』で香川さんが演った。

戸田　山田五十鈴と取っ組み合いをしましたね。

浜村　そうなんです。で、『近松物語』は、それ以前の作品ですが、あの貞淑なね、誤解されて不倫やったと言われる……なにものにもジィ――ッと耐えている。最後は裸馬に乗せられてね、お店の前を通って行く……。

戸田　長谷川一夫と手を握り合っている顔がいいんですよね。二人とも幸せそうな顔をしている。

浜村　いいんですね。まあ、女優、俳優ってそんなもんやと思いますが、よく両方演ったと思いますね。

戸田　そうですねえ。香川京子さんで言うと、黒澤明の映画『どん底』（五七）でも、山田五十鈴さんと取っ組み合いをするんですよね。

浜村　ハッハハハハ……！

戸田　あの二人は犬猿の仲なのか（笑）。

浜村　宿命のライバルですね（笑）。年齢はだいぶ違いますけどね（笑）。

戸田　『近松物語』は、やっぱり今見ても名作だと思いますね。

浜村　名作です。

戸田　南田洋子も良かったですね。

浜村　これは長谷川さんと香川さん、南田さんの名作ですが、溝口監督は、そのほかにも『雨月物語』とかあるでしょ。全部、外国へ出品されるんですよね。依田先生が言うてました。ヴェネツィア国際映画祭で、いよいよ発表、そして授賞が行われるという時間になってもホテルの部屋から溝口監督が出てこない。「何してんだ？　遅れるじゃないか」って、部屋へ見に行ったら、溝口監督がホテルの部屋の壁に細い小さな掛け軸をかけて、一所懸命に拝んでるんですって。掛け軸になんて書いてあるか。「南無妙法蓮華経」と書いてあるんです。そして、あの鬼より怖いと言われた溝口監督が、「受賞できますように……南無妙法蓮華経、南無妙法蓮華経……受賞いたしますように……」。

戸田　鬼が仏に拝んでいるんですね。

浜村　ハッ、ハハハハ……！　上手い。依田先生はびっくりしたと言うてましたね。「あッ、こんな一面があるんか」とね。

戸田　『近松物語』は、音楽が早坂文雄さんですよね。いわゆる太棹の三味線とかですね、それから能的な笛、能管とか……あれが見事な効果を上げてましたですね。

浜村　お能的な音楽をつけるのは、黒澤さんが好きでしたね。

戸田　好きですね。あの人はだいたいがお能好きですから。

浜村　『蜘蛛巣城』（五七）なんか、正にそうです。

戸田　『續姿三四郎』で、シテって言うんですか。河野秋武が、そんなお能の恰好をしてましたですね。

浜村　名脇役のね。そうですよ。

戸田　溝口健二監督の撮影現場の見学は、その一回限りですか。

浜村　撮影現場は、それ一回限りやったと思いますねえ。ほかの監督のはちょくちょく見てますがね。

戸田　依田義賢さんて、今は映画史に残る名脚本家ですね。一説によると、『スターウォーズ』シリーズ（七七〜）のヨーダは、依田からやという話がありますね（笑）。

浜村　そういう説もあれば、宮澤喜一元首相やという説もあればですね（笑）。

戸田　上方落語の桂枝雀師匠にも似てるという話が……。

浜村　ハッ、ハハハハ……！

戸田　そういう人に手ほどきをですね。映画の心得とか、映画の見方というものを教わったというのは……。

浜村　贅沢ですねえ。

戸田　いや、大きいですよ。

浜村　だから映画評論も引っ張り出してね、「こんな風に書いてあるけども、この人は映画に対する愛がない」とか、「愛があったら、こんな風な批評はできない」とかね、具体的に随分教えられましたよ。

戸田　そうすると、のちに浜村節と言われる映画説明も影響を受けていますね、本物の映画よりも面白いと言われている……（笑）。

浜村　それは、まあ、面白いところだけをかい摘まんで話しますから……（笑）。

京都の映画撮影所

戸田　大映の撮影所に行かれて……これはのちのことだとは思いますが、永田雅一社長にもお会いしたことがあるとか。

浜村　そうですね。これはね、我々が昔ラジオ京都と言いました、KBS京都ですね、ここの番組に出るようになってからですね。もう、『座頭市』シリーズ（六二～八九）なんかをどんどん出してた頃ですが、大映の永田雅一って、人呼んで「永田ラッパ」という仇名がありましたね。この社長にインタビューに行ったことがあります。もう忙しい、忙しい人ですからね、もうせわしないんですよ。そして、私が質問すると「こらこら、こうなんだ！」って。「黒澤明の『羅生門』（五〇）って、あら、皆が反対するのを、俺が「やらせ！」って言ったんだ」って、ウソばっかり言うんです。初めはものすごう反対したんでしょ。

戸田　試写を見て、「えらい高尚な映画やな」って言うたらしいですからね（笑）。

浜村　（笑）。第一ね、企画段階で「お前、芥川龍之介の『藪の中』と『羅生門』をひとつに混ぜて映画にするって企画出てるけど、こんなもん、客来るかい！」って、反対したんでしょ。で、完成した試写を見ても機嫌が悪かった。ところが、ヴェネツィア国際映画祭で金獅子賞とアカデミー賞名誉賞を獲って大評判になってからね、「あれ、皆が反対するのを、俺がやれって言ったんだよ」って（笑）。

戸田　トロフィーを自分のものにしてしまった。

浜村　それをね、撮影所の庭にガラスケースに入れて展示してありました。しかし、よく言うなあと思てね（笑）。まあ、「俺がやれって言ったんだよ、そうだろう？」って。「そうだろう？」って、言うのはね、出入口に社員がひとり立ってて、返事係ですね。「そうだろう、君？」「はい、そうであります」。で、また、永田ラッパがひとしきりしゃべって、「なッ、そうだろう？」。「はい、そうです、社長！」って、返事係がいる（笑）。

戸田　昔の興行師っていうか、ボスですね、親分ですね。そういう感じの人ですね。

浜村　面白いですね。

戸田　大映の撮影所って、ほかの撮影所との印象の違いってありますか。

浜村　他との違いというのは、ぼくはよく分からないですね。松竹の下賀茂撮影所にも行きましたし……。

戸田　下賀茂撮影所にも行ってはるんですか。

浜村　言ってます。それはね、当時、松竹の作風を作った城戸四郎という人がおりまして、その城戸四郎の親戚の子が同級生にいたんですね。ですから、城戸さんを通じて……まあ、実際は我々中学生が会えるわけがないですけど、「撮影所を見に行きたい」と言うたら、ちゃんと手続きをしてくれたんですよ。で、二、三人で行きました。当時、名優と言われた斎藤達雄さんという『純情二重奏』（三九）で、オーケストラの指揮をしながら倒れてゆくお父さん役を演っていました。娘が二人いたでしょ。ひとりが高峰三枝子、もうひとりが木暮実千代ですね。リメイクした時に、倍賞姉妹がこれを演りました。千恵子と美津子の姉妹がね。で、その最初の『純情二重奏』ですがね、主題歌、昔はテーマソングとかは言わない。主題歌ですね。これが万城目正作曲、西條八十作詞でね、大ヒットしたんですね。で、斎藤達雄の人気は益々上がりました。その人に撮影所で休憩しているところを会うことができたりね。

戸田 下賀茂撮影所って、広かったんですか。

浜村 あんまり広くなかったですね。のちにテレビでね、佐藤蛾次郎さんと一緒にね、ズゥ――ッと彼の想い出の場所を歩いた時に下賀茂撮影所へ行きました。今はないですよ。お風呂屋さんだけ残ってるんです。高い煙突が目印でね、「ここへよく入りました」と言うてましたですね。

戸田 下賀茂撮影所って、田中絹代さんがデビューしたのが、あそこですね。

浜村 確かそうだと思います。

戸田 現在の松竹京都撮影所はもちろん行かれてますね。

浜村 もちろん行ってます。

戸田 ここは想い出がありますか。

浜村 まあ、想い出と言えば、NHKのドラマですね。『はんなり菊太郎〜京・公事宿事件帳〜』に、私は出たんです。あそこでズッと撮ってたんです。そういう想い出はありますけどもね。あとなんでしょうね……。

戸田 時代劇のオープンセットがあるところですもんね。

浜村 梶芽衣子に会うたりですね(笑)。川があってね、柳の土手があって、橋があってね。

戸田 ドラマを見ているとだいたいどこで撮っているか、場所が分かりますもんね。

浜村　そうです。分かります。
戸田　松竹京都の近くに東映太秦（東映京都撮影所）がありますね。
浜村　ここはね、まあ、テレビの時代劇で『新・三匹が斬る』。これのナレーションを私が演っていました。いちばん度々行ったところですね。で、中村錦之助、のち萬屋錦之介さん、あの人が全盛の頃は、『源義経』（五五）とかね、『反逆児』（六一）、彼の作品を伊藤大輔監督が撮っている頃、よく行きましたよ。
戸田　浜村さんが、前におっしゃっていたのは、「今でも活動屋気質っていうものが残っているのは、東映太秦ですか」って。
浜村　だろうと思いますね。
戸田　具体的に活動屋気質っていうのは、どんなものなのですか。
浜村　とにかくね、なんでも冗談にするところですね。まあ、有名な話は皆知ってます。関東大震災で、撮影所、映画会社が、ほとんど京都へ移ってきた時に、カメラを右へ動かす、左へ動かす、そこの小道具をちょっと右へ動かせというのを、「はい、東京方……あッ、それ京都寄り……」とか、そういう言葉で指示してましたね。それを照明係のライトマンなんか、明かりを測る小時計というのを首からぶら下げてますね。ベテランは、それを使わないですね。真っ白な軍手をはめて、ライトの前へビャッとかざして、「はい、三十度……」。（笑）。それで分かるんですからね。
戸田　もう、そのへんは職人ですからね。先ほどの大映のお話に戻りますが、『近松物語』なんか、宮川一夫さんがカメラですよね。

浜村　名カメラマンですねえ。

戸田　この人の仕事ぶりはご覧になっておられますか。

浜村　いや、仕事ぶりまでは見てませんね。ただ、二代目中村鴈治郎さん、京マチ子さんとが共演した小津安二郎監督の『浮草』（五九）。あれは、小津さんの二度目の作品で最初は『浮草物語』（三四）だったのを、カラーでリメイクする時に『浮草』というタイトルにして、若尾文子も、川口浩も皆出てますわ。これ、宮川一夫さんのカメラでしょ。綺麗なカメラ、画面が綺麗ですよね。どういう秘密があるのかと思いました。皆同じカメラを使って撮ってるわけですが、なんでこんな綺麗に撮れるのか。こら、びっくりしましたですね。実際の仕事ぶりは、ぼくは見てないと思います。

戸田　まあ、後半は篠田正浩監督の作品を撮っておられましたが、そんなに特徴があったようには思いませんでした。例えば、『座頭市』とか、『悪名』（六一～六九）といったシリーズ、プログラムピクチャーの時の映像の綺麗さっていうのはほかにありませんね。

浜村　綺麗ですよ。どうしてあんなに綺麗に撮れるのかなって思いますね。

戸田　なぜ、こんな映画に、この映像が必要なのかっていうぐらいですね。

浜村　あッ、ハハハハ……！　綺麗すぎるでしょ、娯楽映画にしては……。

戸田　『悪名』で、勝新太郎の朝吉と田宮二郎のモートルの貞が、因島へ行った時に、海岸で二人でしゃがんでて、シルエットで後ろから撮ってるみたいな映像がありますよね。

浜村　でね、何も娯楽映画やからいうて、軽く見てるわけでは決してないんですよ。でも、もったいない感じはしますよ。

戸田　それから照明の岡本健一さんとかね。だから大映というのは、スタッフがいいというようなことをすごく感じますね。

浜村　岡本健一さんは、『羅生門』なんかも務めてまして、昔、泉佐野映画祭があった時に表彰した覚えがあります。皆、職人ですよ。音を録音する技師なんかでもね、何かこうギザギザになったものを取り上げて、「はい、これが今のセリフです」って、見せてくれたりするんですよ。音を形にしたものがあるんですねえ。

戸田　犯罪捜査に使う声紋みたいなもんですね。

浜村　声の紋ですね。

戸田　大映というと鈴木晰成さんとはお会いになっていますか。

浜村　晰成と書いて、〃あきなり〃さん、そのへんの方は、ぼくらは会う機会はないでしょ。各社、いろいろと名物撮影所長がおりましたけどね。

卒論「日本映画における家族制度の考察」

戸田　浜村さんの同志社大学の卒論が「日本映画における家族制度の考察」という題名ですが、どのような内容だったのですか。

浜村　それは日本映画に描かれた家族というものは、時代と共に、こんな風に変わっていったという〝考察〟、まあ、ひとつの考えで書いたんですけどね。もう、『野菊の如き君なりき』（五五）。木下恵介監督の名作です。のちに松田聖子で『野菊の墓』（八一）という原作通りのタイトルでやったりしてましたけどね。

戸田　澤井信一郎監督作ですね。

浜村　そのとおり。澤井監督の良い出来の作品です。ただ、木下監督は、常に新しいことを試みる、撮影するタイプですから、画面が卵型に、周りを黒くしたりするでしょ。

戸田　あれ、笠智衆さんが回顧するという形で、そこは普通の画面だったんですがね。

浜村　そのとおりです。想い出の場面がそういう映し方、上映の仕方やったんですね。あれ、あの当時の家族制度で、頑迷固陋と言いますか。保守的な家族制度ですね。

戸田　杉村春子が主人公・政夫の母親ですね。

浜村　で、民子のお婆ちゃん役が浦辺粂子です。民子が気にそわない結婚でお嫁に行く時、家の前から人力車に花嫁姿で乗るでしょ。そうしたら、同じ家にいた従弟の政夫君と初恋同士でしょ。しかるに自分はほかの人の元へお嫁に行くというので、彼女がね、ジィ――ッと夜空を眺めてばっかりいるんですよ。そしたら浦辺粂子のお婆ちゃんが、「そんなに空ばっかり見るもんじゃねえよ」と言いながら、彼女の心の苦しみがよく分かるんですね。で、ガラッと場面が替わるとね、夜の土手です。それをロングで撮ってるんです。その土手を花嫁行列の人力車が一列になって、提灯を灯して走っていく。木下恵介の上手い演出ですね。

戸田　ラストも綺麗でしたね。

浜村　綺麗ですね。本当に。
戸田　そのへんのことを考察された。
浜村　そうですね。時代はどんどんと変わっていきますが、例えば市川崑監督の『プーサン』（五三）とか、そういう今までに日本の国になかった家族制度というものは、時代と共に現れてくるんじゃないですか。で、原節子、滝沢修、森雅之、そして劇団民藝総出演の吉村公三郎監督の『安城家の舞踏会』（四七）なんか、いわゆる華族、カゾクって、ファミリーじゃない。子爵、男爵、伯爵、侯爵ですね。華という字を書いて華族。あの華族階級が崩壊してゆくという。かつては、この家でお抱え運転手として働いていた神田隆が、闇商売で大儲けして、その安城家の屋敷を買いに来たりするわけですよ。はっきりと時代の移り変わりを新藤兼人の脚本で、吉村公三郎監督が撮って、その年のキネマ旬報ベストテンの一位ですよ。このようにして、時代と共に家族って変わってゆきます。変遷してゆく。それをね、何本もの映画を引用して書いていった。
戸田　日本映画におけるというね。
浜村　そうです。でも、教授は映画なんか見てませんからね、何も知らない。
戸田　依田義賢先生が見てくれるわけではないんですね。
浜村　そうです（笑）。ゼミの教授が見ますからね。ええ点をつけてくれたんですよ（笑）。
戸田　内容が分からないほうが、かえっていいですね。字数が多いとかで採点されて（笑）。
浜村　あのね、文学部って卒論に何を書いてもいい。同じゼミの永田君というのはね、マンドリンを演奏するんですよ。で、「マンドリンについての一考察」……先生はなんにも分からへん（笑）。

戸田　字数が多いから◯《まる》！

浜村　（笑）

戸田　浜村さんは、学生時代から司会の仕事をされていましたよね。

浜村　そうです。

戸田　それでも、まず映画会社へ就職しようと思われたと？

浜村　そうですね。大映の宣伝部にちょっとコネがあって……コネって、そのコネのある奴が金を騙し取ったんですよ。

戸田　それはどういうことなんですか。

浜村　世話したると言ってね……そんな話は今でもありますよ。就活で騙した、騙されたと言うて。で、一時、ジャズ喫茶で映画、ジャズの解説を演ってましたけれども、親が「そんな浮草稼業は、いつまでも続かない。真面目な仕事に就け！」と言うので、大阪の東区博労町にあった朝家商会という靴下の会社に就職したんです。そこは半年しか続かなかったんですよ。結局は元の世界に戻ったということです。

戸田　学生時代に感銘を受けた作品というと、どういうものがありましたですか？

浜村　そうですね、急には思い出せませんが、田宮虎彦原作で家城巳代治監督が撮りました『異母兄弟』（五七）とかね、あれは強烈でしたね。家城巳代治監督って、左翼の人なんですよ。ところがね、娯楽映画も結構撮る人でね、美空ひばりの出世作『悲しき口笛』（四九）とか、原田美枝子が初めて映画に出て、ヌードシーンを見せた『恋は緑の風の中』（七四）、これも家城巳代治監督なんです。かと思うとね、その田宮虎彦原作の『異母兄弟』は、三國連太郎、田中絹代主演ですよ。当時の家族制度をね、特に厳しく撮っている。軍人の家ですね、そこにお勤めをするお手伝いさんの田中絹代はね、三國さんに襲われるわけですよね。そういうね、哀しい話をギューッと凝縮して撮ってますね。

戸田 もちろん洋画も邦画もご覧になられたと思うのですが、特に邦画のほうが感銘を受けられたのですか。

浜村 いや、それはそうでもないですね。洋画も随分見ましたしね、それから、昭和十七、八年頃のアメリカ映画って、もう日本に入らなかったですから、だから戦争が終わって、昭和二十五、六年へかけて、洪水の如く五、六年前の名作、七、八年前の名作が入ってくるんですね。『心の旅路』（四二）でしょ。記憶喪失になる映画……それからジョン・フォード監督の『駅馬車』（三九）ですね、『リオ・グランデの砦』（五〇）、『アパッチ砦』（四八）とかね、昭和二十年代前半は、さっき戸田さんが言った、『カサブランカ』とかね、もういっぱい日本に入ってきた。

戸田 『風と共に去りぬ』（三九）なんかも戦後に入ってきてますから、その時代ですよね。

浜村 は〜あ、もうちょっとあとですね。『チャップリンの独裁者』（四〇）が、昭和三十五年ですよ。だから制作が昭和十五年です。二十年経ってやっと日本で公開ですもん。『チャップリンの独裁者』なんて、ドイツのヒトラーを散々からかった映画でしょ。日本とドイツとイタリアは、お手々つないで三国同盟を結んでましたから、「こんな映画は日本では上映できるか」。絶対に上映されません。

戸田　逆に言うと日本では、チャップリンの最後の主演作『ニューヨークの王様』（五七）のほうが先に公開されたんでしょうかね。

浜村　いや、その順番はぼくは忘れましたけどね。『チャップリンの独裁者』よりも『ライムライト』（五二）のほうが先ですよ。チャップリンの新作ができたと言うので、大評判になって。それよりもうんと先に作られた『チャップリンの独裁者』が、昭和三十五年にやっと公開されているんです。

戸田　『チャップリンの殺人狂時代』（四七）などは、オンタイムで公開されたんでしょうかね。

浜村　『チャップリンの殺人狂時代』も、『チャップリンの独裁者』より早かったと思いますよ。どうでしょうかね。『チャップリンの殺人狂時代』でも、人を騙しては金を獲る……そんな役をチャップリンは、あの独特の扮装なしで演ってるでしょ。で、裁判にかかった時、「人ひとり殺したら殺人やけど、戦争で百万人殺したら英雄と言われるじゃないですか」って、これがマッカーシー上院議員のアカ狩りと言われた、審査しては片っ端から追放していった酷い裁判に引っかかって、チャップリンはアメリカにおられんようになるんですね。

戸田　『ライムライト』のあとに追放されますもんね。

浜村　そうですねえ。で、『ライムライト』の試写会をイギリスでやったら、エリザベス女王が見にきたって……（笑）。

戸田　『ライムライト』は特別ですね。チャップリンのシェイクスピア劇みたいな作品ですね。

浜村　そうです。あの放浪紳士の扮装もしてないでしょ。

戸田　それから寄席というか、ミュージックホールで演じられていた芸を再現していますね。

浜村　そうですね。昭和十一年に撮った『モダンタイムス』とかね、戦後再び上映されて、えらい人気でしたね。

戸田　東和配給で「ビバ！チャップリン」という題で次々にリバイバル上映されました。

浜村　東和でやりましたですね。それより以前にも随分チャップリンの映画をリバイバル上映したんですよ。

戸田　私らの時代は、「ビバ！チャップリン」です。あの時にチャップリンに「来日しませんか」と言って東和の川喜多夫妻（長政・かしこ）さんなんかに誘われたらしいんですけど、「お風呂でこけて腰を打って痛い」とか言って、結局来日できませんでした。

浜村　（笑）。萩本欽一さんが会いに行った時は会えたんです。それを萩本さんから直接聞いたんですけどね。スイスに住んでましたでしょ。

戸田　レマン湖の畔ですよね。

浜村　そうなんです。私はそこまで銅像を見に行ったんですけどね。レマン湖の傍に住んでおりましたですね。その時に萩本欽一さんが大のチャップリン好きで、お土産を持って会いに行ったら、チャップリンは映画を作らなくなって、第一線から身を引いていましたが、けれどもお金持ちですよね。権利を持ってますから。立派な豪邸に住んでいるけれども、それを狙う奴が何人もいて、警備が厳重で人に会わせないんですって。その時、萩本さんは五日間通ったけど、会わしてくれない。門前払いですよね。だから「何が涙のチャップリンや。何が天才チャップリンや。何が弱い者の味方じゃ。日本から高い交通費使うて何日も来てんのに会わんとは何事じゃ！」。持ってきた土産を門の前へ投げつけて……という人がありますが、萩本さんは、そんなアホなことはしない。門の前に置いてね、立ち去っていったら、後ろのほうから「ハ〜〜イ！　ハ〜〜イ！」という声が聞こえるんで、後ろを見たら短い白髪頭の小太りのおっさんが走ってきたそうですよ。チャップリンなんですね。なんか変な日本人が外で喚いている。「私はその時、庭で草木の手入れをしていた」。なんや変な日本人が外で叫んでよる。その声を聞いて「なんや？」って、お側の人に訊いたら「萩本欽一という日本のコメディアンがあなたに会いたいと言うて、五日間通って来てまして……」「そら、いかん」と言うので、「私、門を走り出て、あなたを追いかけてきた。さあさあ、中へ入りなさい」と言うて中へ入れてくれて、いろんな話をしてくれたって言いますね。その時、チャップリンが着ていた真っ白なガウンが……真っ白じゃなくて、もううす汚れて、所々裂けていたそうです（笑）。「どうしてこんな古いガウンをあなたのような大金持ちが着てるんですか」って訊いたら、「私は日本人が好きだ」。三回、日本へ来てるんですね。「日本人もたいへん私の映画をよく理解してくれる。日本が好きだ。だから、私は日本へ行った時に、このガウンを買ったんだけども、日本を忘れたくないから、こんな裂け目がいっぱいできてるけども、いつも着てるんだよ」って、こう言ったというので、萩本さんは涙を浮かべてその話をしました。

戸田　フジテレビがその時の映像を残していますね。

浜村　あッ、クルーがその時について行ってるんですってね。

戸田　初めは、コント55号のコンビである坂上二郎さんも一緒について行ってますね。チャップリンがロールスロイスに乗って門から出てゆく映像もありましたね。

浜村　それは見たいですね。二度目に伴淳三郎さん、バンジュンさんが行った時にはチャップリンは風邪をひいて会えなかった。

戸田　あれは、『放浪紳士チャーリー』（七七）というドキュメンタリー映画がありましたでしょ。一九七七年公開の。

浜村　アカデミー賞特別賞を受けた……。

戸田　……時の映像も入ってましたね。その映画の公開時に「チャップリンと私」という作文を配給した日本ヘラルド映画、現在はKADOKAWA映画になりましたけど、そのヘラルド映画が募集して、入選した人たちをチャップリン邸へご招待するという企画がありました。

浜村　招待されて行ったんですか。バンジュンさんは、チャップリンには会えなかったって。

戸田　その何日かあとに亡くなるんですね。バンジュンさんは、チャップリンのことを「チャーリー」と言いますね。「ぼくがチャーリーにね……」って言うんです。

浜村　ハッ、ハハハ……！

戸田　『チャップリンの消防夫』（一六）という二巻物の短篇を見て、大ファンになったらしいですね。

浜村　その時に「ウーナ夫人がズッと相手をしてくれた」と言うてました。

戸田　「二階に居てます……」。そのバンジュンさんが今の方は、もうご存知ない。

浜村　「アジャパー」と彼のギャグを言うても全然分からないですからね。『アジャパー天国』

（五三）とかね……。

戸田　『名探偵アジャパー氏』（五三）というのがありましたね。

浜村　『トンチンカン　怪盗火の玉小僧』（五三）とかね、そういうおもろい映画がありましたね。

戸田　一般的に有名なのは東宝の森繁久彌、フランキー堺とトリオで出た『駅前』シリーズ（五八〜六九）ってことになるんでしょうね。でも、『飢餓海峡』（六五）がありますね。

浜村　『飢餓海峡』の弓坂刑事、あれは上手かったですねえ。

戸田　内田吐夢監督に絞られて、絞られて、絞られて……という話が残っていますね。

『続新悪名』に司会者役で出演

戸田　先ほどは卒論の話を伺いましたが、そのあとは浜村さんは東京の渡辺プロへ入ることになりますね。

浜村　そうですね。

戸田　その間は、司会者として特に映画のことをされているわけではなかったのですか。

浜村　それはね、映画の解説……テレビの解説はズッとやってました。

戸田　そうですか。我々が伝説として知っているのは、渡辺プロ時代に『続新悪名』（六二）という映画に出られたということです。

浜村　勝新太郎主演のね。

戸田　大映の『悪名』シリーズの第四作目ですね。
浜村　シリーズは何本もありましたね。
戸田　勝新太郎と田宮二郎とのコンビは、全部で十四作あるんですね。
浜村　第一作は、田宮さんはモートルの貞ですね。そのモートルの貞が、第二作目で死んでしまうでしょ。雨がザァーーーッと降ってる中を……。
戸田　カメラが上から撮っていて、番傘を恋人と相合傘で差している貞が刺されて死ぬ。
浜村　あれ、田中徳三監督でしょ。「関西弁をベラベラベラッ……と威勢良くしゃべるあんな人気のあるあいつを消してしまうのは惜しい」という投書なり、意見が殺到して、名前を変えて三作目からまた作られました。
戸田　三作目は『新悪名』でしたね。田宮二郎はアメリカ帰りか何かで、派手なジャンパーを着た、モートルの貞の弟の清次を演じました。
浜村　そうなんですね。『女の勲章』（六四）という映画で田宮さん、銀四郎という役で立て板に水を回すように大阪弁でしゃべった。これが良かったから『悪名』（六一）に起用したんでしょ。
戸田　本当は役者を辞めると言ってたのを田中徳三監督が「これだけや」って言って引っ張った。
浜村　あれ、辞めると言うたんわね、ポスターの序列に文句をつけたのを永田雅一社長が怒ったんですね。とにかく『続新悪名』を私が取材に行ったら、田中監督が「おう、ちょうどええとこへ来た。これからのど自慢の場面を撮影するんやけど、君、司会者の役で出なさい」と言われて衣装部屋へ走りこんでタキシードに蝶ネクタイ姿で戻ってきた。大きな倉庫、撮影所はステージって言うんですね。第一ステージ、第二ステージ……そこへね、のど自慢のための舞台を組んでね。目の前はお客さんがびっしり。これ全部エキストラです。だから、当時の映画は、今ならコンピューター・グラフィックスでお客さんが何万人おろうとも全部映像ができるでしょ。当時は本当にエキストラを雇ってね、のど自慢の場面を撮ったんですね。

戸田　これは、勝新太郎の八尾の朝吉が、靴磨きの少女を拾ってくるんですよね。それが田宮二郎の清次が、女の子が歌を歌っているのを聴いて、「こら、いけるんと違うか」ということで、試しにのど自慢へ出すというシーンですね。

浜村　そうなんです。だから、「センチメンタル・ジャーニー」を歌う女の子、そして、田宮二郎の清次がギターで伴奏する。

戸田　その前にミヤコ蝶々さんのおばはんが……。

浜村　参加者として出ますねえ。蝶々さんは、ご存知の方も多いと思いますが、台本を一字一句きっちり覚えるタイプではないですねえ。その時の感じで言うでしょ。だから、大きく外れていなかったら、通るわけですよね。と、私はほら（笑）、素人でしょ。

戸田　素人ではないでしょ……司会者の役ですから（笑）、本職での出演です。

浜村　あの映画に関してはですね、もう台本を覚えていくでしょ。そしたら全然セリフが合わないです。けど、面白かったですけどね。

戸田　蝶々さんにアドリブで合わせてはりますね。

浜村　アドリブです。

戸田　カーンとのど自慢で不合格の鐘が鳴って、「はい、もう終わりです」「なにが終わりや……まだあるがな……」（笑）って、蝶々さんが言うシーンですよね。

浜村　そうそうそう……（笑）そんなこともありましたね。

戸田　あの頃は、勝新太郎さんともお会いになっておられますか。

浜村　そらもう会ってますね。ただ、今、戸田さんが言った場面は勝さんは出てないですけどね。

戸田　田宮二郎さんだけですね。

浜村　のちのちになって随分、勝さんと会いましたけどね。

戸田　『悪名』は、溝口健二の助監督が監督になって、あと全部のスタッフは溝口組なんですよね。

浜村　そうらしいですね。ただね、田中の徳さんとしてはね、おおさかシネマフェスティバルでも表彰しましたけどね、徳さんは、溝口さんの作風はまったく受け継いでないですね。監督としての第一作が『化け猫御用だ』（五八）って（笑）、これうちにビデオがあります。

戸田　中田ダイマル・ラケットが出てきますね（笑）。

浜村　師匠の遺風をまったく継いでいないなと思いました。

戸田　助監督の時代は、「グランプリ助監督」って言われて、黒澤明の『羅生門』やもちろん溝口健二の『雨月物語』『山椒大夫』（五四）なんかについてますねえ。

浜村　そうですね。だから助監督としても非常に優秀やったわけです。『座頭市』シリーズなんかも何本か撮ってます。『座頭市兇状旅』（六三）とかね。徳さんの撮った映画は、上手かったですねえ。切れ味鋭いしね。

戸田　『座頭市』シリーズで、座頭市の耳を攻撃する作品がありましたね。

浜村　あります。座頭市は音でね、敵が接近してくるのを知って、バサッ、ズブッ……と斬るからね、聴覚を惑わしたら怖くない。『座頭市喧嘩太鼓』（六八）というのがあってね、耳の傍でガンガン太鼓を鳴らしたり、そういう場面もありますよね。

戸田　田中徳三監督の『座頭市の歌が聞こえる』は、宮川一夫のカメラもいいですよね。『悪名』もそうですけれども……『悪名』シリーズで人気があるのは、『悪名市場』（六三）という作品で、芦屋雁之助、小雁兄弟がニセ朝吉と晴次を演るというのがありました。

浜村　因島のシルクハットの親分も面白かったですね（笑）。新劇の永田靖さんが演っていました。

戸田　あと浪花千栄子の女親分ですよね。私が個人的に好きなのは『悪名無敵』（六五）という作品です。珍しく藤村志保さんと八千草薫さんという、当時、清純派と言われた女優さんが、藤村さ

『悪名無敵』プレスシート
清純派＝八千草薫、藤村志保が汚れ役に扮した。

んが飛田遊郭の女親分、八千草さんが娼婦の役ですね。それも濃いメイクをした。

浜村　珍しいですね。

戸田　これは面白かったです。これも田中徳三監督です。

浜村　でね、座頭市では、『座頭市二段斬り』（六五）というのがあって、小林幸子が旅の少女、歌を歌う少女なんですね。で、座頭市がその小林幸子を連れて森の中へ入ってくると、目が不自由でありながら、あっちの木陰、こっちの木陰にヤクザが潜んで斬りかかろうとしていることを察知してね、「お嬢ちゃん、俺より先に歩いて行きな……歌を歌いながら行くんだよ。山王のお猿さんは、赤いおべべが大好きで……って、よく歌っているだろ。あれを歌いながら真っ直ぐ向いて歩いていくんだよ。決して振りむいちゃいけないよ」って言われてね、小林幸子が十四、五歳でしたかね、「ウソツキ鴎」でデビューした頃ですよ。で、「♪山王のお猿さんは、赤いおべべが大好きで…」って歌いながら歩いていく……その後ろを歩いていく座頭市に向かって、ウワァ～～ッとヤクザの群れが斬りかかってくるのを、それこそバサッ、ブスッ、ブチュ～～ッ……と斬り倒してね、そうしてまた小林幸子の後ろを歩いていく。なんにも少女は知らないんですからね。そういう名場面がありましたですね。

戸田　『座頭市』シリーズは、コミカルですしね、半分コメディみたいな部分もありますね。

浜村　コミカルとね、ケレンが多かったでしょ。これがね、やっぱり魅力のひとつです。勝さんのキャラクターがピッタリ合ったのも、そうですけどね。

戸田　あと泣かす場面とかね……赤ん坊と旅をする作品もありましたね。

浜村　『座頭市血笑旅』（六四）。高千穂ひづるから座頭市が赤ちゃんを預かってね、斬りかかってくる連中に対して、バァ〜〜ッと空へ向かって赤ちゃんを放り投げて、そして、バサッ、ブスッ、バサッ……と斬って、落ちてくる赤ちゃんをヒョイと受け止めてね。

戸田　本当の赤ん坊なんですよね（笑）。最後に座頭市が赤ん坊に別れを告げる時に、その小さな手を自分の口元へ持ってきて、「ここが口だよ……ここがお鼻……」。

浜村　そうそう……（笑）。

戸田　最後に目のところへ持ってきて、「ここは……ねえんだよッ……」って言うシーンは良かったですね。

浜村　良かったですね。ハワイのホノルル空港の傍にある有名な中華料理の店があるんですよ。ここでね、うちの夫婦と勝新太郎さんで二時間か三時間、話を聞きましてね。本人もね、ハワイへ逃げてる途中だったから……（笑）。

戸田　一九九〇年一月、ホノルル空港で下着の中に麻薬を隠し持っていたとして勝さんが逮捕された、例のパンツ事件の時ですかね。

浜村　誰もそんな話を聞いてくれる人がいてないからね。ものすごく嬉しがってくれはりました。

戸田　座頭市の演出のお話なども聞かれたのですか。

浜村　例えば、仕込み杖をビャ〜〜ッと抜く時、そして抜いて鞘へ納める時に、鞘のほうから前へスゥ――ッと持っていって、刀を収めるとかね、そういう工夫が大好きな人なんですね。

戸田　ケレンでは、徳利が真っ二つに斬れるというのもありますが、蠟燭を斬って、火のついた先のほうを刀の先に乗せるとかね……。

浜村　ああいうケレンをね、例えば加藤泰監督が『緋牡丹博徒』（六八〜七二）シリーズなんかで、ちょくちょく使いましたね。それはね、映画を面白くするひとつの方法ですね。

戸田　プログラムピクチャーの面白さってありますよね。

浜村　そうです。だからB級映画って、絶対に軽く見てはいけないですね。

戸田　先ほどお話が出た田中徳三監督は、三隅研次監督、池広一夫監督と共に、「大映三羽烏」と言われた監督なんですね。

浜村　そうなんですってね。池広監督なんて、お父さんが撮影所の所長やったんですけどね。そういう影響を受けて、子どもの頃から撮影所に出入りしてたんでしょう。いわゆる映画的なハッタリ、ケレンが上手かったですね。

浜村の映画出演履歴

戸田　浜村さんは『続新悪名』（六二）に出られて、そのあとの映画への出演と言いますと、野村芳太郎監督の『危険な女たち』（八五）に出られていますね。

浜村　出てますね。神戸の三ノ宮のナイトクラブでね、寺尾聰と一緒に出てます。これも取材に行って引っ張り出されたんですよ。野村監督から「寺尾聰と一緒に映画に出なさい」と言われた。

戸田　そうなんですか。あの作品ではタイトルバックでセリフがない役ですよね。

浜村　寺尾聰とナイトクラブのソファーに座って、なんとなくヒソヒソと話をしている程度にしてくれと言われました。その場面を背景として撮ったんですね。フロアーでは何人かの客が踊っていましたね。私がびっくりしたのは、野村芳太郎といえば、『砂の器』（七四）とか、『ゼロの焦点』（六一）とか、特に名作の多い人でしょ。だから、どんな演出をするのかとドキドキしながら見ていたら何もしないんです。ただ、そのへんをブラブラと歩き回るんですよ。で、「監督、演出しないんですか？」と訊いたんです。一言は言いますよ。「ここは、寺尾さんと浜村さんとヒソヒソ話をしてくださいね」。それだけしか言わない。溝口監督や小津監督と天と地ほど違うんですね。何も言わない。なんでこの人が名監督なのか。映画を見たら、名監督でしょ。川又昴カメラマンに対して、「さあ、そろそろ行こうか。ヨーイ、スタート……」って、撮影に入って、やり直しも何もない。で、言ったんですよ。「名監督がどんな名演出をするのかと楽しみにしておりましたのに、何もしませんねえ」と言うたら、「あ〜、映画ってそれでいいんだよ。カメラマンに任せておけば、ちゃんと撮れるんだよ」。監督はなんのためにいるのかと思たら、どうも撮影に入る前に肝心な点は抑えているらしいですね。で、『鬼畜』（七八）の時はね、私が司会をしていたテレビの午後のワイド番組に来てもらったんです。『鬼畜』で使った子役と一緒に監督が来ましたね。ほんならね、控室でその子どもたちと座布団投げをやっているんですね。どこが名監督かなと（笑）。もっともっと怖い人やと思うじゃないですか。

戸田　有名な松竹の監督で、のちに松竹蒲田撮影所長にもなった、野村芳亭の息子さんですもんね。

浜村　学校はね、京都の付属小学校へ行ってますよね。

戸田　だから、はんなりした感じなんですね。

浜村　まあ、どこでもそうでしょう。付属って、今で言う教育大学の付属で、頭が良くないと入れないですね。で、野村監督は「ぼくは京都の出身なんです」と言うからびっくりして訊いたら「付属小学校へ行ってました」って言いましたね。

戸田　丹波哲郎さんの聞き書きか何かで、『砂の器』の後半に今西刑事の長台詞があるじゃないですか。その時に三木謙一という緒形拳が演った元巡査、これが被害者ですよね。丹波さんというのは、セリフをアバウトに覚えてますから、「被害者の三木のり平が……」と言ったんですって（笑）。そしたら、野村監督が「丹波さん、そこは違う……」って言ったらしいです。

浜村　（笑）。おかしいですね、本当に……。

戸田　このあとは、『GREEN BOY グリーンボーイ』（八九）って映画に出られてますね。

浜村　これは、森田健作主演です。

戸田　この映画への出演のきっかけはなんだったんですか。

浜村　これはね、なんとなくお遊びで「ちょっとつき合うてくれ」と言われたんで出たんで、そんな大したきっかけは何もないんですよ。そのほかにも私が出た作品は何本もありますよ。

戸田　島田紳助さんが監督した『風、スローダウン』（九一）にも出られていますね。

浜村　これはそうですね（笑）。

戸田　私が印象に残っていますのは阪本順治監督の『ビリケン』（九六）。この作品は、インテリヤクザみたいな役でした。

浜村　これはね、三分の二ぐらいカットされました。あと地下の駐車場でね、乱闘がある場面を撮ったんですがね、切ってありましたね。

戸田　地下の駐車場のシーンはありましたよ。

浜村　ありましたかね。車の中でね、勝新さんの息子・雁龍太郎とやりとりする場面を阪神高速道路を走るタクシーの中で撮ったんです。阪本監督も凝る方ですから、阪神高速を何周したか分かりません（笑）。あの監督はいつもそうです。三十回ぐらいやらせるんですって。そうしておいて、「う〜ん……三回目のが良かったな」って言うてるんです。そんなもん思い出せないじゃないですか。

戸田　次に出られたのは、『Ｐ・ｉ・Ｐ・ｉとどべないホタル』（九六）という作品ですね。

浜村　これはアニメーションですねえ。

戸田　マキガイの役ですね。

浜村　よく分かりますねえ（笑）。ぼくは忘れてますよ。声優ってね、人に言わせると難しいという人と楽やという人と二通りあって、楽やと言うたのは、芥川隆行さんです。もともとＴＢＳのアナウンサーでしょ。ところが、「木枯し紋次郎……上州新田郡三日月村の生まれ。どうして紋次郎がヤクザ渡世の道に入ったかは定かでない……」。それから名調子、七五調になっていくんですね。

戸田　「どこへ向かうか、清水一家……」とかね（笑）。ＴＢＳの紀行番組『兼高かおる世界の旅』（五九〜九〇）で、兼高さんと漫才みたいなやりとりでナレーションをしていましたね。

浜村　あッ、やってました。およそ傾向が違う語りをね。「口の楊枝がヒュ――ッと鳴る。あれが噂の紋次郎、あれが木枯し紋次郎……」という、もう独特の語りでね、良かったですねえ。

戸田　テレビ時代劇『木枯し紋次郎』は、初期の作品は市川崑監督が撮られてましたね。この芥川さんの語りを浜村さんが『新三匹が斬る！』のナレーションでもじったとおっしゃってはりましたね。

浜村　あの調子でやったほうがあのドラマには合ってるみたいですね。「江戸御三家のひとつ尾張徳川家の三女菊姫、幼い頃に生き別れた母の姿を探し求め、天竜川を下る筏の中乗りさんになっていた。彼女が被った菅笠の中には百万両の宝の地図が隠されている。お家を狙う悪人腹を向こうに回して、今こそ振るう正義の刃、新三匹が斬る！　母恋椿の三度笠……」って、こういう調子でやったんですね。

戸田　いまだによく覚えておられますねえ。

浜村　一か所だけですよ（笑）。

戸田　百歳までできますねえ。

浜村　ハッ、ハハハハ……！

戸田　『大阪物語』（九九）って、ジュリー、沢田研二さんが出ていた映画にもご出演されていますね。これは大阪芸人の役ですね。

浜村　あッ、そうですね。池脇千鶴ちゃんなんかも出ました。通天閣でロケをしましてですね、これは市川準監督、テレビのディレクターでしょ。それで私とマネージャーとが、一緒にお皿をトレイに乗せて食事をして、立ち上がる、そこまでを撮ったんですけどね。その時にね、谷村淳司マネージャーが……今、昭和プロダクションの社長ですが、「そろそろ行きましょうか」って、トレイを運び出す時に、私が「ちょっと待って。まだ（料理が）残ってんねん」とアドリブを入れたんです。そしたら監督が「そんなアドリブはいりません」（笑）。

戸田 監督は大阪の方ではないのですか。

浜村 違いますねえ。

戸田 大阪人というのは、ボソッと言う捨て台詞で笑いを誘うというのがあるんですがね。

浜村 そうなんですよ。

戸田 そういうのを上手く使ったのが森繁久彌さんですね。

浜村 ホントにそうですね。森繁さんは上手かったですねえ。

戸田 場面の切れ目に入るように言いますね。

浜村 そうです、そうです。台本にないセリフをね。

戸田 続いて浜村さんが出られた映画が、小林聖太郎監督の『かぞくのひけつ』（〇六）ですね。大阪・十三の商店街の協力で出来上がった映画ですね。この時は産婦人科医ですね。

浜村 そうです。桜井一枝さんが看護師ですね。

戸田 大きな看護師さんですね。

浜村 怒られるで、本人さんに……（笑）。しかし、小林監督はいい監督になりました。

戸田 そうですね。『マエストロ！』（一五）は、なかなか良かったですね。

浜村 『マエストロ！』の時ね、監督は松坂桃李さんと一緒に私の番組に来られたんですよ。いろんな裏話をお聞きしましたけどね。やっぱり小林監督は芸人の血が入ってますからね、話がおもろいんですね。

戸田　まあ、浜村さんの親戚筋みたいなもんですからね（笑）。

浜村　ハッ、ハハハハ……！

戸田　このあとは『大奥』（二〇）ですね。

浜村　あッ、柴咲コウと一緒に。

戸田　これは遣り手爺ですか。

浜村　遣り手というよりも下働きですね。行燈に火を灯す役ですね。

戸田　でもセリフがありましたね。「ちゃっちゃっと仕事しておくれや」みたいな……。

浜村　「稼いでおくれよ」っていうようなセリフがあって、映画に映ったのが三十秒ですか。三時間待たされましたですね。することないから軒下で柴咲コウさんと立ち話してね、しょうもない話ばっかりしてましたですね。

戸田　あとは『偉大なる、しゅららぼん』（二四）ですね。

浜村　これは滋賀県長浜で撮影をやりました。で、濱田岳さんと岡田将生さん、それに深キョン、深田恭子さんと一緒でしたね。道を送るだけの役ですよ（笑）。

戸田　出演依頼は映画会社の宣伝部からくるのですか。

浜村　そうですね。なんのために頼みに来られたのか、よく分かりませんねえ（笑）。

戸田　芦田愛菜主演の『円卓　こっこ、ひと夏のイマジン』（二四）にも出られてますね。

浜村　出た、出た……行定勲監督でね、そうです。西宮の団地でね、あれは撮影しました。

戸田　考えたら、特徴ある監督の作品ばかりに出られているような気がしますね。

浜村　そうですね。だからね、撮影の合間、合間に映画の話が盛り上がりますね。

戸田　その時に行定監督から演出はなかったのですか。

浜村　なんにもなかったですね。「台本なしで好きなようにしゃべってください」と言われましたですね。

戸田　私が印象に残っているのは、ＴＢＳのドラマで山田太一脚本の『想い出づくり』（八一）という作品がありました。

浜村　これは、台本がありました（笑）。長い台本でね。しかもプロデューサーが大山勝美さん、演出が鴨下信一さん、日本のドラマの代表的な人ですね。私はインチキ旅行会社の社長で、インチキ旅行の詐欺にはめるんですね。

戸田　言葉巧みに、いかに旅行がいいかとしゃべる役ですね。

浜村　そうなんです。その時にね、私の部下が柴田恭兵さんです。そして旅行予約してくれた人にカメラを配るんです。安いカメラなんです。私が社長として五分間のひとりしゃべりです。鴨下ディレクターが言うんです。「詐欺師ですからね、ウソをついていることが分からないように表情が分からないように窓を背中にして立ちましょう。そして言葉巧みにいかにこの旅行が楽しいか、豪華か、費用がお安いか、そこを強調してください」って、台本はあるんですよ。「そこを感情を出して、強調してしゃべってください」。目の前に古手川祐子、田中裕子、森昌子という主役の三人がいて、この人たちを騙して書類にサインをさせる役なんですね。鴨下さんは非常にきめの細かい演出をしましたですねえ。そのひとりしゃべりの五分間がね、とにかく上手くいったんです。次に『蒲田行進曲』（八二）をテレビドラマで撮ることになって、この時、銀四郎が沖雅也、階段落ちをするヤスの役を柄本明、私は保険のセールスマンでね。大原麗子がヤスの嫁ですね。映画では松坂慶子が演りました。で、私は大原麗子のところへ行って、「あなたのご主人は危険な階段落ちをおやりになる。三十六段の階段を転げ回って落ちる役です。万一のことがあったらいけませんから、わが社の保険に入ってください」と勧めるんですね。

戸田　なんか詐欺師の役ばっかりですね（笑）。

浜村　（笑）。終わったのが夜中の二時ですよ。あれね、小田急電鉄やったと思います。新百合ヶ丘で乗り換えて、ひとつ先の谷間にある緑山というTBSのスタジオがあって、そこでの撮影でした。沖雅也が最初に終わってね、「お先です。ゆっくりしてくださいよ」と言うて帰っていって、何日か経って、自殺したんでびっくりしましたね。それから柄本明さん、今はベテランですが、なかなかセリフが入らないんですよ。そんなことがあって、夜中の二時頃に終わって、全員にタクシーを呼んでますからね。それで品川プリンスホテルまで帰ったんです。後日、電話があって、「あれ、いよいよOAするんですが、どう編集しても長いんです。浜村さんの場面は全部カットしますからお許しください。ただし出演料は払います」と……。「出演料くれんでもええから、その場面を映してくれ！」と。ひとりしゃべりやねんから。『想い出づくり』も、『蒲田行進曲』もひとりしゃべりですから、そう思たんですが、「どうしても時間内に収まらない」と言われました。

戸田　今だったらDVDの特典映像になるんですけどね。あのドラマでは、怜悧な表情で騙してはりましたね。

浜村　ハッ、ハハハハ……！　『想い出づくり』……？

戸田　『想い出づくり』です。その話で思い出したんですが、『男はつらいよ』の第四作に『新男はつらいよ』（七〇）という作品がありました。小林俊一というドラマのディレクターが撮りました。この中で寅さんが競馬へ行って、「ワゴンタイガー」という馬で大穴を当てて、おいちゃんとおばちゃんにハワイ旅行をプレゼントする。旅行会社へお金を預けるわけです。その旅行会社が詐欺師で、寅さんが騙される。その旅行会社の社長が、役者の浜村純さんが演っていましたので、旅行会社で人を騙す社長というのは、皆〝ハマムラジュン〟という名前かなと思たんですが……（笑）。

浜村　ハッ、ハハハハ……！　その名前が相応しいんじゃないですか（笑）。戸田さん、今の話を聞いて、いわゆる寅さんの映画についての俗説が間違っているなあと思いましたね。寅さんの映画四十八本の中に悪人はひとりしか出てこない。それは『男はつらいよ　寅次郎夕焼け小焼け』（七六）という播州龍野が舞台の作品がありました。マドンナの芸者・ぼたんを太地喜和子が演ったんです。そのぼたんが佐野浅夫に相当な金額を騙し取られてしまうんです。これが寅さん映画、ただひとりの悪人やと言われています。ところが今の話を聞くと、その旅行会社の社長も金を取ってしまうんでしょ。

戸田　帝釈天の町内の人々においちゃんとおばちゃんがハワイ旅行へ行くというので、お祝いをしてもらったのに、結局、騙されて行けない。夜中にこっそり、とらやへ帰ってきて息を殺して静かにしているわけです。そこへ財津一郎のこそ泥が入ってきて、「お前らが中にいるって町内にバラすぞ」と言われて、寅さんが泥棒に口止め料を払うというシーンがあるんですよ。

浜村　（笑）。寅さんの映画には、悪人が三人も出てるわけ？

戸田　のちに山田監督が、「今だったらこんな脚本は書けない」と言っていますね。つまり非現実的な物語になったたんですね。

浜村　はッ、はァ……まあ、監督は落語が好きですからね、わりに落語風ですね。寅さんの映画で山田監督が撮らなかったのは、二本ですか、三本ですか？　森崎東監督が撮りましたね。

戸田　そうですね。『男はつらいよ　フーテンの寅』（七〇）っていう三作目ですね。で、『新男はつらいよ』のあとに「もう、これで寅さんを止めよう」というので、山田洋次監督自身が『男はつらいよ　望郷篇』（七〇）を撮るわけです。で、その『男はつらいよ　望郷篇』には、テレビシリーズの寅さんでのさくら役の長山藍子さん、博役の井川比佐志さん、おばちゃん役の杉山とく子さんなんかが出ました。

浜村　ぼくはね、山田監督が撮った寅さん以外は見てないんですよ。やっぱり作風が変わるでしょ。

戸田　変わります。ただ、小林俊一さんが監督した『新男はつらいよ』は、寅さんの世界です。森崎東さんのは、全然違いますね。新珠三千代がマドンナですね。小林俊一さんは、テレビの『白い巨塔』（七八～七九）を撮ってますね。

浜村　ああ、テレビのほうですね……映画は山本薩夫監督でしょ。

戸田　そうですね。田宮二郎さんの財前五郎教授はテレビも映画も一緒ですが、里見脩二教授は山本學さんでした。

浜村　映画では、田村高廣さんですね。小林俊一さんって、テレビが多いんですか。

戸田　フジテレビの監督ですから……。

浜村　ああ、ディレクター……。だから『男はつらいよ』もフジテレビのテレビドラマだった。あ、そういう関係がありましたか。

戸田　渥美清の寅さん、車寅次郎、森川信のおいちゃん、佐藤蛾次郎は、別の役だったんですが、それがそのまま映画の配役になってますよね。

浜村　あッ、そうですかァ〜。

戸田　そのテレビのとらやの主要キャストが、『男はつらいよ　望郷篇』では、浦安の豆腐屋一家の役で出ました。それを山田監督が撮って寅さんを止めようと思ったら、これが大ヒットした。それで次の作品を撮った。これが『男はつらいよ　純情篇』（七一）で、若尾文子のマドンナで、森繁久彌が出ました。

浜村　あれは良かった……宮本信子がね……。

戸田　宮本信子は、赤ん坊を背負った五島列島に帰る森繁の娘ですね。

浜村　ええ、里帰りしてきてね、寅さんに会うんですねえ。

戸田　「お金、貸してもらえんでしょうか……」。

浜村　そうなんです。あれ、良かったねえ。

戸田　森繁さんとの二人芝居がいいんですよね。寅さんが帰ってしまって、「あの人は、どっか身体が悪かね……」って、ボソッと言うんですよ。

浜村　（笑）。そうですね。初期の頃、榊原るみが出たのがありましたね。

戸田　『男はつらいよ　奮闘篇』（七一）。この作品は今では映画にはできないでしょうね。

浜村　第一、本人がアメリカにいるんでしょ。

戸田　いや（笑）、今はおばちゃんどころではない年齢ですね。

浜村　そうですね。

戸田　いわゆる、少し、その……。

浜村　知的な問題があってね……ラーメン屋の店員でしょ。

戸田　ラーメン屋の客ですね。寅さんが入ったラーメン屋で、主人が小さん師匠ですね。

浜村　柳家小さん師匠、そうです。

戸田　人間国宝になった五代目小さんですね。その店で榊原るみがラーメンを食べて、帰っていったあとに、小さん師匠が寅さんに「お客さん、今の客、ここ（頭を指して）がちょっと違うんだよ」って言うんですね。

浜村　それで寅さんが駅まで送りに行くじゃないですか。

戸田　駅が見える交番で榊原るみが犬塚弘の警官に怒られている。

浜村　はいはい……。で、袋に入った蜜柑を売店で買うてやる。そして改札を榊原るみが通って、ふとふり返ると寅さんが、まだ見送ってくれている。ハッ、と思ったとたんに袋から、蜜柑がバラバラバラッ……とこぼれてね。駅の階段なんかを転がってゆく……この場面が泣かせるんですよ。で、監督にそのことを言うたらね、覚えてない……（笑）。

戸田　この映画がものすごいなと思いますのは、森川信のおいちゃんが、さくらに「おい、さくら、花子（榊原るみ）っていうのはちょっと足らねえだろ？　寅も足んねえだろ？　俺は案外二人は上手くいくと思うんだ……」って、セリフがあるんですよ。こんなんは、今は書けませんよ。

浜村　今の時代はそれはできないですよ。佐藤蛾次郎に言わせると、「オーディションがあったから行ってくれと言われて行ったけど、なにが山田監督やと思うて、面接の時にわざとふて腐れて、まるでこんなオーディションを受ける気がないんや。こんな映画に出るつもりはないんじゃという態度を露骨に見せたけど、それを監督が気に入ったらしい」と言うてました。

戸田　私が蛾次郎さんにお訊きした時に、寅さん映画って、シネマスコープって、横に広い画面じゃないですか。そうすると蛾次郎さん扮する寺男の源ちゃんが、例えば江戸川の土手の場面で画面の隅のほうでこけたりとかするんですが、昔のテレビのブラウン管では、スタンダードサイズに画面の両端を切ってトリミングしますから、テレビ放映では蛾次郎さんが出てこない。その話をすると、「そうやねん。よう見てくれてる」と言うてました。で、「土手からの源ちゃんの落ち方がすごいですね」って話をした。つまり、『男はつらいよ　柴又慕情』（七二）なんかで吉永小百合の歌子ちゃんと寅さんが映っている画面の端で、源ちゃんが土手から落ちてゆく。「あの時の演出はどうだったんですか？」って訊くと、「あれな、おっさんな……」って、おっさんって、山田監督のことですね（笑）。「蛾次郎、目立たんように目立て！」って言うんですって、「どないせえちゅうねん！」って、言うてはりました。

浜村　（笑）。面白いねえ。

戸田　よく、脚立から落とされたり……。

浜村　お寺に奉公している役ですから……随分、被虐的に使われてますよね。

戸田　源ちゃんって、さっきの榊原るみの役と同じように少し遅れている役ですね。

浜村　そうですね。

戸田　笠智衆さんが御前様役じゃないですか。御前様に寅さんが説教されるんですよ。「お前はどうして働かんのかね。ああやって、頭の弱い源も一所懸命に働いてるじゃないか」って言われたら、寅さんが「頭が弱いから働いているんでしょう。御前様に騙されて……」「なんちゅうことを言うか！」って怒られるシーンがありましたよ（笑）。

浜村　ぼくはね、源公はそうじゃなくて、おっちょこちょいやと思うんですけどね……監督はね、いわゆるそういう感じの人……「感じ」ですよ。感じの人を使うのが好きなんですね。

第二章　映画の語り部としての浜村淳

ラジオ大阪『ヒットでヒット　「バチョンといこう」』で、偶然語ったマービン・ルロイ監督作品『心の旅路』が聴視者の好評を受け、映画解説者としての活動が始まる。話芸としての映画解説の工夫。そして、関西で「映画と言えば浜村淳」と言われたのちの有名映画館での想い出。アメリカの映画祭典アカデミー賞受賞式へ出席した時の様子。また、自らが顧問を務める「おおさかシネマフェスティバル」について語る。

浜村映画講談誕生

戸田　浜村さんは、大学時代から司会のお仕事をされておられまして、そのあとは東京へ行かれて渡辺プロに所属、その後、関西へ帰ってこられて、吉本興業へ所属されておられる時期がありました。この間、映画のお仕事は、大映映画『悪名』の取材に撮影所へ行かれたり、社長の永田雅一さんにインタビューされたりといったお話はお聞きしましたが、映画のお仕事はズッとされていたのですか。

浜村　やっぱり京都はね、映画の街ですからポツリ、ポツリと映画の仕事がありましたですね。スターに対するインタビューとか、あるいは試写会の解説ですね。映画の前にやります。そういうこともありましたね。いろんな仕事がありました。

戸田　そういう場合は、試写を見て、プレスシートを読まれて浜村さんお得意の歌謡曲のイントロでの語りのような調子でされるのですか。

浜村　七五調で？（笑）「花火が上がって消えぬ間に、消える命が三人、五人……」って、これなんのこっちゃ分かりますか？　『座頭市あばれ凧』（六四）で、左卜全さんがね、花火師になって出てくるんですよ。最後の花火大会で座頭市が悪いヤクザを斬りまくる場面が盛り上がりました。この映画の面白いところは、座頭市は目が不自由です。で、左卜全さんの花火師は、お耳が不自由なんですね。この二人のやりとりがまるで嚙み合わないんです。そこを上手いこと演出でね、ふくらませて見せました。そうしてキャッチコピーが「花火が上がって消えぬ間に、消える命が三人、五人……」とこうなるでしょ。私がハワイで勝新太郎さんに会うた時に「う～ん、そんな上手いコピーがあったのか、俺は知らなかった」（笑）。まあ、出てる人は知らないですよ。でも、喜んでくれましたね。

戸田　「浜村節」と称される浜村さんの映画紹介ですね。浜村さん自身はよく「映画漫談」というような言い方をされておられますけれども、こういった解説をいちばん最初におやりになるきっかけは、ラジオ大阪の『ヒットでヒット　「バチョンといこう」』ですね。昭和四十五年四月から始まったそうですね。

浜村　深夜の番組ですね。そうすると大阪万博のあった年ですね。

戸田　いちばん最初は、マービン・ルロイ監督の『心の旅路』（四二）という作品を語られたそうですね。

浜村　『心の旅路』をね。ちょっと冒険覚悟で二十分かけてしゃべったんです。あくる週から、ワァ～ッと「もっとやってくれ」「もっとやってくれ」「毎週やってくれ」。そういう投書がありましてね、それからいろんな映画を面白おかしく紹介する、まあ、映画漫談を始めたわけです。

戸田　まず最初は名画ですよね。そのあとは新作映画、封切り映画をご紹介することになったということなんでしょうけれども、浜村さんが映画を紹介する場合に、ここをポイントにするというのは、どういうところなんですか。

浜村　それはね、戸田さん、もう映画のとおりきっちりすべてを紹介しておりますと、二、三時間かかります。ですから、もう芯となるテーマだけを押さえて枝葉の部分はね、切り落とすことは多いんですよ。全部言うと時間が足りませんからね。『心の旅路』で言えば、いったん記憶を失った男が記憶をとり戻す……これが芯ですよね。テーマとして柱ですね。そこに重きを置いてですね、記憶を失っている間、愛する女性と一緒に暮らしていたけれど、フイと記憶が戻ったら自分の実家が分かるわけですよ。イギリス一の大金持ちなんですよね。で、そのまま実家へ帰ってしまったら、もう妻子を置きっぱなしじゃないですか。そのあたりの人間の心理の不思議さですね。失った記憶をとり戻したとたん、今度は記憶を失っていた頃、どこで誰とどうやって暮らしていたかが、まったく消えてしまうという、入れ替わりですね。面白いですね、これ……ジェームズ・ヒルトンの『ランダム・ハーベスト』っていう小説が原作なんですが、そういう映画のいちばん芯になるところを強調しつつですね、時間の許す限り、それにまつわる人間関係とか、とり残された奥さん＝グリア・ガースンですね、産んだ赤ちゃんは亡くなってしまって、夫は帰ってこない。ロンドンの新聞社へ原稿料をもらいに行くと言うて出て行ったまま帰ってこない。

「あ～、もしかしたら、あの人、記憶が戻ったんじゃないだろうか」「記憶が戻って自分の本当の家へ帰ったんじゃないだろうか」「そのかわり、私を愛しながら暮らしていた時期の記憶がまったく消えたんじゃないのか」と、これはどうにもなりませんね。探しようもないじゃないですか。ある日、新聞に夫の写真が載ってるんです。大企業の大社長ですよ。で、「秘書募集」と書いてある。グリア・ガースンは、元妻なんですが意を決して秘書の採用試験に行くとなんといっぱい競争相手がある中で自分が採用された。自分はその社長が元の夫やと知っているわけですが、夫のほうはまったく気がつかないですね。これ、この話どうなります。それに義理の姪っ子が婚約者になってね。二人で教会へ行って結婚式の時にどの讃美歌を演奏してもらおうかと言うて相談していると、神父様が「こういう曲はどうですか」ってオルガンで弾いてくれる。すると彼のほうが「なんか、どこかで聞いたことがある、この曲は……」と言うけれども、何かは思い出せない。実は元の妻グリア・ガースンと村の小さな小さな教会で二人きりで結婚式を挙げた時にその教会の神父様がオルガンで弾いてくれた讃美歌なんですよね。ひとつひとつ謎と謎と謎が積み重なって、またそれがひとつひとつ解き明かされていくという……見事な映画というより、見事な原作、見事な脚本、見事な演出ですね。

戸田　小道具のドアの鍵がね、心の扉を開けるという意味でもありました。

浜村　二人が元住んでいた家の鍵がポケットに入っているけど、どこのなんの鍵か、彼のほうはまったく分からないですね。で、いつ気がつくのか、いつ二人が、「は〜、昔は夫婦だったねえ。今後もお互いに力を合わせて暮らしていこう」なんていう、いつそこに気がつくかって、ハラハラしながら見てるわけですね。この映画をちゃんとしゃべろうと思うと、枝葉を削ぎ落としても二十分はかかります。それを『ヒットでヒット　「バチョンといこう」』という番組でやったら、たいへん好評をいただきまして、それから映画ってしゃべっても受けるもんだなあと思ってやり始めたんです。

戸田　試行錯誤もありましたか。

浜村　そうですね。例えばチャップリンの映画なんてね、私などがいくら言葉を尽くしても表現できないです。見てもらわないと分かりませんね。でも、それを見てもらおうと思いまして、『街の灯』（三一）とかね、一生懸命にチャップリンの仕ぐさからギャグから口で説明するわけですよ。ある程度は分かってもらえますが、あの名人芸は実際に見てもらわないと分からないですね。

戸田　ただ、浜村さんの話は、実際の映画よりも面白いと皆さんがおっしゃいますね。

『街の灯』チラシ（「ビバ！チャップリン」）

浜村　いや、それは（笑）、面白いところをピックアップしてつないでるからでしょう。

戸田　それを聴き手の方が想像されますので、自分のイメージを作っているんでしょうね。

浜村　それは有り難いですね。だから、「こういう服を着ていましたよ」「こういう風に夕陽が海に沈んでゆきましたよ」とか、なるべく目の前に画面が浮かぶように話をしようと、それは心がけていますね。

戸田　チャップリンの映画は、浜村さんに思い入れがあるのでいつもの浜村節みたいに飛躍というのがあまりなくて、ほかの作品よりもそのままキチッとしゃべられていますね。一度、浜村さんの『街の灯』のおしゃべりを聞かせたあとに、学生に映画のその場面を見せたことがあるんです。そうすると、浜村さんの話のほうが面白いなという感想ではなく、「映画そのままですね」と。「浜村さんがまた細かい描写をされてましたね」とか、そういうような感想がありました。ほかの作品とは、チャップリン映画の語りは、浜村さんの中で意識が違うのかなとも思いました。

浜村　チャップリンだけではなしに、私が映画の話をしますと、もう話を聞いただけでいいでしょうという気持ちでは絶対にないです。私は水先案内人です。パイロットみたいなもんでね、私の話を聞いて興味を持ってください。興味をお持ちになったら必ず映画館で見てください。これがいちばん大きな希望なんですよ。

戸田　そのわりに映画の最後までしゃべってしまうという噂がありますね（笑）。

浜村　そういうこともありますね。しゃべってないことが多いですけどね（笑）。

戸田　しゃべってしまう時も……（笑）。

浜村　あります。

戸田　一度ね、『ネットワーク』（七六）という作品がありましてね。浜村さんが公開当時よくしゃべっておられたんですね。テレビ局の話です。

浜村　フェイ・ダナウェイが出てました。

戸田　ピーター・フィンチがハワード・ビールというニュースキャスターを演るんです。この人が番組の視聴率が下がって、ノイローゼになる。そして生放送の本番中に「自殺する」と言うんですよね。彼はある日、天啓のように雨に打たれて、それからわけの分からんことをしゃべりだすようになって、視聴率が上がってゆくわけです。ところがやがて、視聴率が下がりだしてきた時に、フェイ・ダナウェイのプロデューサーが、本番で彼を殺せばいいと言う……。

浜村　ウィリアム・ホールデンが制作局長を演ってましたね。

戸田　その上がロバート・デュバルでしたかね。で、本番中に会場の観客に交じって機関銃を持った男たちが、ダダダダダ、ダダダダダ……！とキャスターを撃ち殺してしまうんです。

浜村　そうなんですよ。

戸田　その時、浜村さんが「ダダダダダ、ダダダダダ……と撃ちまして、ハワード・ビールがバーンと仰向けに倒れてカメラが寄る。さて、このあとはどうなりますか。ぜひ映画館で見てください」。私、映画館へ見に行ったんですよ。

浜村　ハッ、ハハハハ……！　いやいや……。

戸田　そしたら、その後はエンドロールだけが流れたんです。浜村さんは神社で口上つきで物を売ってる人かと思いましたよ。
浜村　タンカバイと言いましてね。寅さんですね。
戸田　上手いことダマされたなと思たことがあるんですけどね（笑）。
浜村　私の話を聞いて、実際に映画館で映像を見たらね、「わあ、こんな映像か」「こんな景色か」「こんな姿か」って、二度目の驚きになるという、そうなったらいいと思うんですよ。
戸田　映像そのものはすべて語ることはできませんものね。
浜村　絶対に無理ですね。
戸田　浜村さんが映画をご覧になる時は、やはり先ほどおっしゃったように、この映画はここっていう肝を見るんですね。
浜村　まあ、それはありますわね。時々、映画を見ながらメモをとっていらっしゃる方もありますが、私はとらないですね。それは例えば、『素人名人会』という毎日放送テレビの人気番組で歌を審査してはった大久保怜さんがね、出場者の多くが歌詞を書いた紙を見て歌うんですよ。と、怜さんが必ず咎めましたね。「それはあんた歌うとるのやない。読んどるんや」と。映画の話もそうですね。メモを見てしゃべってると、どうしても読んでいることになる。キツい言い方ですが、話が死んでしまいますね。もうメモを一切見ない、とらない。自由奔放にしゃべるほうが生き生きとしてきますから。
戸田　プレスシートとか説明書もあまりご覧にならないとおっしゃっておられましたね。
浜村　いっぺんは見ますよ。映画を見終わってから……見る前は絶対に見ないですね。

戸田　浜村節の中で、ポンポンポンポォ――ンと畳み込むようなしゃべりをするとか、そういう講談の修羅場みたいな時もありますね。

浜村　そうですね。講談・講釈の呼吸は、まあ意識的に入れている時もありますね。

戸田　ありますね。浜村さんは「映画漫談」とおっしゃいますけど、私は「映画講談」じゃないかと思うことがあります。

浜村　ハッ、ハハハハ……！

戸田　映画そのものを見るように想像させるというのは、どのへんに力を入れてはるんですか。

浜村　それは映画が好き、で、自分が見た映画がとても良かった。じゃあ、人にも見てもらいたい。良かったと思ってもらいたい。そういう気持ちが強いもんですからね。それが時々脱線にもつながりますが（笑）、いちばん強いのがそこですね。だから山城新伍という人がね、まあ、私の高校の後輩ですけれども（笑）、あの人も映画が好きでした。

戸田　サンテレビで映画番組『火曜洋画劇場』の解説までしてましたね。

浜村　そうなんです。で、京都の人はね、だいたい映画好きですよ。映画の街ですからね。皆、映画が好きです。で、山城新伍も京都の人でね、そうすると自分で金を使うて映画会を開くんですよ。で、自分の気に入った映画を映してみて、近所の人、友だち、皆を集めて見てもらうという、そんな気持ちですよ。私は毎回、映画会を開くことはできないですけどね。おしゃべりで紹介して、「私は、この映画が良かったと思います」と。淀川長治さんがそうですね。

戸田　基本的には、映画ファンの心理の発露みたいな感じですね。

浜村　そのとおりです。「はい、皆さん、あの映画とても、とても良かった、良かった、良かったんです。皆さんも良かったでしょ。そう思ってくださいね」。そういう風に頭を下げてでも、お願いしてでも見てくださいという気持ちですね。

戸田　のちには浜村さんは、映画そのものを二十分ぐらいのダイジェストにして、例えば先ほどもお話に出たチャップリンの『街の灯』なんかを高座でお演りになることもありましたね。

浜村　あります、あります。

戸田　マルセ太郎さんが、「スクリーンのない映画館」という題で『泥の河』(八一)や『天井桟敷の人々』(四五)といった作品を演ってましたけれども、浜村さんはマルセさんよりも随分早かったですね。

浜村　遥かに早かったですね。

戸田　それは映画をご覧にならないお客にも喜んでもらえるということなんでしょうね。

浜村　分かってもらえるというね。「ああ、そんないい話か」「あッ、ここんとこ感動したなあ」。目の不自由だった花売り娘が目が見えるようになって、刑務所から出てきたばかりの恩人であるチャップリンに会いまして、そうしてチャップリンの手を握って……ホントは「お金をあげます」と言うた時にチャップリンが「それはいりません」と断るのを「持っていきなさい。これぐらいのお金……」。チャップリンの手にギュッとお金を握らせた。その時、「はッ、この人の手の温もりを私はどこかで覚えている。この手の温もりを持った……あッ、あの人と同じ手の温もりなんだ。あなたでしたか……」というあたりは話だけでも感動します。そこなんですねえ。

戸田　浜村節の映画解説でね、しゃべっていたものが、映画会社の宣伝コピーに採用されたこともありましたね。

浜村　それありますね。ブルース・リーの『燃えよ！ドラゴン』（七三）で、「アチャ〜ッ！という あの声と共に見事に決まる、必殺飛燕一文字五段蹴り……神変胡蝶肘撃ち五段返し……」とかね、そういう風にしゃべっていたのを、東和映画がのちにコピーとして使ったんですね。

戸田　浜村さんは歌謡司会で、歌謡曲のイントロでの語りの七五調の原稿を書かれたりとかされておられますから、そういうのはお得意ですね。

浜村　ただね、昔の演歌の司会者はね、イントロに乗せてしゃべる紹介の言葉は全部、自分で作ったもんです。

戸田　そうなんですか。もともと弁士から流れてきた方が多かったんですね。

浜村　まあ、西村小楽天さんとかね、そういう人々は、弁士、活動弁士、活動説明者という仕事を失いまして、紙芝居のお仕事へつくとか、いろんな仕事についたんですね。その中で、西村小楽天、徳川夢声、大辻司郎……そういう人たちは才能を活かして、漫談・司会の世界へ移って、これまた活躍したわけなんです。

戸田　紙芝居へ行かれた人もおられるんですねえ。

浜村　多いですよ。まあ同じしゃべりができるもんですからね。

戸田　画を見てしゃべりますもんね。

浜村　そうなんです。「見えぬ瞼のその裏に秘めた今年の想い出が……」という、あの司会者のしゃべりは活動弁士そのままですね。

大阪の映画館のこと

戸田　話は変わりますが、浜村さんがお子さんの頃の映画館の思い出話はすでにお聞きしたのですが、大きくなってからということではないですが……（笑）、大阪に有名な映画館がたくさんありましたが、それらの映画館の閉館時に、浜村さんの司会と映画漫談ですね、そういう形がある時期から定着してきました。私の記憶ではいちばん最初が大阪のキタにあった北野劇場、今のＴＯＨＯシネマズ梅田の場所にあった劇場です。かつては映画と実演なんかを上演していました。同じビルに梅田劇場、梅田スカラ座、北野シネマなんかもありました。東宝系です。その北野劇場が閉まる時、イベント自体は上の階にあった梅田スカラ座でやったんですが、それを私は見ています。

浜村　あッ、そうですか。で、ぼくが「ここはもう閉まりますよ」というテーマでしゃべったんですね。

戸田　そうですね。それとプレゼント抽選の司会ですね。その時は、ポスターやプレスシートなどここに残っていた映画グッズのお宝が当たりました。その日は、浜村さんの話のあとに、『モダンタイムス』（三六）を最後に上映するということで、浜村さんがチャップリンにまつわるクイズを出して、会場から手を上げさせて、で、当たった人にプレゼントしていました。

浜村　よく覚えてましたね。どんな問題を出しましたか。

戸田　チャップリンにまつわる簡単な問題なんですけれど、ひとつだけ難しい問題を出しました。「チャップリンが最初から終いまでたったひとりだけで……まあ、一人、二人は運転手役なども出ますが……一人だけで演じる映画があります。さて、この映画のタイトルはなんでしょう？」。答えは『午前一時』（一六）あるいは、別名の『チャップリンの大酔』なんですが、この時に二人だけ手が上がりました。そのひとりが私だったんですが、浜村さんは、もうひとりのほうを当てられました。

浜村　「あッ、戸田さん、手を上げてるな。当てるのを止めとこう」（笑）。でも、その頃は知らなかったんですよね。

戸田　知らなかったです。私、学生ですから……そういう恨みもあって、よく覚えているんです（笑）。

浜村　恨みやて……（笑）。まあね、仕事という意識よりも楽しみのほうが強いですよね。

戸田　この劇場の想い出はありますか。

浜村　北野劇場はさっき、戸田さんも言いましたように、映画と実演の二本立てでしょ。大阪ミナミでは千日前の大劇がそうですね。大劇のほうは、演歌が多かったんですよ。三波春夫さん、春日八郎さん、田端義夫さん、島倉千代子さん、美空ひばりさんとか……。で、キタの北野劇場のほうは、どっちか言うと、ポップス、それからバンド演奏が多かったですね。「与田輝雄とシックスレモンズ」とかね、歌は江利チエミ、雪村いづみ、ペギー葉山でしょ。そういう風にミナミとキタではちょっと傾向が違うんですけどね。

戸田　キタのほうがハイカラですね。

浜村　……というかね（笑）、学生さん、サラリーマンが多かったですね。

戸田　浜村さんは、北野劇場でも司会をされていたのですか。

浜村　北野劇場ではやってませんね。大劇ではよくやりました。渡辺プロ自身が「ザ・ピーナッツショー」とかね、「水原弘ショー」とかそういう実演を随分担当してましたから、私が渡辺プロ専属時代はよく出ましたね。

戸田　閉館時は、梅田スカラ座でさよなら公演が行われたんですが、最終上映の『モダンタイムス』は満席でして、映画の最後のほうで、ダンスホールというかレストランみたいな店でチャップリンが初めて歌を歌うという場面がありますね。歌詞が覚えられないのでカフスに歌詞を書く。でも、歌の前振りで踊っているうちにそのカフスが客席に飛んでしまうというシーンがありますね。あの場面でバァ―――ン！という爆発音の笑いが起こったのを映画では、初めて経験しました。

浜村　は〜あ、そうですかあ。で、チャップリンが声を出すよ、いよいよ声を出すよって、昭和十一年の映画ですから、それまではほかの映画では音を出していたのに、チャップリンは頑なに音を拒否したんですよね。

戸田　音楽だけは使ってたみたいですね。

浜村　そうなんです。ただ、英語でしゃべれば、英語が分かる国の人しか見てくれない。スペイン語でしゃべれば、スペイン語が通用する圏内でしか見てくれない。だから万人に共通するのは、言葉を使わないジェスチャーやと。また、あの人はパントマイムの名人ですからね。でも、そのチャップリンもついに昭和十一年、『モダンタイムス』をもって自分はもう映画に出ないと決めましてね。あと脚本とか、演出とか、プロデュースにはまわるけれど、自分自身は出演しない。これが最後の映画やと思ったから、初めて歌を歌うということを発表したんですよね。そしたら「ティティナ」という歌なんですが、なんと英語でもない、フランス語でもない、スペイン語でもない、チャップリン語で歌ってるんですね。

戸田　スペイン語風というか、英語圏から見て外国語風に歌うんですよね。

浜村　その時、歌詞をカフスに書いててね。で、お客さんの前へ出て行って、パッと両手を広げたとたんに両袖のカフスの部分がビィヤ〜ッと飛んでしまうんです。そこからです。あのチャップリン語で歌い始めるのは。ただ、ジェスチャーをつけてますよね。面白いジェスチャーを。

戸田　歌詞の内容が分かるようにパントマイムで見せていくんですね。

浜村　そうなんですね。これがチャップリンが初めて音を出した映画で、それで引退したかというと、その頃からドイツにヒトラーという狂気の独裁者が誕生してですね。ユダヤの人々を何百万人と殺し、周辺の国々へ侵略をしていったから、これがチャップリンには腹が立ったわけですね。

戸田　アウシュビッツ収容所のことは、当時は知らなくて、のちにあの事実を知っていたら、『チャップリンの独裁者』は、よう作れてないというようなことをチャップリンは言ってますね。

浜村　チャップリンはもういっぺん映画を撮ると言って、徹底的にヒトラーをからかって、まあキツイいい方をするとヒトラーを馬鹿にする映画を撮るぞと言うて、見事な脚本を書きました。つまりユダヤ人の理髪店の店主とヒトラー、これ、映画ではヒンケルという名前です。ひとりで二役を演って、もう笑わせて、笑わせて、最後に感動させた。目の前に数万人のドイツ（映画ではトメイニ国）の軍隊がいる。それを前にして、ステージへ上がって、机の上に何十本というマイクが並んでます。世界同時放送ですね。その時、六分間、しゃべった。これははっきりと英語でしゃべったんですよね。

戸田　ヒンケルと床屋が入れ替わるんですよね。

浜村　そうなんです。もともとそっくりなんです。軍服を入れ替えたために理髪店の店主がヒトラー、つまりヒンケルに間違えられて、「総統、ここで演説をお願いします」と言われて、初め怯えながら壇上へ上がってきますね。で、ポツリ、ポツリとしゃべっている最中に熱がこもってきて、「目の色が変わっても、髪の毛の色が変わっても、肌の色が変わっても、人間、平等なんだ。皆一緒なんだ」ということを叫んでますよね。そして最後に「ハンナ、聞こえるかい？」って、この一言が有名です。

戸田　チャップリンのお母さんの名前なんですよね。

浜村　そうなんです。映画の中では自分の恋人（当時は夫人であった）、ポーレット・ゴダードにハンナという役を与えて国境を越えて逃げていた、そのハンナに対して世界同時放送ですから「ハンナ、ぼくの声が聞こえるかい？　言ってることが分かるかい？」。そういう気持ちを込めて、「ハンナ、聞こえるかい」って言ったんですが、心の中では天国へ行ってしまったお母さん＝ハンナ・チャップリンですね。お母さんに「お母さん、ぼくね、こんな映画を作ったんです。ある狂気の独裁者＝ヒトラーを徹底的にからかう映画を作ったんです。だからぼくはこの映画をもって殺されるでしょう。脅迫状がいっぱい届いています。だけどもぼくは、これを言わないと気が済まない。あの狂気の独裁者を許すことができないんです。だから奴を徹底的にからかう映画を撮ったんですが、そのために殺されるでしょう。死んだらお母さんのいらっしゃる天国へ行きます。お母さん、「チャーリー、よくやったねえ。いい映画を作ったね」と誉めてくださいね」。そういう気持ちを込めて、「ハンナ、聞こえるかい」って最後に言いますよね。でも、その事情を知っている人でないと映画を見ているだけではそれは分からない。でもそういう意味でもすごい映画を撮ったなあと思いますね。

戸田　その後の「look at Hannah」というセリフが耳に残りますもんね。映画館の話を続けたいん

『チャップリンの独裁者』チラシ
(「ビバ！チャップリン」)

ですが、キタにあったシネラマＯＳ劇場、この映画館の想い出はございますか。

浜村　まず、第一作が『これがシネラマだ』（五二）というタイトルですね。シネラマの面白さって、今で言うと３Ｄ、ＩＭＡＸって、まあ皆よく見に行きますが、あの頃、大画面でね、シネラマという名前をつけてやった。皆度肝を抜きましたね。

戸田　三方向から映写されて、立体的な映像と言われました。

浜村　で、劇映画もね、こら、戸田さん、大画面になると作品的に良いものって難しいんですね。

戸田　三方向から上映されるシネラマの最後のほうの作品で『西部開拓史』（六二）というのがありました。

浜村　ありましたね。あれ、ヘンリー・ハサウェイという監督が撮りました。

戸田　そのほか、ジョン・フォードなど何人かの監督で撮ってましたけれども、作品としてはちょっと良くなかった。

浜村　大味と言いますか、あんな大画面を処理仕切れなかった。それよりも映画の左右に画面がワァ〜ッと広がったのをシネマスコープと言いますね。その西部劇としてのシネマスコープの第一作が『帰らざる河』（五四）で、これは作品的には悪くなかったですね。オットー・プレミンジャーというね、アメリカとはなんの関係もない（笑）、ドイツ出身の監督がアメリカへ呼ばれて、名作をたくさん撮りましたけどもね。

戸田　政治的な映画も撮ってますね。

浜村　イスラエルの建国を描いた『栄光への脱出』（六〇）がありますね。いろんな映画を撮りました。初めて西部劇を手がけたけど、もともと西部に関係のない人ですからね、どんな映画を撮ったんやと思って見に行ったら、結構よくできているんですよね。

戸田　川下りのシーンなんかは、スクリーンプロセスを上手く使っていましたね。

浜村　そうですね。あれを撮影した場所まで行きましたよ。

戸田　どこでも行ってはりますねえ。

浜村　ぼくだけやなしに、毎日放送ラジオの島修一ディレクターも一緒に行きました。カナディアンロッキー国立公園って言いますね。近くにバンフという街がありまして、「ここで『帰らざる河』を撮影した」とちょっと書いてあるんですよね。

『帰らざる河』パンフレット

戸田　マリリン・モンローって芝居が上手いですもんね。

浜村　結構ねえ。パープーみたいな芝居がお得意ですが、本当は哀愁のモンローですね。

戸田　『バス停留所』（五六）とか良かったですけどもね。ＯＳ劇場は、のちにシネラマという三方向から映写する形ではなくなって、いわゆる70㎜作品をそのままあの大画面に映すことをスーパーシネラマ方式と呼ぶようになりました。

浜村　で、『ウエストサイド物語』（六一）とか、ああいう大作をよくやりましたね。

戸田　『アラビアのロレンス』（六二）、『２００１年宇宙の旅』（六八）とか。

浜村　そうです、そうです。００７もやったんですよ。

戸田　それからミナミの映画館＝南街劇場。ここも閉館の時には浜村さんが司会をしましたね。

浜村　これは、最後、南街劇場が閉まりますという時に、黒澤明監督の『七人の侍』（五四）を映しましたですね。で、私がなんとなくそれを解説しましたけどね。

戸田　この時も私は見てますね。

浜村　ハッハハハ……！　今、南街劇場のあとってどうなってます？

戸田　ＴＯＨＯシネマズなんばですね。なんばマルイのいちばん上の階がシネコンですね。元の南街会館は、南街劇場、それになんば東宝がかわって南街東宝になりました。それから南街シネマ、南街スカラ座、南街文化と映画館がありまして、最後は全館で懐かしの映画を上映しましたよ。

浜村　とにかくね、私は映画館が閉まる時と映画館がオープンする時にはよく呼ばれて行きましたね。

戸田　いちばん最近の浜村さんが司会をされた映画館の閉館は、道頓堀東映だと思います。この時は『昭和残侠伝　死んで貰います』（七〇）とか『十三人の刺客』（六三）とか、そういう東映の名作を上映しながら、浜村さんは『仁義なき戦い　広島死闘篇』（七三）の上映後か前に、北大路欣也さんと対談されていました。

浜村　だいたいね、あの頃はよく映画スターと監督と私は一緒に各映画館で挨拶回りをよくやったもんです。

戸田　浜村さんが司会でご一緒されるんですね。

浜村　そうです。で、『仁義なき戦い』（七三）もね、深作欣二監督と菅原文太さんと一緒にズッ〜ッと通天閣の下あたりの映画館まで回ったもんですよ。そうするとね、『仁義なき戦い』は評判が立ってましたから……。

戸田　第一作ですか。

浜村　いや、二作目か三作目ですね。東映関西支社の人と一緒に映画館を舞台挨拶で回るんですよ。始まる前にもう超満員なんですね。で、客席の前のちょっとしたコンクリートの隙間の地べたに座ってね、ウイスキーのポケット瓶を傾けている人がいたりね、あのへんの雰囲気がよく出てるんですね。

戸田　通天閣のある西成区の新世界ってざっくばらんな感じですよね。

浜村　そうですね。私が幕の間からね、客席の様子をのぞき見たらね、いち早く見つけたおっさんが、「おい、浜村、早よ始めんかい！　待っとるんじゃい！」。こういう雰囲気の中で、いよいよスクリーンの前に監督、俳優、私なんかが立って挨拶するでしょ。その時、私が「監督は深作欣二さんです。この映画の前に『軍旗はためく下に』（七二）という結城昌治さんの原作を映画にしたものをお撮りになったんですよ」と言うたら、また客が黙ってない。「おお、あれ見たんや。ええ映画やったなあ。同じ監督か？　きっとこれもおもろいやろ！」って、必ず声に出して言うんですよ（笑）。大阪的でしょ。

戸田　『仁義なき戦い』で、浜村さんが、深作欣二監督や出演者と道頓堀東映で舞台挨拶をされた時に井筒和幸監督がお客で見に行ってられたそうですね。

浜村　ああ、そうですか。監督もまだ学生ぐらいですかね。『仁義なき戦い』は、第一作は、私はあんまり面白いとは思わなかったんですけれども、二作目からはものすごく活気も強くなりましたね。

戸田　二作目『仁義なき戦い　広島死闘篇』は、少し番外篇みたいな感じもありましたね。

浜村　撮影所関係者に「あれ、ビデオテープに撮れへんやろか」って、まだビデオテープが一般に普及してない時代ですからね。それで一本十万円で闇で売ったという話がありますよね。

戸田　映画そのものをビデオテープにしてたんですか。

浜村　そうなんです。私ね、映画のビデオテープでいちばん笑ったのは、芦屋小雁さんがね、「ちょっと淳ちゃん、大きな声では言えんけどな。スピルバーグという監督がな、『E. T.』（八二）という映画を撮りよったんや。アメリカでえらい評判なんや。これ、わしビデオテープを持ってんねや。あんたに貸したげるわ。内緒やで」と言うから、内緒で借りてやね（笑）、足音忍んで家へ持って帰って、いそいそとビデオの機械にかけたら、なんにも映ってない。いや、映ってるんですよ。黒い影がね、ウロウロ、ウロウロと動いてるだけでね、まるで影絵芝居ですわ。もう、どれがE.T.やら、どれが女の子やら、どれが男の子やら何も分からない。映画館で誰かが撮ったらしいんです。それを小雁さんが譲り受けて、私に貸してくれたんですね。そんな時代があったんですよ。

戸田　小雁さんは見てはれへんかったんですかね。

浜村　いや〜、小雁さんは影だけを見て想像してたんじゃないですか（笑）。

戸田　あの方の映画コレクションって有名ですもんね。

浜村　よう見せてもらいました。特にホラー映画が好きでしたね。

戸田　お兄さんの芦屋雁之助さんは、ミュージカル映画を集めていたというような話をお聞きしたことがありますね。

アカデミー賞授賞式に出席する

戸田　浜村さんの映画人生でのハイライトのひとつに、アカデミー賞授賞式に出席されたことが挙げられますね。

浜村　一九八九年ですね。

戸田　第六十一回アカデミー賞授賞式ですね。

浜村　あれはね、たまたまね、出席できる権利を得ましたね（笑）。
戸田　これも闇ではないのですか（笑）。
浜村　ＵＩＰという洋画配給会社が大阪にあった。私がね、そのＵＩＰの上住寿夫宣伝部長に「もうすぐアメリカへ行きますねん。ついてはロスアンゼルスでアカデミー賞授賞式がある日と重なるんで、出席できませんやろか」と言うたら、東京のＵＩＰへ連絡をとって、東京からイギリスのロンドンの本社へ連絡をとって、ロンドンからアメリカのロスアンゼルスへ連絡をとってくれました。よくやってくれたと思います。で、「出席できます」と、ちゃんと入場券を送ってくれました。「ついては、あなたはロスアンゼルスのどこのホテルへ泊まりますか。そこへお迎えが行きますから待っていてください」と言うんで、当日、ロスアンゼルスのホテルで待っていると、「浜村さん、お迎えの車が来ました」。部屋から降りてみてびっくりしました。ごっつい畳四畳半ほど敷けるリムジンなんですね。運転手が黒人さんですが、黒の制帽、黒の制服、黒のブーツを履いてね、まるで『サンセット大通り』（五〇）に出てくるようなドライバーさんが待ってるんですよ。乗ったら、首まで埋まるほどのフカフカの後部座席やってね。それで会場まで連れて行ってくれたんですね。
戸田　車の中は浜村さん、一人ですか。
浜村　一人です。
戸田　出席する時の服装も決まっているのですか。
浜村　それはまったく前もって注意がなかったもんですからね、そんなアメリカへ行くのに大層な服を荷物になるから持っていかない。普通のスーツで行ったんですが、もう会場の周りは白の大型リムジンでいっぱいですね。で、次々とスターが降りてくる。駐車場へ車を案内する係のおじさんが十人ほどいるんです。これも全部タキシード。で、会場へ入ったら、なんとテレビカメラがズラァ〜ッと構えてますね。そのカメラマンがタキシード。カメラには、ロープが付いてますね。カメラの動きに従って、ロープを右へやったり、左へやったり、介錯する係の人もタキシード。びっくりしましたね。今は違うんです。アカデミー賞授賞式の模様をテレビで見ても、結構平服と言うんですか、気楽な恰好をしてます。一九八九年頃は全部タキシードでしたね。『レインマン』(八八)が作品賞を獲った年です。それほど格調が高かったですね。当然、客席は男は全部、黒のタキシードですね。で、私にはいい席が用意してあったんです。というのも初め行く前はね、「浜村さん、どうせプレス、報道関係者の席やから、二階でっせ。客席に座ってるスターの頭の後ろしか見えないですよ」と言われて行ったら、違うんです。一階の前半分と後ろ半分を広い通路で区切ってある。その後ろ半分の一番前ですわ。だから通路の向こうはスターばっかりです。ダスティン・ホフマン、ショーン・コネリー、ロジャー・ムーアとか、スターばっかりがいるんですよ。で、自分ひとりが普通の服でしょ。居ても立ってもいられないし、周りはおかしな目で見るし、居たたまれへんかったですね。廊下を掃除しているおじさんもタキシードです。だから、そのおじさんに「一万円払うから、そのタキシードを貸してくれ。私の服と替えてくれ」と言うたら(笑)、「そんなことはせんでもいい。俺はタキシードを着てるから、お前の席に座る。あんたは、この箒を持って、ここを掃いていたらええ」って(笑)、アメリカの人って、普通の人でもジョークが上手いですね。大阪人と共通してるんですね(笑)。

戸田　そこだけは……（笑）。レッドカーペットも通られたんですか。

浜村　あれは、受賞するスターなんかが通りますでしょ。客は会場で座席に座ったまんまですからね。

戸田　ルシル・ボールを見たっておっしゃられていましたね。

浜村　ルシル・ボールとか、いろんな人を見ましたね。トム・クルーズは、その当時、奥さんがミミ・ロジャースやったんです。そのあとニコール・キッドマンとも結婚しました。最初の奥さんは、ミ・ロジャースです。この人もいい映画に出てますけどね。車を降りて、二人で腕を組んで会場までやって来ました。いろんなスターが登場しては、会場へ吸い込まれてゆく。その中に、今、戸田さんが言いました、ルシル・ボールもいましたが、今は皆さん、あんまり知らない。『アイ・ラブ・ルーシー』（五一〜五七）などのテレビコメディを二十五年も演ったんです。会場の前に三千人が座れる階段席があるんですよ。これは無料です。誰が行ってもいい。この三千人がルシル・ボールが来た時には、総立ちになりました。テレビの力ですね。びっくりしましたね。

戸田　『ザ・ルーシー・ショー』（六二〜六八）の時は、日本では高橋和枝さんていう人が吹き替えで、のちに『サザエさん』のカツオの声も演ってました。独特のガラガラ声で、ルーシーにピッタリでした。

浜村　本人は喜びませんよ（笑）。

戸田　この時もいろんなスターがプレゼンターで出ていますね。

浜村　そうですね。ケヴィン・コスナーとホイットニー・ヒューストンが主演した『ボディーガード』（九二）という映画がありました。私が授賞式に出席したあとの映画です。この映画の中で、アカデミー賞授賞式のシーンがあるんですが、受賞者、プレゼンターがしゃべる言葉が全部、目の前の小さなモニターテレビに映るんですね。で、それを見てしゃべってるでしょ。でも、私が実際に出席した時は、いわゆるモニターテレビって、まったくなかったですね。人によっては「あれはネタを書く人がおるんや」という人もありますが、メモも見ない。ましてモニターテレビなんかない。ごく自然なやりとりでしゃべるんですよね。例えば、メラニー・グリフィスとドン・ジョンソンって、ドン・ジョンソンってテレビの『特捜刑事マイアミ・バイス』（八四～八五）が人気がありましたね。この二人は離婚してるのに、二人揃ってプレゼンターに登場するわけですよ。で、封を切って中の受賞者の名前を読む前にね、二言三言やりとりがあるでしょ。そしたらドン・ジョンソンが「離婚して良かったね」って言うんです。「そうよ。あんたと別れてから良い仕事がくるようになったわ」「ええ、そうかい？　できたらまた二人、元の夫婦に戻ろうよ」って言うと、メラニー・グリフィスが「ダメよ、もう私、妊娠してるから」「ええ？　誰の子どもなんだい？」「馬鹿ねえ。あんたの子どもよ」って、こういうやりとりがもうリズミカルにポンポン弾むんですね。

戸田　夫婦漫才みたいですね。

浜村　あッ、そのとおりです。それからキャンディス・バーゲンとジャクリーン・ビセットが出た時にね。

戸田　『ベストフレンズ』（八一）の二人ですね。

浜村　ええ。この二人が出たらとたんに顔を見合わせてね、「ねえ、私たちはフランス語ができるのよね。フランス語でしゃべろうよ」って得意そうに言うと、もうそこで客が笑いますねえ。それからフランス語でしゃべり始める。何をしゃべったかと言うと、キャンディス・バーゲンが夫のルイ・マル監督に向かって、「ねえ、あなた、ワンちゃんの散歩を忘れたらダメよ。ちゃんとやっておいてね」てなことを言うんです。あとで通訳が訳しましたけどね。そういうやりとりが実に面白いでしょ。

戸田　この一九八九年の授賞式って、新旧のスターがちょうど入れ替わる時期でもあるんですね。ジェームズ・スチュワートとキム・ノヴァクや、デミ・ムーア、ブルース・ウィルスなんかもプレゼンターに出ていますね。いい時に行かれましたね。

浜村　そう思いますよ。もうたくさん、たくさん、次々にリムジンから降りてきてね、入ってくると、会場前の三千人のお客さんがいちいちウワァ〜〜ッ！という歓声を上げます。さっき言いましたルシル・ボールは、すごかった。髪の毛が真っ白です。で、ピンクに銀ラメが入ったロングドレスで両手を振りながらやってきた。この時の反響は本当に凄まじかったですね。

戸田　国民的なアイドルなんですね。

浜村　そうですね。映画はあんまり出てないんですね。『メイム』（七四）ぐらいですね。

戸田　テレビのスターですね。

浜村　私が会場の中ですれちがう時に一言、「お若く見えますね。若さの秘訣はなんですか？」って訊いたんです。「シィーッ、年を誤魔化しなさい」て言いましたもんね（笑）。そういうね、アメリカンジョークのおかしさを満喫しました。それ以前にボブ・ホープが司会していたことがありました。長いことやってましたよね。名物やったんです。ボブ・ホープが何を言うか。そうすると、「皆さん、ただ今からいよいよ本物のスター・ウォーズです！」って、第一声でしょ。そしたら会場がウワァ〜〜ッ！と沸くのは、前の年に『スター・ウォーズ』（七七）という映画が大ヒットした。スターの戦争、星の戦争がそのまま映画の世界でしょ。スターの戦争になりますよね。スター・ウォーズ。「今から本物のスター・ウォーズが始まります！」というあたり上手いじゃないですか。

戸田 ボブ・ホープは、毎年、ギャグが変わると言いますね。

浜村 それを書いてる人がいてるという噂もあったんですけどね。

戸田 ウディ・アレンが若い時にライターのひとりだったそうです。

浜村 やっぱり書く人がいるんですねえ。

戸田 ボブ・ホープって、日本で言うと森繁久彌さんみたいな人ですね。司会もできて、コメディもできるという。

浜村 そうですね。もともとラジオ芸人ですからね。しゃべりが達者ですよ。

戸田 スタンダップ・コメディというヤツですね。

浜村 向こうでは漫談のことをそう言いますね。で、「エリザベス・テーラーさんは、牧場をお売りになったそうで、たいへん儲かったようです」って、こんな私的なことを平気で言うんですもん。そして、「本日、アカデミー賞に出席するために、ドレスやタキシードを新調した方は、前へ前へと出てください。カメラが映します。それを見て税務署が必要経費として認めてくれます」（笑）。

こういう話がどんどん流れるように出てくるんですね。爆笑の渦ですね。

戸田　基本的に毒舌ですね。

浜村　毒舌です。「去年の映画界ではコロムビアが大儲けされたそうで……」って言うんですね。そうすると皆が「え?」って、思う。コロムビア映画ってありますよね。「そんなに大儲けしたことがないのに」って、一瞬考えた。実は、コロムビアという国から麻薬がドッと流れ込んでハリウッド、映画界を汚染したんですね。そのことを言うてるわけなんです。皆、苦笑いともなんとも言えん、ギャァ〜ッ!という悲鳴みたいな笑い声を上げましたですよね。

戸田　向こうではボブ・ホープみたいなスタンダップ・コメディアン、日本で言うと浜村さんみたいな位置です。そういう人たちを人間国宝みたいな扱いをするというのは、芸そのものを評価しますよね。百歳の誕生日には、大統領がメッセージを出しましたもんね。

浜村　チャップリンが『チャップリンのキッド』(二一)を撮った時にあの子役のジャッキー・クーガンは大統領がお昼ご飯に招待してますもんね。そういうことを政治家やから、大統領やからと言うて構えないですね。やっぱり庶民と絶えず接点を持っていきますから。

戸田　あと映画が、日本で言うと歌舞伎みたいな位置ではありますね。

浜村　そうですね。国技と言いますか、そういう一面はありますよね。

戸田　イギリスなんかは、貴族の称号〝サー〟とかが与えられますね。

浜村　まったくそうなんですよ。先日もね、『Mr.ホームズ　名探偵最後の事件』(一五)という九十三歳になっている設定のシャーロック・ホームズものを見たんですが、主演が『ロード・オブ・ザ・リング』シリーズ（〇一～〇三）のイアン・マッケランでしょ。真っ白な髪の毛でね。この人もちゃんとサー、貴族の称号がついてますよね。

戸田 そのうえで自らがゲイだということも発表しています。

浜村 はい。で、チャップリンもサーの称号を受けてますもんね。

戸田 ヒッチコックもそうですよね。ローレンス・オリビエ、ジョン・ギールグッド……。

浜村 そうです。それは芸の世界を大切にする考えって、イギリスもアメリカもそうですが、日本は昔は、ほら、芸人と言えば何も生産しない仕事ですから一段も二段も下に見られましたでしょ。

戸田 日本は藝術院会員とか文化勲章とかがありますが、基本的には古典芸能がまずその対象ですね。

浜村 まずそこが対象になりますね。

戸田 情けないのは、ノーベル賞をもらうと、文化功労者、文化勲章をセットでくれますからね。あれは止めてもらいたいですね（笑）。

浜村 （笑）。慌てて、急いでくれますね。

おおさかシネマフェスティバル

戸田 アカデミー賞のお話から、賞つながりということで、大阪に映画祭がありまして、「おおさかシネマフェスティバル」、その特別顧問と司会を浜村さんは務めておられますが、これはいつぐらいからですか。

浜村　そうですね。もう七、八年になりますかね。

戸田　今年（二〇一六年）、この映画祭自体は四十周年という節目を迎えましたね。初めは映画ファンの催しで始まったのが、だんだんと大きくなったということですが……。

浜村　東京に次いで大阪って、日本第二の大都会でしょ。そこに映画祭がないというのがおかしい。だから細々ながら、作ろうとして、いったんは中断もしましたけども、やがて復活して続いているわけです。この映画祭では、いろんなスターに声をかけますね。「賞をあげます。主演男優賞、主演女優賞、助演賞をあげますから来てください」って、声をかけるんですが、なんにも賞金が出ないんですよ。これはほかの映画祭に比べて（笑）、異色ですね。

戸田　浜村さんも司会で出ずっぱり、しゃべりっぱなしなのに、ボランティア出演なんですよね。

浜村　あッ、ハハハ……！　それをバラしたらダメじゃないですか。入場料が取れないじゃないですか。

戸田　いや、そのほうが逆にお客さんは、入場料を払いやすいんじゃないですか。経費のみですから。

浜村　ああ、そうか……（笑）、しかるに、これもバラしますが、小っちゃな、おもちゃみたいなトロフィーをくれるんですけどもね。それに交通費だけですわ。そしたら、綾野剛がね、私がトロフィーを渡して、受け取った瞬間、「わあッ、小っちゃ！」って言いましたもん（笑）。「それを言いな」と言いましたけどね。それでも来てくれますね。

戸田　映画人って、そのへんは生真面目ですね。キチンと出席されますね。

浜村　わりにそうですね。で、片岡愛之助さんにいたっては、京都の南座に出演中でした。その幕間を縫って、紋付袴のキリッとした姿でね。やっぱり歌舞伎役者ですから、綺麗です。そんな恰好で京都から駆けつけて、また飛んで帰るんです。浅丘ルリ子、堤真一……もう、たくさん、たくさんのスターが出てくれましたですよね。

戸田　浜村さんは、賞の投票までされておられるんですか。

浜村　投票も加わっています。笑福亭鶴瓶さんが出た時は、もう、始めから終わりまで爆笑の連続やったですね。

戸田　浜村さんは、鶴瓶さんのテレビデビューからご一緒されていますね。

浜村　古い時代からお互い若い時代から一緒に仕事をする機会が多かったですからね。

戸田　もう、ツーカーのしゃべりができるということですよね。

浜村　そうですね。

第三章　浜村淳が出逢った映画監督

浜村淳は、番組その他で多くの映画監督に出逢った。マキノ雅弘、伊藤大輔、衣笠貞之助、木下恵介、加藤泰、野村芳太郎、沢島忠、田中徳三、山田洋次といった、往年の巨匠からプログラムピクチャーの監督まで、浜村が見知った映画監督たちの想い出と感慨をこの章では語る。また、パトリス・ルコント監督の話から、海外スターである、アラン・ドロン、ソフィア・ローレン、マイケル・ダグラスとのユニークなエピソードも披露する。

マキノ雅弘監督

戸田　浜村さんは、これまで多くのスターや映画監督にお会いになっておられます。さらには、毎日放送ラジオの『ありがとう浜村淳です』は、番組開始四十周年を超えましたが、その間にもいろんな映画スター、映画監督をゲストにお招きされておられます。まずは、映画監督で、浜村さんが印象に残っておられるという、マキノ雅弘監督のお話からお伺いしたいと思います。

浜村　まず、日本映画の父と言われた牧野省三さんの息子さんですね。私の実家があります鷹峯からビューッと一本道で南へ下りますと、千本通りという賑やかな通りがありまして、そこに千本中立売の手前に千本座という芝居小屋がありました。のちに映画館になり、スーパーマーケットになり、今は何になっているか分かりませんが……（笑）。その千本座は牧野省三さんとそのお母さんが経営してたんですね。そうすると横田商会とか、外国から映写機なんかを輸入した人々が「日本でも映画を作ろうじゃないか」ということになりました。それで千本座の牧野省三さんに頼んだから「日本映画の父」ということになったんですね。その牧野省三さんの息子さんのひとりがマキノ雅弘さんです。雅弘さんは、二十一歳の時に『浪人街』（二八）を撮って、キネマ旬報の賞に入ってます。これ、すごいですね。

戸田 ベストワンということですからね。

浜村 すごいじゃないですか。

戸田 一九二八年ですから、昭和三年ですね。

浜村 それまでは、お父さんの映画に出てました。「猿の役ばっかりや」って言いますけどね。

戸田 そうですか（笑）。役者出身ですから、撮影の時に演出で全部演ってみせるそうですね。

浜村 演ってみせる監督です。「ここはこういう風に演るんだよ」って、女の役でもなんでも全部やってみせる。

戸田 マキノ雅弘監督にはお会いになってますね。

浜村 もう、なんべんも会いましたが、話の好きな人でね。もういったん話し始めると、こっちの話もあっちの話もどんどん吸い寄せてひとつの物語にして語ってゆく。そういうタイプの人でした。

戸田 画に見えるようにしゃべられるそうですね。

浜村 そうですね。だから『浪人街』という映画で、昭和三年、キネマ旬報賞を獲ったでしょ。でも、中年以降は賞をもらえるような映画は撮らなかった。娯楽映画ばっかりでしょ。長谷川一夫の『昨日消えた男』（四一）とか、古川緑波、長谷川一夫の『長谷川・ロッパの家光と彦左』（四一）、そういう娯楽映画が多かった。そういう職人監督として、たいへんに腕の立つ人ですから、もう言っちゃならん話まで乗ってくるとするんですよ。

戸田 なんと言っても、『次郎長三国志』シリーズ（五二〜五四）が有名ですよね。

浜村 そうですよね。小堀明男さんが次郎長ですね。この人は新生新派の役者さんでしょ。小堀誠という名優の息子さんですけれどもね。で、『次郎長三国志』はのちに牧野省三の孫の津川雅彦（マキノ雅彦）が撮ってますね。

戸田 撮ってますね。マキノ雅弘自身も鶴田浩二の次郎長で東映でリメイクしてますね。

浜村 あッ、そうですね。あの話が好きなんですね。

戸田 最初に東宝で撮った、『次郎長三国志』は、森乃石松が森繁久彌。それが有名ですね。

浜村 そうなんです。石松は初めは吃音でしゃべるでしょ。で、なんかのショックを受けて、スラスラスラッとしゃべるようになる。

戸田 叩いたら普通にしゃべる。

浜村 森繁さんにスラスラッとしゃべらせないのは、もったいないという考えもあって、そういう設定にしたんですね。あれ、シリーズは何本ありますか。

戸田 九本ですね。

浜村 たくさん撮ってますねえ。

戸田 ただ、第八部の『海道一の暴れん坊』で森繁は消えますよね。石松が殺されますよね。

浜村 越路吹雪さんは、なんか槍を持って出てきましたね。

戸田 浜村さんは、マキノ監督にはどこでお会いになられましたか。

浜村 ぼくが会った場所は、よみうりテレビの喫茶室です。ここで話を聞いたんですけどね。

戸田　この時は、インタビューに行かれたのですか。

浜村　インタビューやったか、偶然雑談になったか……ちょっと覚えてないですが……雑談じゃなかったですかね。で、私を見つけてね、映画の話になりました。まあ、こっちからも映画の話を誘い出しますしね。延々としゃべってくれましたね。

戸田　まあ、浜村さんを見たら、マキノ監督も映画の話ができるということなんでしょうね（笑）。

浜村　で、長谷川一夫さんが顔を斬られた、あの事件の真相（笑）から、ふれてはならん話までね、乗ってくるとどんどんしゃべってくれましたね。で、『八州遊侠伝　男の盃』（六三）で、藤純子（富司純子）をね……まあ、芸能人のデビューって、伝説がいっぱいあって分かり難いんですね。京都女子高校へ通っている藤純子がバス停で立っているところを鈴木則文監督が見て、「いいじゃないか、あの子……」って言うて、誰や調べたら、なんと俊藤浩滋プロデューサーのお嬢さんなんですよね。

戸田　当時は、両親が離婚してか、別に住んでいたらしいですね。

浜村　子どもも別れて住んでいたんでしょ。で、「いやあ、それなら余計に話が早い」と映画の世界へ引っ張り込んで、そうしてその最初が片岡千恵蔵さんの、『八州遊侠伝　男の盃』だと思うんですね。

戸田　朝日放送のテレビコメディ『スチャラカ社員』（六一～六七）にも出てましたね。

浜村　そうですね。それはそのあとだと思います。デビューの時にマキノ監督は厳しいでしょ。いろいろと注文をつけると、藤純子はまだ素人から女優になったばかりですからね、泣いてしまうんです。女優が泣くとね、目が腫れるでしょ。それが治まるまで一同がジィーーーッと待ってないかんのですよ。氷で冷やしたりしてね。その時もマキノさんが「こういう風にやるんだよ。こういう仕ぐさだよ」と横座りにして、「手の甲を口のところへこう持ってきて……」って、全部手とり足とりして教えたそうですね。

戸田 家へ住み込ませて仕込んだという話ですね。

浜村 そういうこともあったんだろうと思うんですよ。それぐらい熱心な人でしたね。

戸田 映画がほとんど身体に入っているような人だったようですね。森繁さんのエピソードで「右を見て、次、左を向け！ あとは俺が適当につないでおく」といった話がありますね。森繁さんの話ですから、どこまで本当なのか……。

浜村 （笑）。ただ、伊藤大輔監督は、そういう演出をしたっていう話がありますね。これもキネマ旬報ベストテンに『忠治旅日記』（二七）の第二部「信州血笑篇」とか、第三部の「御用篇」とか、この二本が入っているんですよ。伊藤大輔監督が大河内傳次郎の忠治に向かって、「ここで酒を盃で一杯飲んでください。そして置いてください」。それこそ「右向いてください」ですね。大河内さん本人はストーリーが全然分からない。もう言われるまんまに断片的に動いた。これが名作になっていったと言いますね。

戸田 今は「信州血笑篇」の一部と「御用篇」というのが見つかりましたよね。

浜村 見つかりました。

伊藤大輔監督

戸田　浜村さんは、伊藤大輔監督にもお会いになっているんですね。

浜村　そうですね。「日本のジョン・フォード」っていう仇名があったぐらいダイナミックな映画を撮る人ですね。で、ほら、カメラをレールに乗せて、ズゥ――ッと移動しながら撮るので、「イドウダイスキ」って言うんですね。

戸田　この前、『鞍馬天狗』のお話を伺いました。伊藤大輔監督は、どこでお会いになられたのですか。

浜村　伊藤大輔監督は『番町皿屋敷　お菊と播磨』（五四）って、あれがうちの近所で撮影しました。その時やなかったかと思いますね。別に一対一で話したわけではないんです。こっちはまだ子ども時分ですから。ただ、撮影の合間に活動屋って話好きなんですよ。いろんな話をするんです。「監督な、カメラをここへこう据えて、こういう角度で撮れ言うけどな。できるかいなそんなもん。鋳掛屋が軍艦の修理を命じられたようなもんや」。今、鋳掛屋って言うてもなんのこっちゃ分かりませんけども、『いかけや』っていう落語は三代目桂春団治さんの十八番の出し物ですが、鍋釜の修理人ですね。まあ、そういうことを言うんですね。私らがちょっと離れて見ていると、結構話しかけてくるんですね。その時に『忠治旅日記』の話もチラッと聞いたように思うんですがね。「映画というものは、いろんな撮り方があるんだよ」ってなことを言うたはずですよ。

戸田　先ほどのお話などは、その時のことですかね。

浜村　伊藤大輔監督もね、「初めから役者が台本を読んでストーリーも何も結末まで知ってね、撮影へ来るのは間違い。人間なんて自分の運命がどうなるか。一寸先は闇や。だからいちいち台本を読ます必要はない。監督さえ知ってたらええねん」（笑）と。で、「ここはこういう風に首をひねってください」「ここは立ち上がって、ちょっと掌で汗を拭いてください」。そんな演出で『忠治旅日記』を撮っていった。ほかにもそういう作品があるらしいんですよ。

戸田　昭和三十〜四十年代まで映画を撮ってますね。大映で市川雷蔵主演の『弁天小僧』（五八）や『切られ与三郎』（六〇）……。

浜村　東映で中村錦之助主演の『反逆児』（六一）なんかを撮ったり、随分骨太の映画を撮ってますね。

戸田　遺作が中村プロが制作した『幕末』（七〇）っていう、司馬遼太郎の『竜馬がゆく』ですね。錦之助の竜馬に、吉永小百合のおりょうですね。

浜村　ええ。伊藤大輔監督は、無声映画時代から映画を撮ってますからね。音を出さない映画って、何場面かのシーンがあって、字幕が入るんですね。この字幕を書くのが上手かったという評判がありますね。

戸田　『忠治旅日記』は、サイレントです。むろん字幕は入ってますが、画面に力があって、活弁がいりませんね。画で見て分かりますね。

浜村　「都落ちする信濃の旅路、夕陽が真っ赤に燃えている。どこへ行くのか、国定忠治」というう名文句を書くのが上手かったんですってね。

衣笠貞之助監督〜新国劇の話へ

戸田　衣笠貞之助監督にもお目にかかっているそうですね。

浜村　あッ、これはもう〝お目にかかってる〟だけです。クレーンに乗ってね、レインコートを着て、いちばん上のボタンまで留めてね。寒かったのかな。

戸田　それは撮影所ですね。

浜村　撮影所ですね。衣笠監督の作品はあんまり見てないんですがね。

戸田　女形役者の出身の方ですね。私は衣笠貞之助監督がリメイクした『歌行燈』（六〇）という市川雷蔵と山本富士子が出た作品が好きです。

浜村　あの作品は良かったですね。最初、柳永二郎がお能を舞う場面があって、楽屋へ入ってきて、パッと面を外しますね。そっから始まりますね。

戸田　柳永二郎って、上手い役者ですね。

浜村　上手かったですわ。新生新派のメンバーでね。大矢市次郎とかね、さっき言いました、小堀明とか、石井ふく子プロデューサーのお父さんの伊志井寛さんとか、皆上手かった。座長が水谷八重子さん。この人も名女優ですね。

戸田　初代の水谷八重子さんは、舞台に立つと周りがパァ〜ッと明るくなったそうですね。

浜村　今の二代目水谷八重子さん、元の水谷良重さんは、初代のお嬢さんですが、新国劇とね、新生新派とはね、そら大衆劇団とは言ない。出演する劇場も京都なら南座、大阪なら新歌舞伎座、梅田コマ劇場とか、そういうところしか出ない。大衆劇団でありながら、超Aクラスでしたね。

戸田 歌舞伎に準ずるような位置なんですよね。

浜村 そうですね。だから、新国劇の『国定忠治』、辰巳柳太郎の当たり役でしょ。あれを見てもセリフが今の近代的なセリフじゃないですね。歌舞伎調でしょ。「これは珍しや、河田屋のおとっつあん……」というね。ああいう言い方で、歌舞伎から一歩近代劇へ脱却した。しかし、これが当たったんですね。良かったですね（笑）。

戸田 写実ですね。

浜村 リアリズムです。

戸田 澤田正二郎が考案した。

浜村 森繁久彌さんの殺陣師段平、『人生とんぼ返り』（五五）で、「しぇんしぇ、リアリジュウムってなんだんね。どこに売っとりまんね。わし、嬶と娘を女郎に売ってでも買うてきますわ」っていう場面あったでしょ。

戸田 奥さんが山田五十鈴ですね。

浜村 そうです。澤田正二郎、新国劇の創始者、〝澤正〟って言います。河津清三郎が演ってたんですよ。

戸田 この作品は、マキノ雅弘監督ですね。

浜村 日活映画です。それで、「段平、リアリズムというものは、売ってるもんじゃないんだ。写実、実際の姿をそのまま舞台で演るのをリアリズムと言うんだよ」「分かりまへんわ、しぇんしぇ。

わし、なんも分かりまへんで」と言うて、その晩、酒を飲んでヤクザと喧嘩してる時、澤正が駆けつけて、ステッキ一本で、バシッ、バシッ…とヤクザを叩きのめすでしょ。それを見て、森繁さんの段平が「しぇんしぇ、分かりました。リアリジュウムが分かりました」と言うて、それから写実的な殺陣をつけるようになったんですね。

戸田　『殺陣師段平』は、何度も映画化されてますよね。

浜村　森繁さんの前にも市川右太衛門さんと月形龍之介さんの作品がありました。

戸田　これは名作と言われてますね。東映の前身の東横映画ですね。

浜村　また、あとのほうで大映が中村鴈治郎さんでやってますしね。

戸田　澤正が市川雷蔵さんですね。この時の段平の二代目鴈治郎が、「わいはなあ、大劇場で中村鴈治郎（初代）につけたんやで……」と……。

浜村　ハッハハ……殺陣をつけた。

戸田　洒落てますね。

浜村　それまではね、「はい……チリ、チンチンチンチン……山形にこう斬って波に千鳥、チリ、チンチンチン……」って、殺陣師が言うて、それがリアリズムではないと言われるんですよね。

戸田　その新国劇のリアリズムから、もう一段上がって東映時代劇になるんですかね。あれも様式美ですよね。

浜村　まあ、それはそうですね。型の美しさをね。

戸田　それから登場する時に見得を切りますね。

浜村　そうですね。歌舞伎の演出が残っていますね。

戸田　ですから、東映ではそのあとの任侠映画になっても必ず見得が入りますでしょ（笑）。あれもその型が踏襲されているんでしょうね。

浜村　（笑）。だからね。新国劇の御大のひとり島田正吾さんにね、これははっきり正面きってインタビューをした時に言うてました。「澤正先生は早稲田大学の出身なんで最初の新国劇の大きな出し物は早稲田の大講堂でやったんですよ。澤正先生、全然、新国劇が受けなくて、解散の危機に瀕した時に道頓堀で行友李風さんが『国定忠治』という脚本を書いて持ってきて、これが当たったから、新国劇の隆盛は大阪から始まったもんですよ」って言うてはりました。

戸田　今の浜村さんの島田正吾さんの声色は、ホントにリズムがよく似てはりましたですねえ。「島田！」って、声をかけたくなりますね（笑）。

浜村　（笑）。あの『国定忠治』で最初花道から河田屋惣次の島田正吾がね、案内人に連れられて赤城の山へやってくる。花道から出てきただけでね、客席がざわめたいですね。「お〜い、島田！」「島田が出てきた！」。ただ歩いてるだけですよ。それだけね、絵になったんですね。辰巳さんにも私はインタビューしてるんですがね。「わしはあんな英雄は嫌いやねん。普通の庶民の役が好きやねん」（笑）と。自分は英雄の姿で売り出したのにね（笑）。

戸田　普段もざっくばらんな人だったようですね。

浜村　まあ、そうですね。だから随分面白い話をしてくれましたがね。二人の恩師・澤田正二郎先生は、中耳炎を悪化させて亡くなられた。「何処かで　囃子の声す　耳の患い」。これが最後の句です。島田正吾さんが「これ、中耳炎が悪化して亡くなる人の悲しみがよく出てるでしょう」って言うんです。

戸田　その時に、海のものとも山のものとも知れん島田と辰巳で、その後の新国劇の隆盛を築いてゆくんですよね。

浜村　おっしゃるとおりですね。だから、島田正吾さんは優等生で、辰巳柳太郎さんは劣等生やけども、澤正に似ていたそうですね。そういう理由で二人座長になった。でも、たくさん辞めたそうです。

戸田　芸風で言えば、大阪の落語界の六代目笑福亭松鶴と桂米朝みたいなもんですね。

浜村　まあ、そうですね。豪放な芸とお行儀の良い端正な芸と。そして辰巳さんは、あんな豪放磊落な芸をやりながら、「実はわしは、座長はとても務まらん」と、澤正の墓の前でいっぺん自殺未遂をやってんですよ。その話も「今やから言うけども……」って言うてくれましたね。ところがこの二人のコンビがとても良かった。で、島田さんが言うんです。「よく舞台がはねるとお客さまからご招待をいただいたけれども、辰巳は一滴も酒が飲めんのですよ。だから辰巳の代わりに私が盃を受けているうちに、酒がこんなに強くなった」（笑）。そんなお話を言いましたね。

戸田　後半、新国劇が解散したあとも、島田正吾さんは新国劇の演題をひとり芝居にして演っておられましたね。

浜村　『白野弁十郎』とかね、ありましたね。

木下恵介監督

戸田 映画監督のお話に戻します。松竹の木下恵介監督もお会いになっておられますよね。

浜村 なんべんも私の番組にゲストにお見えになりましたね。

戸田 浜村さんが特にお好きな監督のひとりですよね。

浜村 そうですね。『二十四の瞳』（五四）とか、『喜びも悲しみも幾歳月』（五七）とか、たくさん名作がありますね。

戸田 どんな感じの方ですか。

浜村 わりに、やっぱり神経質な感じでしたね。私が会うなり、「監督、この映画良かったですねぇ」と言うたら、「あ〜、そう言ってもらうと、ぼく自信がつきます」って。小さな島の小学校がバレー大会に出る映画で、夏木陽介、大空真弓が主演した『なつかしき笛や太鼓』（六七）というのがありました。最後に迎えに来た漁船が全部大漁旗を立ててね。この時も会いましたし、それから『この子を残して』（八三）とか、番組になんべんか来られてますね。

戸田 浜村さんとのお話ですから、過去の名作の話も聞かれておられるでしょう？

浜村 それはそうですね。『お嬢さん乾杯！』（四九）とかね、名作でしたから。

戸田 この映画はパラマウント映画のコメディみたいな作品でしたね。原節子と佐野周二主演で。

浜村 日本の人が不得手とする映画ですよね。ああいうコメディはね。

戸田 木下監督って、まあ、文芸大作から社会派の実験的な映画も撮ったり、幅が広いのですが、いちばん得意としたのは、コメディじゃないかと思うんです。『カルメン故郷に帰る』（五一）もコメディですね。
浜村 それとね、『野菊の如き君なりき』（六五）では、画面を卵型の枠にはめましたね。
戸田 回想シーンをね。実験的です。この前もそのお話になりました。
浜村 『笛吹川』（六〇）では、画面に色をつけてね。
戸田 あれは、戦国の絵巻物を意識しているらしいですね。
浜村 それと『楢山節考』（五八）ですわ。
戸田 あれは歌舞伎ですね。
浜村 歌舞伎調です。チョーン！と拍子木を入れて、そうして引幕を使ってますね。
戸田 セットも舞台調で作られていましたね。
浜村 あんなことを許されるのは、実績があって、ヒット作をたくさん撮ったからでしょ。
戸田 あの当時、東宝の黒澤明と松竹の木下恵介がライバルのような扱いで、『楢山節考』の前年ぐらいに黒澤さんが『蜘蛛巣城』（五七）を撮られてるんですね。で、あれはお能の形式じゃないですか。だから、ひょっとしたら、それを意識されたということがあったんじゃないかと思うんですよね。
浜村 ただ、黒澤さんの映画って、わりに世界中に通じる映画ですが、木下さんの場合は日本人の心情に訴えかける映画で、国際的になり難いらしいですね。
戸田 そうですね。評価がなかなか定まらない方ですね。ただ、昭和二十九年のキネマ旬報ベストテンの一位が『二十四の瞳』で、二位が『女の園』（五四）、三位でやっと黒澤さんの『七人の侍』（五四）なんですよね。

浜村　は〜、『女の園』は、京都の正倫女子大、あれ、阿部知二さんの『人工庭園』という原作ですが、でも、京都女子大学をモデルにしたような感じですね。

戸田　寮母を演った高峰三枝子がすごかったです。

浜村　そうなんです。両高峰が出てるんです。

戸田　そうですね。生徒で自殺してしまうほうを高峰秀子が演ってました。

浜村　高峰秀子は、映画では姫路の人でね。で、田村高廣がお父さんの跡を継いで初めて映画登場ですよ。もともと同志社大学におりまして、商社に就職をしてたんですが、お父さんの阪東妻三郎が亡くなったんでね。また、お父さんによく似てるんですよね。映画の世界へ引っ張られて、最初に出た映画が『女の園』です。

戸田　姫路のお城が見える、汽車の別れのシーンがありましたね。

浜村　その前に姫路のお城の石垣に、高峰秀子と田村高廣の二人がもたれてね、「姫路はね、女の哀しい街なのよ。お夏清十郎のお夏、播州皿屋敷のお菊……」。それからまだ何人かあるんですよ。「女の悲劇が多い街なのよ」っていう場面がありました。で、田村さんがいよいよ……当時は汽車の時代ですね。汽車に乗って帰る時に「私、姫路城の天守閣から白いハンカチを振りますからね」と言うて、天守閣へ上がるでしょ。で、田村さん、汽車のデッキに乗った。姫路の駅をバッ、バッと、汽車が発車する時に、姫路城の天守閣から高峰さんが白いハンカチを振っている。私、この場面がものすごく好きなんですね。先日も姫路へ行った時ね、駅へ見に行ったんですよ。そうするとね（笑）、今やから変わっているんでしょうか。天守閣から汽車の線路までものすごう離れてるんです（笑）。見えるわけがない。映画のためにわざとそういう話を作ったのかな。感動的な場面ですよ。お城と駅とはあんまり近くないんですよ。

戸田　浜村さんはどこでもロケ地へ行ってはりますね。

浜村　ハッ、ハハハハ……！　ホントやろかと思いましたね。

戸田　あと久我美子とか岸恵子なんかが出てましたね。久我美子さんって、何を演っても久我美子ですね。

浜村　（笑）。華族って、豪華絢爛の華と書いて、華族と言う。そこの出身やから。いい映画もたくさんありますよ。黒澤さんの『白痴』（五一）にも出てますね。それから『また逢う日まで』（五〇）、岡田英次さんとガラス窓越しの接吻が有名ですね。今井正監督ですね。

戸田　木下恵介監督って、わりとまあ女性的なお人ですけども、『陸軍』（四四）っていう、田中絹代さんがお母さん役を演じる映画がありました。

浜村　あれは良かったですねえ。

戸田　戦争中ですから、陸軍後援の映画なんですがね。

浜村　（笑）。何も戦争を賛美してない。

戸田　ほとんどお母さんが息子が出兵するのに、「元気で帰ってきておくれ」みたいに、息子を追いかけてゆく。

浜村　軍隊の列について歩くんですからね。

戸田　ゴロッとこけたりね。で、軍部に睨まれて映画が撮れなくなる。

浜村　そうですね。「女々しい」と言われてね。

戸田　「ぼくが好きな映画を撮れないようじゃ。映画なんか撮らないもん」って、男らしいですね。

浜村　女性的ではありますが、そういう意地っ張りなところはありましたね。ＴＢＳテレビで『木下恵介アワー』なんかを撮るようになってから、方々へロケーション撮影へ行くでしょ。「やりやすくなった」って言いますね。「ああ、あの『木下恵介アワー』の木下さんですか」って言われたそうです。

戸田　テレビで名前が先行したんですね。『衝動殺人　息子よ』（七九）という高峰秀子さんの引退作になった映画がありました。

浜村　あれは良かったですねえ。

戸田　この映画ができて、犯罪被害者の家庭に対する法律ができたんですね。

浜村　同志社大学の学長・大谷實先生がね、映画では、この役を加藤剛さんが演ってました。この人がだいぶ動いてくれたんですね。若山富三郎さんが父親役で、国会まで陳情に行ったけど、初めは受け付けてくれないんですね。でも、被害者にはやっぱり給付金を出すべきだという法が通ったんですね。

戸田　そうですね。この映画ができたあとに通ったんですよね。

浜村　そうなんです。

戸田　若山富三郎さんの奥さん役が高峰秀子さんでした。この時、夫を殺されて生活保護を受けてる母子家庭のお母さん役を吉永小百合さんが演ってました。これを見た時に、吉永さんって、あんまり上手くない女優だとの説がよくあるんですが……。

浜村　あッ、ははは……！

戸田　いいなと思いましたよ。

浜村　それはね、どんな名優でもミスキャストもあれば、適役と言ってピッタリ合う役もありますね。例えば、この頃、上沼恵美子さんがしきりにテレビで言うてます。「NHKの大河ドラマ『真田丸』（一六）を見る度にうちの旦那が怒っている。うちの旦那はね、真田幸村ファンでね。随分、幸村の研究をしてるけど、堺雅人自身は好きやけど、幸村ではない。あんな柔らかい幸村はない言うて、うちの旦那が怒ってますねん」って、テレビでここんとこ言うてますけどもね。

戸田　そんなことを言い出すと、芝居なんかできませんもんね。

浜村　『篤姫』（〇八）という大河ドラマで徳川家定将軍は上手かった。あれはピッタリです。ところが戦国時代の武将はね、堺さんにはちょっと合わないんじゃないかって思ったりする場合もありますわ。

戸田　昔、TBSのドラマでね、司馬遼太郎さんの『関ヶ原』（八一）を映像化した時に、豊臣秀吉が亡くなる場面があるんですが、その役を宇野重吉が演ってまして、もう、ほとんど肖像画から抜け出たような感じでしたよ。ピッタリですもんね。北政所が杉村春子って、もう新劇の神様みたいな人ばっかり出てました。

浜村　やっぱり合う役と合わない役がありますからね。

戸田　加藤剛が石田三成で、徳川家康が森繁久彌です。島左近という石田方の武将を三船敏郎が演ってました。

浜村　それ、見ました。ただ、宇野重吉さんは名優でどんな役でもこなしました。で、新国劇の辰巳柳太郎が演った、あの平手造酒を主人公にした映画を日活で撮ったことがあるんですよ。その時も宇野さんが出ましてね。飄々とした侍の役でね、やっぱり上手かったですね。で、その時にね、同志社大学へ講義に来たんですよ。

戸田　それは浜村さんが学生の時ですか。

浜村　もちろんそうです。宇野重吉さんは、寺尾聰さんのお父さんです、と言わないと今は分からない。

戸田　そうですね。滝沢修さんと共に劇団民藝の看板ですよね。

浜村　それで、劇団の大滝秀治さんが宇野さんにボロカスに言われて、「そんな声で役者が務まるか。大道具へ回れ。裏方の仕事をやりなさい」って（笑）、大滝さんが言うてましたですけどもね。のちに大滝さんは名優になったですね。で、宇野さんが講義で言いました。「ぼく、戦争にとられたんです。でも、戦争中は一発も鉄砲を撃たなかったんですよ」。それを聞いて我々の中には「非国民じゃないか」と……（笑）。まあ、そういう笑い話もあってね。特に宇野さんの偉いところは、講義が終わって、一問一答ですよ。それを何時間でもとるんですもん。

戸田　この講義は、依田義賢先生の「映画概論」ではない授業ですか。

浜村　もう全然正規の授業やない。ゲスト講義ですね。印象に残ってますよ。

戸田　浜村さんもよくご存知の香村菊雄さんという宝塚歌劇の劇作家・演出家の先生にお聞きしたんですが、宇野重吉さんとは、戦前の若い時代からお知り合いだったそうなんですが、「あの人は、年をとって、神様のような言い方をされているのに、会えば昔の演劇青年のまんまや」と言っておられました。反面、厳しい人だという話もほかから聞きますね。

浜村　あ〜、なるほどねえ。それでさっき言いました、日活映画で辰巳柳太郎が『地獄の剣豪　平手造酒』（五四）と言って、平手造酒を演るんですよ。もう胸を病んで酒に溺れて、ボロボロになってきてるでしょ。と、宇野重吉は、その反対で「人生ってね、そんな歯を喰いしばって、肩肘張って、生きていくもんじゃないよ。あるがままに自然な姿で生きていったほうが、本当の人生を味わうことができるよ」って、そういう主張なんです。そういう役は上手かったですねえ、やっぱり。

戸田　寅さんの映画で日本画の大家を演ったりね。

浜村　それは、ソ連へ逃げた岡田嘉子さんが出た映画ですね。

戸田　宇野重吉の初恋の人で久しぶりに逢うという役でした。播州龍野が舞台です。

浜村　『男はつらいよ　寅次郎夕焼け小焼け』（七六）ですね。

加藤泰監督

戸田　加藤泰監督も特に浜村さんがお好きな監督で、お会いになられておられるそうですね。

浜村　これはね、私が出ていた毎日放送テレビの番組でゲストにお招きしたことがあるんですよ。で、その当時、痔を病んでましてね、「ちょっと座ってんのがつらいです」と言いながらね、まあ、我々の質問、インタビューに随分答えてくれはったですね。で、小津安二郎監督と加藤泰監督は、カメラを低い低い位置に置くでしょ。ローアングルと言いますが。「これは、なんでですか？」って私が訊いたら、「いや〜、そうやりたいからやるんですよ」って（笑）、答えにも何もなってなかったですね。

戸田　職人監督なんですね。

浜村　そうですねえ。いい映画を撮りました。

戸田　特に『沓掛時次郎　遊侠一匹』（六六）が印象に残ってます。

浜村　はいはい……ええ、ええ。あれ、池内淳子でしょ。

戸田　そうですね。中村錦之助がストイックでね。中村錦之助時代の萬屋錦之介さんですね。

浜村　良かったですねえ。それと『緋牡丹博徒　花札勝負』（六九）、『緋牡丹博徒　お竜参上』（七〇）……。

戸田　それから『緋牡丹博徒　お命戴きます』（七一）。

浜村　三本あるでしょ。特に『緋牡丹博徒　花札勝負』は、泣かせる場面が多いですね。泣かせる話やないんですよ。雪がバァ――ッと降ってるガード下をね、汽車がバッバッバッバ――ッと走ってくるとね。煙がブゥワ〜ッと舞い降りてね。藤純子、緋牡丹お竜の身体を包むというのが……いやあ、情緒的な演出をやったなあと思いますね。

戸田　『緋牡丹博徒　お竜参上』の雪の降る橋の場面。

浜村　今戸橋の菅原文太と別れるところ、蜜柑を「汽車の中で召し上がってください」とお竜が風呂敷包みを渡す時に、風呂敷包みから蜜柑が一個、コロンと落ちて、雪の中をコロコロッと転がってゆく。それをアップで撮ると小さな雪煙が上がるんですね。よくああいう撮り方をしたなと思いますね。

戸田　あれはスタジオ撮影だと思うんですが、絵になりますね。加藤泰監督は絵になるような場面をよく撮る監督ですね。

浜村　反対に絵を撮るのが上手いというかね。

戸田　『緋牡丹博徒　お竜参上』も、この間、見返したんですがね、ストーリー自体は、大したことがないんですよ。安倍徹の悪役が、そんな悪い奴がおるかというぐらいの筋立てですね。

浜村　「お竜はん、着物を脱いでもらいましょかい」。

戸田　浅草六区の興行を取り締めてる嵐寛寿郎の親分が襲撃されるんですよね。

浜村　そうなんですね。で、劇場の権利書を奪ってゆくでしょ。それをお竜が取り返しに行くと、「ここで、わしの一の子分と博打をやって、買ったら権利書を渡す。あんたが負けたら、わしの思うままにさしてもらいやしょう」言いながら、博打を始めると、煙草盆が傍に置いてあって、竹筒の灰吹きに黒い漆を塗った蓋が被せてある。その蓋に天井に貼りついたサイコロが映ってるんですね。とたんにお竜が簪を抜いて、ビィヤ〜ッと投げ上げるとその簪がイカサマのサイコロにブスッと突き刺さって、バタッと落ちるでしょ。それを帯の間に差した紫の袱紗で包んだ短刀、刀を抜いてビシァ〜ッと潰す場面があります。まあ、加藤泰監督って上手い撮り方をすると思いますね。

戸田　ケレンがね。

浜村　ケレンがね。『座頭市』もそういうケレンが多いですけどね。加藤さんの場合は情緒的に撮るもんですからねえ。

戸田　結構、男っぽい方みたいで、『羅生門』（五〇）の助監督でね、黒澤さんと揉めたそうですね。

浜村　予告篇に蛇を出したんですよ。本篇にはそんな場面はないのに。加藤泰が予告篇を撮った時に「この予告篇のこの場面は蛇があったほうが効果的や」と思って撮影したら黒澤さんがカンカンになって怒った（笑）。

『緋牡丹博徒　お竜参上』ポスター

戸田　自分ですべてを仕切らないと気に食わない監督ですからね。

浜村　だから、『影武者』（八〇）を撮る時も勝新太郎に対して怒ったでしょ。「いちいち今撮影した部分をビデオに撮って、自分で見るな。役者は監督の言うとおりに動いていたらいい」と、そういう意見ですよね。

戸田　撮影の宮川一夫さんが、その時に勝さんの後見みたいな形で一緒に降板していますね。加藤泰監督作で言いますと、『緋牡丹博徒　お竜参上』のストーリーは、マキノ雅弘監督の『日本侠客伝　雷門の決斗』（六六）によく似ていますよね。あの作品も浅草六区の興行の権利書に関する争いですね。

浜村　あ〜、そう言うとそうですね。悪い親分が水島道太郎さんですね。高倉健さんが大活躍しますよね。

野村芳太郎監督

戸田　この前も少し話題に出ましたが、松竹の野村芳太郎監督も浜村さんのお好きな監督ですよね。

浜村　まあ、何度もお会いしましたですよね。私がね、大阪の九条シネ・ヌーヴォあたりで、若尾文子の特集とか、市川崑監督の特集とかをやりますが、まだ、野村芳太郎監督が活躍している頃には、そんなんはなかったんですよ。

戸田　野村監督が亡くなられた時に、シネ・ヌーヴォで野村芳太郎特集をやりました。

浜村　私はね、監督に「なんとか監督の映画特集を走り回ってでもやります」と言うたら、えらい喜んでくれましてね。実現しないままに亡くなったとたん、九条シネ・ヌーヴォでやったんですよね。

戸田　今は亡くならないとやってくれないんですかね。

浜村　ハッ、ハハハハ……！　若尾文子は生きてまっせ！

戸田　そうですね、ただ、若尾文子も市川崑の特集も東京でまず開催されました。この人はレパートリーが広い方ですね。

浜村　広いですね。コント55号の映画も水前寺清子の映画も結構撮ってますね。

戸田　名作喜劇では『拝啓天皇陛下様』（六三）もそうですね。

浜村　はい、これは良かったですね。それから『砂の器』（七四）が代表作でしょ。

戸田　浜村さんのお好きな『五辯の椿』（六四）もそうですね。

浜村　そうなんですよ。前にも言いましたが、野村監督は撮影中は全然何もしないわけではないけれども、大きな声は出さないんですね。怒鳴ったりは全然しない。「それはなんでですか？」と訊いたらね、監督のデビューが『次男坊』（五三）という作品です。佐々木邦というユーモア小説の方が書いた小説で、高橋貞二主演なんです。その『次男坊』を撮ってる時に、浦辺粂子さんというベテラン女優がね、「監督ね、監督はむやみに大声を上げるもんじゃないですよ。役者が委縮するじゃないですか」と言われて以来ね、大声は出したことがないんですって。穏やかな人ですよ。で、お父さんが野村芳亭という名監督やったでしょ。

戸田　のちに撮影所の所長になった。

浜村　ところがね、息子さんの野村芳太郎監督はね、もう映画の世界にどっぷりと浸りながらね、生まれ育ちが京都ですよ。それでいながら、もう大きな声を出したり、怒鳴ったりはしないですね。

戸田　この人が、黒澤明が松竹で撮った『醜聞　スキャンダル』（五〇）、『白痴』（五一）の助監督につくんですよね。その時に黒澤さんに言われて、脚本家の橋本忍と出会い。のちに名コンビみたいになりました。初期には『張込み』（五八）という名作がありますね。

浜村　あれはよくできてますね。松本清張原作の短篇ですね。

戸田　犯人が田村高廣、その彼女が高峰秀子なんですね。

浜村　逃げてる田村高廣が会いに来るんです。ただ、高峰秀子が清水将夫のサラリーマンと結婚して平凡な毎日を送っている。その平凡な毎日を、昔の恋人で今犯人になってる田村高廣が会いに来るという……それを宮口精二と大木実の刑事が向かいの旅館の二階からジィーッと監視するわけです。と、その平凡な平凡な生活に浸りきっている日常性というものをまず監督は映してますねえ。いきなりからハラハラ、ドキドキやないわけで、この平凡な家庭にどんな嵐が襲ってくるのかということをね。で、平凡な生活に安んじている主婦の高峰秀子が最後は大胆になるじゃないですか。

戸田　女に戻る。

浜村　そうそう。田村高廣に会いに行くわけです。そのあたりの演出のメリハリの上手さですね。

戸田　今日的に言うと、少しのぞき見趣味的な見方もありますね。張り込んでますから。

浜村　張り込みですからね。当時、東京から九州へ刑事が行くのに長いこと汽車に乗っているでしょ。

戸田　最初、電車に乗るところから始まるんじゃなかったですかね。
浜村　今の時代とは余程違うわけですからね。
戸田　松本清張原作では『影の車』（七〇）というのもありましたね。
浜村　あれは良かったですね。加藤剛と岩下志麻でしょ。
戸田　回想シーンで海岸の岩場から釣りをしていて殺されるのが滝田裕介。
浜村　だから結論は、六歳の子どもだって殺意はあるんだと。で、加藤剛と岩下志麻が通勤の途中に仲良くなって、彼女の家へ遊びにゆくと六歳の坊やがいるんですよね。と、その坊やが加藤剛の似顔絵を描いたり、憎しみを露わにするんですけどもね。
戸田　目が怖いんです。
浜村　そうなんです。「ひょっとして、この子は自分の母親を取った私に殺意を持ってるんじゃないか」と。それが半分妄想になって、逆に殺してしまおうとするじゃないですか。そしたら、警察では「六歳の子どもに殺意があるわけがないだろう」なんて言われるけど、実は自分が六歳の時に、フィッシングしている人をある恨みがあって殺してしまう。
戸田　その時の映像がネガフィルムみたいな反転したような画面でした。
浜村　いやあ、野村監督はホントに名作が多いし、さっき戸田さんが言ったように、コメディも撮りますしね。
戸田　私が個人的に好きなのは、美空ひばりが主演した『伊豆の踊子』（五四）なんです。
浜村　これはね、おっ母さんを演った文学座の南美江が上手くてね。もう宿屋の二階でひばりさんの踊り子が石濱朗さんの一高生を前にして、思わずお茶椀をひっくり返して、お茶をこぼすところがある。南美江のおっ母さんが「いやだね、ホントにこの子、色気づいたんだよ」って、あのあたりが良かったですね。兄を片山明彦が演りました。島耕二監督の息子さんでね、『路傍の石』(三八)とかね、子役で大活躍した。で、片山明彦の嫁さん役が元宝塚歌劇の由美あづさ。一時、花登筐先生の奥さんやった。で、近所の娘さんが旅回りをする一座についてくる。これを雪代敬子さんが演りました。今も豊中に住んではりますが、お元気ですよ。こういうメンバーでね、主題歌を木下忠司さん、恵介監督の弟さんですね。ただ、監督は野村芳太郎さんです。これが良かったですねえ。

戸田　田中絹代さんのサイレント作品の『恋の花咲く　伊豆の踊子』(三三)も見ましたけど、この作品のほうがいいと思いますね。

浜村　いいですねえ。野村監督が撮った『伊豆の踊子』は、私は最高だと思います。あと、吉永小百合、鰐淵春子、内藤洋子、山口百恵も演りました。全部、カラーです。『伊豆の踊子』を演った娘は、スターになるという言い伝えがあってね。いろんな女優さん、有望な新人女優に演らせるんですが、でもね、ひばりさんが演ったのは良かったですね。

戸田　美空ひばりっていかに名優かということですね。なんでもできますよね。

浜村　それも使われようによっては、そうですね。

沢島忠監督

戸田　美空ひばりと江利チエミは、歌舞伎の狂言も演りますからね。

浜村　それで東映時代劇は、沢島忠監督が和製ミュージカルで『ひばりの森の石松』（六〇）とかね、里見浩太郎と演った『お染久松　そよ風日傘』（五九）とか、いろいろありますね。

戸田　『ひばり捕物帳　かんざし小判』（五八）では、縄のれんが、揺れて幕代わりになるという。

浜村　あれも沢島さんでしたかね。

戸田　沢島忠監督は、同志社大学で浜村さんの先輩になるんですよね。

浜村　同志社大学でしたかね。滋賀県の人ですがね。

戸田　花登筺さんと学生演劇をやっとられたらしいですね。

浜村　確かね、「エランヴィタール」という名前の劇団やったと思います。で、京マチ子主演の『滝の白糸』（五二）を撮った野淵昶監督もこの劇団の出身ですね。

戸田　沢島さんとは、浜村さんはわりと親しかったんじゃないですか。

浜村　親しいまではいきませんがね、本を贈ってくださったり、私が「沢島監督がこの作品を撮ったんですよ」って放送で言ったのを聞いてくださいましてね。それでまた連絡をくださったりしましたですね。

戸田　ご本人に伺ったのは、「浜村さんはぼくの恩人や」とおっしゃられたので、最初、役者の浜村純さんかなっと思ったんですが、「いや、違う。浜村さんが私の不遇時代に私の作品を誉めてくれた」とおっしゃっていました。

浜村　いや、戸田さん、不遇な時代ではなかったですよ。すでに中村錦之助で、『一心太助　天下の一大事』（五八）を撮ったあとですもんね。ワイド画面のカメラを、もう振り回して撮影したでしょ。そら、「沢島監督って、新しい感覚の持ち主やな」って評判になったんですからね。

戸田　時代劇の上手い監督であったんですけど、『人生劇場　飛車角』（六三）、東映任俠映画の第一作も撮られたんですよね。

浜村　走りですね。あの作品で火がついたようなもんですよ。

戸田　鶴田浩二の飛車角に月形龍之介の吉良常、これが良かったですねえ。あと高倉健に佐久間良子が出た。

浜村　私の友だちがね、あれを見て大感激したのを覚えてます。「これは任俠路線をそのまま続けたらいいんじゃないか」となんか瞬間に思ったことがありましたね。沢島さんが火つけ役ですよ。

戸田　月形龍之介が立っている、坂道みたいなところで竜巻が起こるんですよね。

浜村　ハッハ〜ッ！　それは覚えてないなあ（笑）。

戸田　それは作ったもんじゃなくて、自然に発生したらしいです。ただね、中村錦之助、美空ひばりの時代劇の専属みたいな監督でしたでしょ。だから、『人生劇場　飛車角』を撮ったので、錦之助さんが怒って電話してきた。「忠さん、あんなもんがいいと思っているのか！」って、電話を切られたらしいんですよね。錦之助さんは、やっぱり時代劇に対して思い入れとか危機感を持っていたんですよね。

浜村　その思いは強いですからねえ。

戸田　ただ、沢島監督は三本ぐらいで任俠映画は降りてますね。また時代劇のほうへ戻っていきます。あとは、俊藤浩滋プロデューサーで任俠映画が次々と撮られるようになりますね。

浜村　今のテレビで言うと、沢島監督は三谷幸喜さんみたいな存在だったですね。軽みをね、所々入れてね。

戸田　そうですね。『てなもんや三度笠』（六二〜六八）っていう朝日放送の観客を入れてのシットコム・コメディの時代劇がありましたね。三谷幸喜も初期にシットコム・コメディを目指してました。『てなもんや三度笠』は、澤田隆治さんが演出しましたが、沢島作品がお手本だったみたいなことを言ってましたね。

浜村　なるほどねえ。だから沢島作品を澤田隆治さんが手本にし、『てなもんや三度笠』を三谷幸喜さんが手本にした。続いてゆくわけですね。

田中徳三監督

戸田　沢島忠監督と同じような立場の監督で大映の田中徳三監督もいました。

浜村　この人も良かったですね。

戸田　この人はプログラムピクチャーの監督ですが、名作が多いですね。

浜村　多いですよ。でね、デビュー作に『化け猫御用だ』（五八）というプログラムピクチャーですね。これで結構認められて、「次々に監督の仕事を命じられた」と言うてはりましたね。

戸田 市川雷蔵、勝新太郎の作品というイメージがありますね。

浜村 ええ、『座頭市』も撮ってますね。それから『悪名』『兵隊やくざ』シリーズ（六五〜七二）……。

戸田 『怪談雪女郎』（六八）というのがありましたね。藤村志保さんが幽霊の。

浜村 ありました。ハッハハハ……！

戸田 田中徳三監督って、普段の演出とか人柄ってどんな感じですか。

浜村 ぼくは、人柄とかは撮影で感じたことはなかったですけどね。若い頃は、威勢の良い監督でした。だから、「カット！」と言うべきところを、「いよォ〜ッ！」てなことを言うんですね。それが大きな特徴でしたね。

山田洋次監督

戸田 山田洋次監督とは、浜村さんは度々お会いしているそうですが、最初にお会いしたのはいつぐらいのことですか。

浜村 それはもう忘れましたですね。何年も何年も前ですよね。で、監督はね、新作映画をお撮りになる度に私と会う機会を作ってくださるんです。で、神戸のほうの放送局ではね、戸田さん、三時間の対談ですよ。その日がちょうど神戸の街がイルミネーションで飾られるルミナリエ、あれの下がごった返す最中にね、三宮の放送局に二人でこもりましてね、対談をしたんです。するとね、終いには訊くネタがなくなってしもてね（笑）。監督もまたよく付き合ってくれたと思うんです。もの静かなしゃべり方をする人でしょ。で、私が寅さんの映画でも最初の頃にね、榊原るみさんがね、ちょっとこう遅れた少女の役を演ったんですよね。

戸田　『男はつらいよ　奮闘篇』（七一）ですよね。

浜村　そうです。これは以前にもご紹介しましたが、劇中、五代目柳家小さん師匠がラーメン屋の大将でした。そこで寅さんが榊原るみさんとめぐり逢って、「お姉ちゃん、故郷に帰るのかい？駅まで送ってあげるよ」言うて、送ってあげる時に、網の袋に入った五つ、六つの蜜柑ですね。それを榊原さんにプレゼントするんです。で、寅さんは、改札から中へ入れない。切符を買うてない

『男はつらいよ』大型ポスター

ですから。で、改札の外に立ってるでしょ。そうすると、るみさんがね、ふり返り、ふり返り、こんなに親切に、こんなに優しくしてもらったのは、初めてという感謝の気持ちを込めて、ふり返り、ふり返りね、階段を上がってゆく……すると寅さんが、「お姉ちゃん、がんばるんだよ」てなことを言うとね、るみさんがまたふり返って頭を下げたとたん、網の袋に入れた蜜柑が、網の袋に穴が開いたのかなんか、バラバラバラッ……とこぼれるんです。それが駅の階段をね、五つ、六つ、点々と落ちてゆく……。ここで戸田さん、見ていて涙ですよ。これを監督に誉めたんです。「上手いこと泣かせますねえ」(笑)。別に意識して泣かせようと思って撮ってるわけやない。でも、あの監督の作品は、笑いと涙がありますね。ですからね、そんな話までした覚えがありますよ。

戸田　この作品の冒頭は、寅さんが東北のほうで集団就職で働きに出る学生たちを見送るっていうところから始まりますね。で、「がんばるんだぞ!」って言って送り出すと、汽車がポォ〜〜ッと出てゆくじゃないですか。「あれ？　俺もあれに乗るんだった!」と言うとタイトルになるというね。だから、そういった作品としてのテーマがあるんでしょうね。だから、榊原るみは確か花子っていう役で東北の出ですよね。「とらじゃあん」って言いますよね。

浜村　(笑)。そうです。で、ラストシーンは、もう、明るく生き生きと、福祉活動とかね、奉仕活動で就職もしましてね、働いている。ホッと救われるような明るい場面で終わりました。

戸田　田中邦衛の先生がとらやへ花子を迎えに来るんですよね。

浜村　そうですね。よく覚えてますよね。

戸田　あの作品は、わりに好きなんですよ。

浜村　私も好きなんですよ。私は『男はつらいよ　奮闘篇』と『男はつらいよ　寅次郎あじさいの恋』（八二）とかね、それから浅丘ルリ子さんが出た寅さんは、四本ほどあるでしょ。

戸田　そうですね。『男はつらいよ　寅次郎忘れな草』（七三）、『男はつらいよ　寅次郎相合い傘』（七五）、『男はつらいよ　寅次郎ハイビスカスの花』（八〇）……。

浜村　最後が『男はつらいよ　寅次郎紅の花』（九五）ですね。全部好きですね。

戸田　浅丘ルリ子のリリーさんは、最初の二本は、北海道が舞台で、後半の二本は沖縄と庵美大島が舞台ですよね。あの人は、寒いところも、暑いところもよく似合うという珍しい女優さんですね。

浜村　そら、「寅さん映画のマドンナでいちばん出てもらいたいのは、浅丘さんです」って、山田

『男はつらいよ　寅次郎相合い傘』パンフレット

洋次監督自身が言いましたもん。

戸田　寅さんとリリーさんは、対々ですもんね。

浜村　そうですね。咳呵を切るでしょ。最初は、北海道の網走の港、波止場に二人が座ってね、チラッと身の上話をするんです。船が波止場を出たり入ったりしてる。それをグゥーッとカメラが引いてね。

戸田　ポッポッポッポッポッポッポッポッポッ……と来るところですね。

浜村　あの音で哀愁を誘いますすね。

戸田　「我々の生活というのは、アブクみたいなもんじゃねえか」っていうセリフがありますよね。

浜村　そうですね（笑）。そのクセ、船越英二さんがサラリーマン生活が嫌になって家を飛び出したりする人で旅先で寅さんと一緒になって、「パパ！　パパ！」と呼んで寅さんが世話をしてやる。お礼にとらやにメロンを持ってくるでしょ。そのメロンをとらやの家族と、お客さんである浅丘さんとかが食べようとする。そのメロンを切って分けて食べてる最中に寅さんが帰ってくると、ヘンに皆が気を遣うわけですよね。

戸田　寅さんの数を忘れてメロンを切り分けている。『男はつらいよ　寅次郎相合い傘』での有名なシーンです。

浜村　寅さんが帰ってくるとは思わないじゃないですか。だから、「隠せ！　隠せ！」とか、そんなことを言うでしょ。で、それに気がついて寅さんが怒るじゃないですか。その時に浅丘さんが啖呵を切りますね。胸がすくような啖呵を。「私のを食べなよ！」なんて言うでしょ。ああいうあたり監督は、浅丘さんの良い意味での鉄火な性格、気風の良さ……そういうところが好きなんですねえ。

戸田　で、寅さんとリリーさんは、お互いに好きなのに、それが言なくて、反対の言葉を言ってしまう。それで引っついたり別れたりする。

浜村　だから、一時、結婚しようかという話まで出たじゃないですか。

戸田　毎回、出るんですよね。

浜村　ねえ。それが実現しない。で、とらやの人々は、妹のさくら――倍賞千恵子をはじめ、おばちゃんたちも、寅さんとリリー松岡、浅丘さんと結ばれることを望んでるんですよね。でも、結局、結ばれることはないという、う〜ん。

戸田　これと吉永小百合が演った歌子ちゃんというのも良かったですね。『男はつらいよ　柴又慕情』（七二）、『男はつらいよ　寅次郎恋やつれ』（七四）と二本あって、三本目も計画されてたらしいですけどね。

浜村　やっぱり、監督は気に入った人は何度でも出てもらいたい。だから一本も出なかったのは、同じ松竹でも岩下志麻さんでしょ。一説によると同僚の嫁さんは使い難いということ（笑）……じゃなかったかという説もあるんですけどね。

戸田　タイミングですかね。あの時代は、野村芳太郎監督の作品とかには出てましたもんね。

浜村　出てました。『鬼畜』（七八）とかね、結構、岩下さんは出てました。

戸田　桃井かおりと出た『疑惑』（八二）とかね。

浜村　『疑惑』……岩下志麻さんの弁護士さんが桃井かおりさんにワインをぶっかける場面がありましたね。いろんな監督の作品に出てますが、同じ松竹でありながら、寅さんだけは出てないんですよね。

戸田　山田洋次監督っていうのは、松竹大船調の最後の監督かな、と思いますね。

浜村　はい、そう思いますねえ。それとね、所々で小津安二郎調も入れてますね。これは監督自身が言いました、はい。「あそこ、小津さん調でしょ」と言って。

戸田　でも、いちばん映像の感じが似ているのは、野村芳太郎監督かなと思いますね。直接の師匠ですよね。

浜村　そうですね。『砂の器』（七四）なんか、脚本は山田洋次監督も橋本忍さんと二人で書いてますね。

戸田　あれはもともと昭和三十九年ぐらいに映画化する予定だったのが、延びたんですね。

浜村　ははー、そうですか。

戸田　だから監督として、まだデビューするか、しないかぐらいの時ですよね。

浜村　でも、松本清張のあの長い話をね、見事な脚本にしてるでしょ。あれ、原作を読みますと超音波で人を殺すような場面があるけれど、映画では全部それを切り落としてますよね。削ぎ落として肝心のええところばっかりつないでますよね。

戸田　「宿命」という交響楽に載せて、過去をふり返るというシーンで全部謎解きをしてゆくじゃないですか。あの過去のシーンは、動きが少しサイレント映画調なんですよね。ちょっと大げさにして、音楽に載せて、セリフがない。そこに丹波哲郎の刑事の捜査会議の場面が入ってくるという感じでしたね。

浜村　丹波さんがベテラン刑事でね、私はここは切っても良かったんじゃないかと思った場面は、丹波さんが下手な俳句を詠む場面があるんですよね。ダメな俳句を駄句と言うんですね。「こりゃ、駄句だけどね」と言うて、若い刑事、森田健作さんに披露する場面があるでしょ。あれ別になくても良かったと思うんですけどね。

戸田　最初のほうの夜汽車の中で句を捻ってますよね。

浜村　秋田県のほうを東北訛りがあったという証言を元に、秋田県に今では羽後亀田という駅があるんです。そっちのほうへ捜査に行く。その時に駅前の食堂でね、丹波さんが「どうせ駄句だけどこんなものができたんだよ」と言うて披露する場面がありますね。

戸田　「カメダはどうした」「カメダはまだか」という言葉だけで行くというヤツですね。

浜村　(笑)。そう、ホントは犯人の出身は東北じゃなくて、島根県で、島根県も東北と同じくズーズー弁を使うということを、この小説、この映画で有名になったんですね。で、清張さんの小説ってね、そういうものがちょくちょくあります。例えば『点と線』がそうでしょう。東京駅の何番線のホームから向かい側のホームを非常に短い時間だけ見通せると。そのほかの時間は列車、電車が絶えず、右へ動いたり、左へ動いたりして、向かい側のホームは見ることができないけど、何時頃の何分頃に僅かな時間……あれ、何秒か忘れましたね。その時に、誰々さんを目撃したって。こんなことね、清張さんで初めて、皆、知ったんですよね。

戸田　山田洋次監督も初期に松本清張原作の『霧の旗』（六五）を撮りましたね。

浜村　これ、名作でしたよ。だから私はね、山田監督に「たいへん驚いた」と失礼なことを言いましたが、あの頃、『馬鹿が戦車でやって来る』（六四）、『馬鹿まるだし』（六四）とか、落語の好きな監督ですから、喜劇をたくさん撮ってた。その間に挟まっての『霧の旗』。のち山口百恵さんも映画でやりましたね。あの時、倍賞千恵子さんでやったでしょ。滝沢修というような名優を出してね。新珠三千代、元宝塚スターの、こういう人を使って、あの映画はカラーじゃないんですよね。「シリアスな、ああいう映画も撮るんですね」と言ったら、監督は苦笑いしてましたけどね（笑）。

戸田　基本的に山田監督は、ロードムービーが得意ですよね。まず寅さんがロードムービーです。

浜村　まあ、もうそのものですよね。

戸田　それから、『家族』（七〇）という作品がありましたね。

浜村　これはね、万博まで撮りましたよ。長崎から北海道まで行く家族の物語でしょ。大阪で途中下車して万博へ行くんですよね。家族で皆揃って。そう、ロードムービーですよね。

戸田　それで、『学校』シリーズで、『学校Ⅳ　十五才』（〇〇）という屋久島へ少年がヒッチハイクで旅する作品がありましたね。

浜村　あの時、長距離トラックの運転手を演って、金井勇太君を乗せてやるのが、元宝塚スター、麻美れいさんですよ。

戸田　映画はあの作品だけなんですってね。

浜村　おっしゃるとおり。で、麻美さんがうちのラジオにゲストで来た時に、あの話をしたら、

「私、あとにも先にも映画に出たのは、あれ一本だけです」と。そして、劇団新感線の幹部女優、高田聖子さんも屋久島の場面で……。

戸田　一緒に山へ登る姉ちゃんですわ。

浜村　そうなんです。「私は千年杉に行くけども……」と言うたらね、金井君は行かないわけですよ。千年杉までって遠いんですってね。これに丹波哲郎さんが絡みましてね、丹波さんがおねしょをして、泣きますよね。「シベリアの虎と言われた私がこんなざまを見せるとは……」と嘆く場面がありますね。山田洋次監督の映画って、人物の出し入れが上手いし、感情表現がきめ細かいんですよね。

戸田　主人公が乗り継いだトラックの運転手で、赤井英和が出てきますよね。で、少年に「兄ちゃん、十五歳か。ええなあ」って言う（笑）、もうね、そのセリフのためだけに使うてるのかなというぐらいピッタリな役柄でしたね。

浜村　そこはぼくはちょっと記憶がなかった……言うたら赤井さん、怒るけどね、ハッハハハ……！

戸田　映画って強烈な場面を覚えてますからね。

浜村　まあ、そうですよね。それでね、戸田さん、私は今、山田洋次監督を継いでね、感情表現がとても細やかでいいなあと思う人は、是枝裕和監督なんです。是枝監督が山田監督の跡を継いでいると思いますね。

戸田　そうですね。もう少しつき放した感じの家族を描いていますね。

浜村　で、『海街diary』（一五）でしょ。もっと新しく『海よりもまだ深く』（一六）でしょ。随分、山田さんのように感情表現を細やかにやるなあと思って、ご本人にも言うたんですよ。ただ、山田監督の名前は出さなかったですけどね。

戸田　山田監督は、ちょっと計算がいきすぎているようなところがありますね。脚本が全部細かく決まってますでしょ。だから、渥美清さんが言いそうなセリフは実は台本にあるんですよね。

浜村　あッ、ハッハハハハ……！　本人のオリジナルやなしに？

戸田　ええ……（笑）。それに芝居に情が乗ってくるから、本人のうちから出てくるようにしゃべっているようだから、芸の上のプラスが出てきますよね。

浜村　しかし、戸田さん、『男はつらいよ　浪花の恋の寅次郎』（八一）でね、寅さんが大阪の通天閣の下で、ミナミの芸者、ふみさん――松坂慶子さんとね、安宿で一夜を過ごしたと言いますか、なんにもないんですよ。なんにもないけど、夜明けの街を松坂さんが帰ってゆく。哀愁のある場面ですね。で、寅さんは、東京へ帰ってくる。葛飾柴又の門前町にあります、とらやでね。ふみさんと出逢った想い出を語るじゃないですか。「私、寅さんの膝で寝てもええ？」って、言うた時、ふみさんの顔がポォーッと明るんで、そら美しかったなあ」と言いながら、二階の自分の部屋へ上がっていく、階段の途中で「ああしんど」って言う……どうやら、あれが渥美さんのアドリブらしいですよ。

戸田　ところが渥美清っていう人は、あれだけ達者なのに関西弁はダメですね（笑）。

浜村　（笑）

戸田　寅さんシリーズ以前の作品でも関西弁だけはダメなんですよ。森繁久彌さんは関西の人だから、東京弁もできるんですよね。今おっしゃった場面では、松坂慶子のふみの弟が死んだっていう設定なんですね。その安宿の部屋で、ふみが「星影のワルツ」を歌っている。「♪別れることはつらいけど　仕方がないんだ……寅さん、私悲しい……泣いてもええ?」って、寅さんの膝へしなだれかかった時に、下から宿屋の旦那の芦屋雁之助が酒を持って階段を上がってきて、「ごめんやす……」と襖を開けて、「うわァ……!」って、降りてゆく……(笑)。

浜村　(笑)。雁之助さんのお母さんが初音礼子さんでね。

戸田　酔っ払いの宿屋の客が六代目笑福亭松鶴さん。

浜村　だから、大阪、浪花のカラーが強い映画やったんですけどね。

戸田　それも、新世界、西成の感じですね。

浜村　そうですね。そうか、渥美さんはほとんど大阪弁は使っていない。とらやで想い出を語ったあと、「ああしんど」って、この一言でしたね。

戸田　「お昆布《こぶ》さんえ」って、土産を買って帰ってきますよね。この間、毎日放送の柏木宏之アナウンサーが歴史と寅さんがお好きで、「ちょっと遠足へ行こう」と言って、石切まで連れて行っていただいて、寅さんの場面をノートに貼って、「ここや!」と言ってロケ地を探しに行きました。撮影時とは、石切神社の鳥居も周辺も全部変わってました。

浜村　ホントに?　石切神社の場面では、かしまし娘も出てました(笑)。寅さんと松坂慶子のふみさんと一緒に宝山寺にお参りに行くんですね。その時にふみさんがお弁当を作ってくるでしょ。

寅さんがちょっとも美味しそうな顔をしないんですよね。そうするとふみさんが「味が薄いかしら？」って言うと、寅さんが「俺は貧しい家に育ったからなんでもかんでも味付けが濃いんだよ」。東京のほうが味付けが濃いのかな。関西風の味付けは薄いんですね。

戸田 玉子焼きでも東京風は砂糖が入って甘いんですね。関西のは、砂糖が入ってなくって、少し醬油をかけたりする。

浜村 そうですか。玉子焼きに砂糖が入っている。ほうほう……。

戸田 おやつ代わりに子どもが食べる分にはいいのですが、普通の幕の内弁当に入っている玉子焼きに砂糖が入っている。

浜村 酒の肴にしても、ちょっと砂糖が入っていると敬遠しますねえ。そうですか。だから、寅さんは、ふみさんを慰めるんですよね。「俺は貧しい育ちだから、なんでもかんでも料理は味付けが濃いんだよ」。で、ふみさんは関西風で、これでいいという風に救ってやりますよね。

戸田 山田洋次監督は、後半、時代劇を撮りますよね。『たそがれ清兵衛』（〇二）とか。このあたりの作品はどういう風にご覧になっておられますか。

浜村 いや、ぼくは時代劇とは言いながら、現代劇の感覚を十分に活かして、現代劇で通用するものをお撮りになったと思いますね。

戸田 『たそがれ清兵衛』なんかは、非常にリアリズムがありますね。あれは、黒澤明の影響なのでしょうかね。後半の黒澤映画の撮影現場に山田監督は見学に行っておられましたね。

浜村 そうですね。田中泯さんという、世界的な舞踊家、この人を主人公の相手役にもってきましたね。

戸田　初めて役者として起用したんですよね。それで最後の決闘の場面では、屋内の鴨居が邪魔になるという計算が合って、ラスト、田中泯の刀がそれに引っかかってしまうという……あのへんのリアリズム、刀の怖さみたいなものが……。

浜村　上手いですねえ。

戸田　東映時代劇の様式美ではそういう感じは出ませんからね（笑）。

浜村　『武士の一分』（〇六）では、坂東三津五郎と木村拓哉との対決もリアルにやってましたもんねえ。『隠し剣　鬼の爪』（〇四）というのも撮ってますね。

戸田　緒形拳が敵役。これは、松たか子が良かったですね。

浜村　良かったですね。

戸田　山田洋次監督は、その前の『たそがれ清兵衛』の宮沢りえにしたって、既成の女優を、また別の面で上手く使う監督ですね。

浜村　はあはあ、それは上手いと思いますね。

戸田　新人より、そっちのほうが、上手い人なのかなと思います。

浜村　そうですね。本当に名監督ですね。

パトリス・ルコント監督、アラン・ドロン、ソフィア・ローレン、マイケル・ダグラス

戸田　パトリス・ルコント監督にもお会いになってますね。

浜村　うちの番組へね、土曜日の放送でね、『仕立て屋の恋』（八九）という映画の時にゲストで来ましたですね。そこで私が「アラン・ドロンがぼくに眼鏡の枠を贈ると言うたのに、何年経っても送ってこないんですよ。監督、どう思います？」って言うたら、監督が「あいつはいつも口だけの男だよ」って（笑）言ったのがおかしくてね。

戸田　この人はどんな感じの人ですか。

浜村　もう実直な中年サラリーマン、初老のサラリーマンという感じでね、いわゆる日本で言う活動屋という感じはしなかったですね。だから、あんまり、ケレン、ハッタリのないそういう作風でしょ。

戸田　ちょっとお色気がありますけどね。

浜村　そうですね。ところがね、日本で言いますと、活動屋って、どこにいても目立つらしいんですね。まずね、服装の着こなしがおしゃれなんですよ。映画スターだけじゃなくてね。ライト——照明の方も、音響の方も、大道具、小道具の方もね、どこか垢抜けているんですよね。それで山本嘉次郎——この人は、黒澤明の師匠でしょ。で、山本嘉次郎監督がね、『カツドウヤ水路』（筑摩書房、六五）という本の中で書いてますがね、我々一同、撮影が終わって、皆で遊郭へくり出そうか

という時に、いったん宿屋へ戻って浴衣に着替えて色街へ出かけるんですって。そしたら、お客さんを引っ張るおばさんがね、「ちょ、ちょっと、活動屋はん、活動屋はん、寄っておいきやす。ええ娘いまっせ」って、言うんですって。皆、浴衣なんですよ。そやのにね、「えッ、なんで我々が映画関係の人間って分かったんだい？」って訊いたら「そら、あんた、匂いで分かりまんがな」。雰囲気ですね。どこか違うらしいですね。

戸田　でも、あの監督は、ＰＣＬ、東宝ですわね。東映の活動屋ってまた感じが違いますね。

浜村　ああ、そうでしょうね。京都ですからね。京撮ですから。それでね、活動屋って、ホントに面白いと思ったのは、私が万博公園の催しのＣＭをね、東映京都撮影所で撮ったんですよ。その時ね、夏に近い、梅雨の真っ最中、蒸し暑い蒸し暑い日ですよ。そやのにね、一応舞台を組んでね、その床に二人の裏方、大道具の係が潜るんですよ。で、私を神輿に乗せてね。機械でセリをやるほどには、金をかけない。床下に潜ってた二人のおじさんがウワァ～ッと私を持ち上げるんですよ。で、ＣＭって、何回も何回も撮り直しがある。絶対に愚痴を言わない。絶対に嫌がったりしない。もう、おもろい冗談をいっぱい言いながらね。「監督、そんな、無理な注文はあきまへんで。まるで鋳掛屋が軍艦を受けっとったような話でっせ」（笑）。今の人には、そんなん分かるかいな……。

戸田　鍋や釜を修繕する仕事。

浜村　そう、鋳掛屋はんという、『いかけや』は、三代目桂春団治師匠の名演がありますね。その鋳掛屋が軍艦を修理せえと受け取ったようなもんやって。ディレクターの注文は、それに近いという意味ですね。「ディレクター、そんな無理なことを言いなはるけど、まるで鋳掛屋が軍艦の注文を受け取ったような話でっせ」って。そんなことをわァわァ言いながらね、嬉々としてやってくれるんです。これはやっぱり活動屋人種ですね。

戸田　職人ですね。

浜村　職人ですよ。自分の仕事に喜びを感じてるという。特に活動屋って洒落っ気が多いですね。山本嘉次郎監督が『カツドウヤ水路』に書いてますが、太平洋戦争の末期、アメリカの飛行機が東京の上空へ次々と飛んでくるんですね。そしたら、撮影所で皆が空を見上げて、「どこの国の飛行機や、あれ！　日の丸がついてないなあ」。そのうちのひとりが「サッポロビールのマークがついてまっせ！」「サッポロビールのマーク？　そら、アメリカやないか！」。わァ〜〜ッ！と逃げ切ったと言いますね。

戸田　山本嘉次郎監督の『ハワイ・マレー海戦』（四二）という作品、この時に円谷英二が特撮担当なんですが、あれなんかはもうほとんど軍事機密が漏れてるんじゃないかと軍部に睨まれるぐらい模型を見事に作ってますわね。そのへんの感覚と通じているんでしょうね。

浜村　ええ、リアルですねえ。日本人ならではの細かい芸なんですね。

戸田　ルコント監督に伝えた、アラン・ドロンですね。浜村さんと同い年という、最初に会ったのはどこだったんですか？

浜村　最初、会いましたのはどこでしたっけね。『カサノヴァ　最後の恋』（九二）という映画やったと思いますね。大阪の駅前にある大きなホテルですよね。そこで記者会見がありまして、そこで私がアラン・ドロンに向かって、「同い年です。実はぼくは一月で、あなたは九月ですが、同い年の生まれなんです」と言うたら、アラン・ドロンが「そうかい。それで何かいいことがあったかい？」と言うんですよ。で、ぼくが「だから、あなたに特に親しみを感じて、『お嬢さん、お手やわらかに！』（五九）をお撮りになった頃は、金のネックレスを私も首にかけました。『あの胸にもういちど』（六八）という映画では、あなたが恰好良かった。ハーレーダビットソンというバイクを乗り回した。あれを真似してバイクに乗りました」。ホントは乗ってないんです（笑）。「そして、『太陽がいっぱい』（六〇）。名作中の名作。これがまた良かったんで、ヨットに乗りました」って、ズラズラズラッって並べ立てた。そしたらものすごい喜びましてね。「ところであなたが今掛けてる眼鏡の枠は、あなたの顔に似合わない。ぼくは眼鏡の枠、フレームを作っている会社を経営して

『太陽がいっぱい』パンフレット

いるんだ。すぐにあなたの顔にピタッと合うフレームを送るから、今、秘書をそっちへやるから、住所、氏名を伝えてくれ!」って、そら、真顔で言うんですもん。こっちも一所懸命にノートの端を破って、住所氏名を書いて、ぼくの席まで取りに来た秘書に渡したんです。で、記者会見が終わって、アラン・ドロン一同が立ち去る時に、もちろん机がいっぱい並んでいる。机と机の間の通路を通りますね。ぼくはいちばん端っこに座ってました。そこでいっぺん立ち止まってね、「眼鏡の枠、送るからね」。また言うんです。それで私、スケジュールとして、それからしばらくのちにパリへ行くと決まってたんです。「あなたの住んでいるマンションは分かります。取りに行きます」と言うたら、「いや、それでは間に合わない。遅い。すぐに送るから」って言うて立ち去って行ってね。ついに送ってこなかったですね(笑)。

戸田　お互いリップサービス合戦やったわけですね。

浜村　(笑)。まあ、それはそうですが、しかし、私のリップサービスには品物が絡んでないでしょ。向こうは「プレゼントします。送ります」って、なんべんも言うんですもん。

戸田　関西人は品物を言われると弱いですね(笑)。

浜村　それへ持ってきて、相手がいわゆる市井の庶民と違うでしょ。天下のアラン・ドロンが言うんですから。

戸田　一九七〇年代なんか二枚目の代名詞でしたからね。

浜村　そうですよ。真に受けるじゃないですか。全然送ってこないね。それをパトリス・ルコント監督に——同じフランス映画の世界の人ですから——言うたら、「あいつはいつも言うだけの男だ」

（笑）って、監督が言ったんで、余計におかしかったですね。

戸田　アラン・ドロンって今考えると名優ですね。

浜村　いや、結構いい作品がありますよ。『太陽がいっぱい』まではね、そうではなかったんですってね。日本の歌舞伎で色悪って言葉があるでしょ。男前やけれども、女性を騙したり、悪いことをする奴。二枚目やけど悪い奴――色悪。そういう感じが多かったですね。

戸田　まあ、『太陽がいっぱい』は、それの塊みたいな役ですけどね。

浜村　そのとおりですね。色悪の集大成です、あれは。しかし、それまでも大した話題になったものがなかった。ルネ・クレマン監督に相当しごかれたんじゃないですか。

戸田　そのあと、ルキノ・ヴィスコンティ監督の作品に出ますね。で、七〇年代もわりといい映画にたくさん出てますもんね。

浜村　はい、出てます。そのほかに『サムライ』（六七）なんていう映画があったでしょ。

戸田　あの作品は、日本の侍にインスパイヤーされて作られたとか言われてますね。

浜村　そうなんです。あのムードを活かしてね。ギャング映画ですけれども、『サムライ』。これも色悪ですけど（笑）。それからジャン・ギャバンと共演した『地下室のメロディ』（六三）。それから、ジャン・ギャバン、リノ・ヴァンチュラ、そしてアラン・ドロンの三人が三人三様の芝居を見せた、『シシリアン』（六九）。

戸田　飛行機が高速道路に降りますね。チャップリンの息子のシドニー・チャップリンが出てました。

浜村　出ておりました。それから、三船敏郎、チャールズ・ブロンソンと一緒に撮った、『レッドサン』（七一）。どんどんどんどん良くなった。

戸田　テレンス・ヤング監督ですよね。

浜村　テレンス・ヤングです。007の初めのほうを撮ってました。それから、『ボルサリーノ』（七〇）というジャン＝ポール・ベルモンドとフランスを代表する二大人気俳優が顔を合わせた映画があったでしょ。

戸田　『暗黒街のふたり』（七三）という三度、ジャン・ギャバンと組んだ映画がありました。これ、全然、〝暗黒街〟と関係がないのに、タイトルだけが先にできました。

浜村　あの時は、内容が分からなかったんですね。

戸田　原題は『街のふたり』やったらしいですね。ジャン・ギャバンとアラン・ドロンが出ているんで、ギャングものだと思われて、〝暗黒街〟がついた。監督は、ジョゼ・ジョヴァンニですね。名作『冒険者たち』（六七）の原作もこの人ですね。

浜村　ジョゼ・ジョヴァンニは、銀行強盗も経験があるんだそうですね。ジョゼ・ジョヴァンニって、暗黒街ものが上手いでしょ。ほとんど経験してるから（笑）。

戸田　小説家から出た人ですよね。もう亡くなられましたが……。

イタリア人ですが、女優のソフィア・ローレンにもお会いになってますね。

浜村　ソフィア・ローレンは、一回目の時は、毎日放送が呼んだんです。二時からのワイド番組です。毎日テレビ、4チャンネルですね、MBSへ来た時は大不機嫌の真っ最中なんですよ。カルロ・ポンティという大プロデューサーが夫でしょ。

戸田 『キングコング』(七六)のプロデューサー。

浜村 そうです。夫婦喧嘩ばっかりやってるんですって。で、カルロ・ポンティは、外国にいて、ソフィア・ローレンは日本にいて、関係者の証言によると、休憩時間になるとホテルから国際電話でね、夫婦喧嘩をやってるんですって。夫婦喧嘩をいったん打ち切って、MBSテレビのスタジオへ来たんです。そんな時に、きつねうどんを食わそうという企画なんです。なんでそんなことを考えたんですかね(笑)。それでね、皆、ハラハラしてるんですよ。ちゃんと丼鉢に入って、割りばしまで添えてあるんですよ。で、そういう演出をやりますから、ぼくとローレンと並んで座ったんですね。その時にきつねうどんをちゃんと食べてくれました。「美味しいですね」って言うてくれました。「グラッチェ!」なんて言うてくれました。で、私がちょっと馬鹿なサービス精神を出して、彼女のドレスってVの字に胸元が大きく切れてますからね、見えなさそうで見えるんですよ(笑)。だから私がオーバーにのぞき込んでね、「彼女のバストは96センチです」と言ったとたんに、ソフィア・ローレンが、「立ちなさい!」。この声がスタジオに響いたんですね。皆、真っ青ですよ。

戸田 うどんの件もありますしね(笑)。

浜村 「うどんの件は(笑)、なんとか無事にクリアーしたと思ったら、次にあの馬鹿がなにをやるんや」と。世界の大スターですよ。ソフィア・ローレンですよ。そのローレンの胸をのぞいてね、「96センチです」って、もう無礼も失礼も甚だしい。ローレンが怒るのももっともや。「立ちなさい!」と言うからね、凍りついたですね。で、私も直立不動の姿勢をとって立ち上がった。そしたら、ローレンがニヤッと笑って言うんですね。「立てばもっとよく見えるでしょ」。この粋な会話。もうそれから何年か経ってね、再び日本へ来た。最初は『ガンスモール／おかしなギャングと可愛い女』（七五）という映画のキャンペーンに来た。次は『リベンジャー』（七九）という映画で来ました。

戸田 ジェームズ・コバーンとか出てましたね。

浜村 大阪のホテルで記者会見です。その時、ぼくがね、「三年前にあなたの胸をのぞいて「立ちなさい！」って言われた、浜村ですが、覚えていらっしゃいますか」と言うたら、「よく覚えています。あれから三年経ちました。私の胸は萎みました」（笑）。よく言いますね。けど、大スターでも楽しい会話しますね。

戸田 ウィットに富んでますね。

浜村 それから何年か経ってね。これは私は関係がないんですが、外国でローレンの首飾りですね。ネックレスなんかが、ゴソッと盗まれた。高いもんですよ。で、その時に生まれたばかりの赤ちゃんを抱いて記者会見にローレンが出たんです。「私はもう今後、あんなネックレスとか高価な装飾品はつけません。ネックレスを首に巻く代わりにこの赤ちゃんの腕を巻きます」って、上手いやりとりでしょ。まあ、外国の人ってそういうウィットに富んでるでしょ。

戸田 マイケル・ダグラスともそんなエピソードをお持ちでしたね。

浜村 あれは『ブラック・レイン』（八九）という映画です。これも大阪駅前のホテルでね、アンディ・ガルシア、高倉健さんと皆一緒に記者会見に出たんです。一九八八九年の映画です。ニューヨーク五番街をね、うちの奥さんと一緒に歩いている時に、向こうからやってくるひとりの男性がね、顎の真ん中がちょうど割れてるんですね。どう見ても、マイケル・ダグラスなんですよ。

戸田 お父っつあんと同じですね。

浜村 お父っつあんのカーク・ダグラスと一緒、あの人も顎の真ん中がちょっと凹んでます。有名ですね。それで、ハッと思ったんですね。でも、周りの人は何も反応しない。前にヘンリー・フォンダが街を歩いている時に、日本の淀川長治さんか荻昌弘さんか誰かがその現場を見たんですって。アメリカ人は誰も騒がないってね。例えば、日本の大阪・梅田あたりを木村拓哉さんなんかが歩いたらね、もう歩けないぐらいの大騒ぎになるでしょ。

戸田 東京と大阪では、また事情が違いますね。東京は、まだ放っておいてくれるそうですが、大阪はおばちゃんとかに触りまくられるらしいですよ（笑）。

浜村 ハッハハハハ……！「ちょっと木村はん、アメちゃん、あげよ！」言うて。

戸田 「なんかちょうだいな！」とかね。

浜村 それは酷い……（笑）。「ちょうだい」は面白いね。いや、ヘンリー・フォンダがね、普通に道を歩いてる。周りの人が皆騒がない。マイケル・ダグラスだろうと思える人とニューヨーク五番街ですれちごうた時もね、周りの人は全然、「キャッ！」とか「ワッ！」とか「サインして！」とか言わない。だから違うのかなと思いつつ、『ブラック・レイン』の記者会見の時に「一九八九年三月三十一日夕方五時過ぎ、ニューヨークの五番街であなたにすれちがったんですが、覚えてますか？」って、無謀な質問をしたんですね。覚えてるわけないでしょ、そんなん……。そしたら、マイケル・ダグラスがニッコリ笑って、「よく覚えているよ。君、ぼくはその時、どんな恰好していた？」って言うから、「皮のジャンパー着ていた。そして顎の真ん中に窪みがあったから、あなたと分かった」と言うたとたん、「そうか、いや〜、ぼくも君のことをよく覚えているよ」って（笑）。リップサービスもいいとこですね。

戸田　でも、いいですよね。相手の気分をよくさせますからね。

浜村　そうですね。で、アンディ・ガルシアに向かってですね、「『アンタッチャブル』（八七）という映画で、あなたはニューヨークの駅の大階段、セントラル・ステーションの大階段を乳母車に赤ちゃんを乗せたまま、乳母車がガタン、ガタン、ガタン……と階段を落ちてゆく。それを咄嗟にバッと自分の身体で庇いつつ、物影に隠れていたギャングをバンバンバン、バーンと射殺する場面があります。あれを今度、『ブラック・レイン』という映画で大阪駅の大階段でやりますか？」って訊いたらね、「はい、ただ今一所懸命に練習しております」。よくそんなウソをと思いますけどね（笑）。

戸田　あの映画ではアンディ・ガルシアは、阪急百貨店の前で殺されますよね。

浜村　そうですね。やっぱり向こうの人って何かユーモラスにしゃべるという習慣があるでしょ。

戸田　それもすぐに返しますね。

浜村　すぐに出てくるんですよ、アドリブでね。

戸田　高倉健さんは、アドリブは返さなかったんですか。

浜村　それは返さなかった。真面目ですからね。

戸田　健さんは、普段はホントはユーモアの塊って聞いていますがね。

浜村　そうなんですね。で、インタビューした時にね、健さんは言いました。「世間はぼくのことをストイックとか、我慢強いとか、もの静かな男とか言いますが、本当はそうじゃないんです。結構冗談が好きなんですよ。冗談、ぼくしゃべりますよ」「は〜、そんな一面があるんですか？」「自分は決して硬い男ではありません」と言うから、私は「浅草遥かな木曽路の果てに雪に血染めの唐獅子牡丹。こういう映画の宣伝文句を読んだり、聞いたりすると、いかにもキリッと引き締まって、硬い、冗談ひとつ言わない人のように思いますが……」と言うたら、「決してそんなことはないです」って言うてましたですね。

戸田　高倉健さんがニッポン放送でラジオの番組をやってまして、薬師丸ひろ子が第一回目のゲストだったのかな。

浜村　『野生の証明』（七八）で共演してますよね。

戸田　で、親しいということでのゲストなんですね。そこで、「ぼくは、もう最近、森繁久彌さんだとか三木のり平さんからたくさん冗談を仕込んだから君を笑わせることができるんだよ」って言ってましたから、普段から冗談好きだということはなんとなく聞いてますよね。

浜村　それで、「株式会社健康家族の伝統にんにく卵黄のテレビコマーシャルをやってください」と、株式会社健康家族の藤裕己社長が手紙を書いたんですよね。そしたら、「ＯＫする」というような返事が来たんで会いに行ったんです。「わが社はニンニクを栽培するのに化学肥料とか草を取る除草剤、それに虫を取る除虫剤は一切使っておりません。社員が総出でゴム長を履いて膝当てを当てて地元の契約農家の方々と一緒に草を抜いたり、虫を追っぱらったりしてるんです。自然を大切にしています」と言ったら、健さんが「は〜、そのお気持ち、心から賛同します。コマーシャルをやらせてもらいます」。高倉健さんにとっては最後のコマーシャルなんですよね。でね、「あ〜、良かった、良かった……」って、皆で大喜びしてると、それから何日か経って、突然、鹿児島市の会社の受付に姿を現したんですね。「高倉健と申します。ご挨拶に参りました。社長はいらっしゃいますか」って言うんで、もう社内一同大パニックですよ。「健さんが来た!」。で、社長だけがいなかったんですね（笑）。残念ですね。でも、いよいよ撮影が始まった。と、宮崎県えびの高原に地平線の果てまで広がるニンニク畑があるんです。これ、健康家族の自社農場ですね。そこに小屋を作ってね、健さんが寝泊まりしたと言うんです。

戸田　なんか気持ちとか、真心に打立れて出演は決めるみたいなことをおっしゃっていたそうですね。

浜村　そういうことがあるそうですね。

第四章　浜村淳が出逢った映画スター・女優篇

この章では、これまで浜村淳が出逢い、印象に残った女優たちの想い出を語る。若尾文子、八千草薫、浅丘ルリ子、北原三枝、山田五十鈴、浪花千栄子、香川京子、田中絹代、岸惠子、杉村春子、新珠三千代、木暮実千代、岡田茉莉子、山口淑子、山本富士子、有馬稲子、淡路恵子、岩下志麻、吉永小百合、江利チエミ、倍賞千恵子、淡島千景……加えて、逢いたくても逢えずに終わった、桂木洋子、原節子といった憧れのスターについても語る。

若尾文子、八千草薫

戸田　浜村さんが今までお会いになった日本の女優さんについては、以前に高峰秀子さんのお話は少しお伺いしましたけども、ほかにもいろんな方にお会いになっておられますね。若尾文子さんなんかは、どんな印象をお持ちでいらっしゃいますか。

浜村　もう映画のとおりの可愛い人でしたね。そしてかなり年齢を重ねてらっしゃいますから貫禄もついてますよ。でも、若い頃から実に可愛い人やったでしょ。溝口健二監督が肩の力を抜いて気楽に撮った『祇園囃子』（五三）。あの舞妓さんの役なんか、日本中で大評判になりました。だから、大映は、もう一本舞妓ものを撮ろうと『舞妓物語』（五四）という映画を撮った。これは安田公義監督やったと思いますね。溝口健二監督は、世界的、国際的に有名な監督ですね。だから、その『祇園囃子』とはちょっとまた作風が違いますね。

戸田　同じように川口松太郎の原作で浪花千栄子なんかも出てきますが、全然違うB級作品でしたね。

浜村　ちょっと、それを言いなさんな（笑）。

戸田　（笑）。この間、実は見たところなんです。若尾文子映画祭というのがありましてね。こういう作品は普段は映画館にあんまりかかりませんでしょ。

浜村　大阪の九条シネ・ヌーヴォで？

戸田　ええ。『祇園囃子』はしょっちゅう見る機会はあるじゃないですか。それから、溝口監督で言うと、『赤線地帯』（五六）ですよね。

浜村　はい。これも若尾文子。ちゃっかりした若い女の役でね。

戸田　『祇園囃子』とは全然違う役でしたね。

浜村　そうなんです。可憐な『祇園囃子』とはガラッと変わってね。で、私どもの番組（MBSラジオ『ありがとう浜村淳です』）へお見えになる頃、『春の雪』（〇五）をはじめね、それからお芝居で、『華々しき一族』というね。

戸田　杉村春子さんの代表的なお芝居のひとつですね。その作品を若尾文子さんで石井ふく子さんが演出しましたね。

浜村　はいはい。森本薫さんの原作ですよ。

戸田　『女の一生』の原作者。

浜村　そうですね。『華々しき一族』の時も若尾さんが番組にお見えになったんですけどね。こっちはまた古い映画の話を次から次へとするでしょ。もう喜ばれてね（笑）。誰もこんな話を聞いてくれないんで……ホントは、もう十五分ばかりの生放送ですが、三時間は欲しかったですね。

戸田　増村保造監督とのコンビが有名ですもんね。『妻は告白する』（六一）とか『清作の妻』（六五）とか……。

浜村　イタリア帰りの増村監督ですからね。いい映画を撮りました。

戸田　増村監督とのコンビでは『青空娘』（五七）が私は大好きですね。

浜村　若尾さんは、東京のいい家へ呼ばれていく役ですね。

戸田　シンデレラ物語ですね。その家のお手伝いさんがミヤコ蝶々さんでね、ヒロインに同情して応援するんですよね。

浜村　そうですね。ただ、女優さんと対談してね、二時間も三時間もかかるぐらい話が次々に絶え間なく出たのは、八千草薫さんです。八千草さんの時は放送とは関係なしにね、亡くなったご主人が谷口千吉監督でしょ。その谷口千吉監督の映画をたくさん映そうと九条シネ・ヌーヴォの企画があった時に、八千草薫さんを呼んだんですよ。大阪市立歴史博物館で対談ですよ。そうしたら、放送に関係ないですからね。時間が無制限なんですね。八千草薫さんと二人、次から次へいろんな話が出ましてね、終わる頃には八千草さん、ぐったりしてました（笑）。

戸田　（笑）。浜村さんよりもお年が上ですもんね。

浜村　上なんですね。それもいまだに山歩き、トレッキングをやる。

戸田　あれは、谷口千吉監督のもともとのご趣味でしたね。

浜村　影響ですね。で、今もお住まいの庭はわざと荒れ放題にして、手入れをしてない。自然のままの姿を残してるって言わはりましたね。

戸田　もともと関西のご出身ですよね。

浜村　そう、大阪の人ですね。

戸田　プール女学院出身でしたかね。

浜村　確かそうでしたね。で、瞳という本名でね、宝塚歌劇では〝ヒトミちゃん〟と呼ばれてました。

戸田　浜村さんは宝塚時代からご覧になってますもんね。

浜村　『源氏物語』で、紫の上って八歳の役ですよ。それを八千草さんが演ってね。昭和二十七～二十八年です。八歳の感じをよく出してましたね。

戸田　よく浜村さんが絶賛するのは稲垣浩監督の『宮本武蔵』三部作（五四～五六）の……。

浜村　お通ですね。八千草さんが『宮本武蔵』のお通を演るに当たってね。監督が「これはあなたにしかできない」って、やっぱり言うたそうですね。確かに何人も何人もお通の役を演りました。そら、戸田さん、不思議なことに『宮本武蔵』のお通の役を演る人って、一回目から宝塚ですよ。ご縁ですね。最初は宮城千賀子さん。で、次が轟夕紀子さん、マキノ雅弘監督の奥さんにもなりました。

戸田　『姿三四郎』（四三）のね。

浜村　小夜の役ですね。それから何年も何年も経って、八千草さんでしょ。だから宝塚の人、ご縁があるんですね。昭和十一～十二年言うたら、宝塚の人が映画に出るって、珍しかったそうですよ。

戸田　市川崑監督の初期の作品の『プーさん』（五三）に八千草さんが出てて、「八千草薫（宝塚）」

って出てました。

浜村　あ、そんな断り書きが……（笑）。

戸田　ありました。昔、（東宝）とか（松竹）といった断り書きが五社協定の時代にはよくありましたね。

浜村　八千草さんがまだ宝塚に在団中やったんでしょうね。だから、（宝塚）って断り書きを入れたんでしょうね。

戸田　浜村さんの前後のお生まれの人（昭和十年前後）の人ってマドンナは、八千草さんですもんね。皆、「八千草薫！」「八千草薫！」って言いますもんね。

浜村　もう可憐なね、寅さんでもそうです。お千代坊という役で、寅さんと幼馴染みでね。もうちょっとつついたら、今にも泣きだしそうな、そんな感じでしょ。

戸田　『男はつらいよ　寅次郎夢枕』（七三）という作品で、初めて寅さんに惚れるマドンナとして登場しましたね。

浜村　で、八千草さんがね、大阪の生まれやけれども、病気がちでね、病弱なんで、おじいちゃま、おばあちゃまが六甲のほうに住んでるので幼い頃からそっちへ預けられたって言いましたね。「なぜ、宝塚を志したんですか？」って訊いたら、ほら、終戦直後は日本の国が暗かったわけですから、食べるもんもない、着るもんない、住むところない、悲惨な状態やった。その時にアメリカ文化がドッと入ってきた。日本人にとって憧れの的ですよ。新聞に連載されたチック・ヤングの「ブロンディ」なんて漫画は、「へえ？　この漫画を読んだらアメリカの車ってでかいなあ」とか「電気冷蔵庫あるで」「電気洗濯機あるで」と、皆びっくりしたんですよ。そういうアメリカ文化を、まあ終戦直後から、戦前から、取り入れていたのは宝塚歌劇ですね。「だから、どうしても国が暗く沈んでいる頃に私は明るい文化に憧れて宝塚を受けたんです」って、八千草さんが言いましたね。

戸田 八千草さんのイメージってお通になるんですが……可憐で可愛いイメージだけど、意志が強いみたいな。

浜村 そのとおりです。

戸田 そのままの方ですか。

浜村 そのままで意志が強いはずです。

戸田 そうみたいですね。ご自身のご著書を読んでも、そういうことを書いておられますもんね。

浜村 『華岡青洲の妻』をお芝居で演ってました。あれは、華岡青洲の妻ではなくて、母親のほうを演ってました。

戸田 映画では高峰秀子が演った。

浜村 そのとおりなんです。その時にお芝居が終わってから楽屋へ行きましたけれどもね、小柄な方なんですよ。でも、まあ芯は強いですね。

浅丘ルリ子、北原三枝

戸田 寅さんのお話が出ましたが、あのシリーズの人気マドンナとしても知られる浅丘ルリ子さんにも何度もお会いされていますね。

浜村　何度もお会いしてます。

戸田　寅さんのマドンナのリリーさんのイメージの方ですか。

浜村　まったくそのとおりですね。これは山田洋次監督が浅丘さんのキャラクターを上手に活かしてますよね。さっきも言いましたように、寅さんを前にして啖呵を切るでしょ。ああいう気の強い女性なんですよね。

戸田　浅丘さんの出演作では浜村さんもお好きだとおっしゃっておられました、『太平洋ひとりぼっち』(六三)という石原プロの第一回作品。あれでちょろっと堀江謙一(石原裕次郎)の地味な妹役なんかで出てくるんですけど、実に芝居が上手いですね。浅丘さんってスターっていうイメージがありますから、芝居が上手いっていうのがあまりなかったんですが……この時代の女優さんって、皆、上手いですね。

浜村　演技できますね。だから日活は浅丘ルリ子さんもおりましたし、南田洋子さんもおりました。

戸田　南田洋子は(力を入れて)上手いですねえ。

浜村　上手いですよね。大映にいた頃は、南田さん、若尾さんと一緒に『十代の性典』(五三)という映画を撮りましてね。

戸田　南田洋子が主役ですよね。若尾文子が脇でした。

浜村　もうブームになりましたけどね。それから北原三枝さんがいて、日活を支えておりました。芦川いづみさんとかね。

戸田 北原三枝さんにもお会いになってますよね。

浜村 会ってますよ。

戸田 今は石原まき子さんというほうが有名ですね。

浜村 石原裕次郎さんの奥さんでしたからね。

戸田 実にエキゾチックな女優さんでしたね。

浜村 この人もキリッとしていてね、美貌でありながら、いまだに格好いいですよ。

戸田 北原三枝さんは、松竹で小津安二郎監督の作品でホステスみたいな脇役でチラッと出てくるのがありましたよ。

浜村 ええ、そう？

戸田 『お茶漬の味』（五二）ですかね。

浜村 大佛次郎原作の中村登監督作品『旅路』（五三）、これでは岸恵子のＯＬの友だちなんですよ。でも、ちょっとしか出ない。そのあと日活に引き抜かれましたからね。

戸田 そうなんですか。裕次郎さんの奥さんとして出てくる時は、「裕さんがどうした……」とかっていう優しいイメージがありますけども、映画のイメージは、ちょっと和製ローレン・バコールみたいな感じですね。

浜村 そうですね。おっしゃるとおりですね。ローレン・バコールなんて、しかしよく覚えてますね。年を誤魔化してんちゃうやろか（笑）。ハンフリー・ボガートの未亡人ですよね。ローレン・バコールは大姉御って言われたぐらいですけどね。まあ、北原さんは、そんな荒々しい感じではないけれど、日劇ダンシングチームの出身でしょ。スタイルがいいですね。いまだにいいですね。そしてキリッと引き締まってね。その引き締まった中に女らしい優しさを滲ませるんです。

戸田　『君の名は　第二部』（五三）では、北海道のアイヌの娘を演りました。あの作品では野性味のある感じがしましたね。

浜村　長い髪を振り乱してね。馬に乗って美幌峠を走りましたでしょ。で、♪黒百合は　恋の花…って、織井茂子さんの歌に合わせてね。ああいう野性的ではありますが、荒っぽい感じではない人ですね。

戸田　西部劇によく出てくる感じでしたね。

浜村　そうです、そうです。カラミティ・ジェーンみたいな感じですね。

戸田　『白昼の決闘』（四六）の時のジェニファー・ジョーンズのように少し野性味がある、そんな感じでしたね。

浜村　そうですねえ。ぼくは、あの作品を見ていて、吹き出しましたのは、グレゴリー・ペックを悪役にしてるんですよね。兄貴のジョセフ・コットンをええ人にしてね。

戸田　リリアン・ギッシュが出てましたね。

浜村　お母さんの役でしたかね。

戸田　『風と共に去りぬ』（三九）のプロデューサーの作品ですね。

浜村　デヴィッド・O・セルズニックの？

戸田　当時、セルズニックの奥さんやったのが、ジェニファー・ジョーンズですかね。

浜村　確かにそうですね。ジェニファー・ジョーンズは『慕情』（五五）が有名ですね。

戸田　最後のほうには『タワーリング・インフェルノ』（七四）なんかに出てましたね。それから『終着駅』（五三）というのがありましたね。

浜村　モンゴメリー・クリフトとね、ローマの駅で、「早よ別れえや」と言うてね。電車の中でウジウジ、ウジウジして……（笑）。あれを今の九代目松本幸四郎さんが市川染五郎時代に宝塚のスターであった那智わたると一緒に芸術座の舞台で演りましたね。関西には持ってこなかったんですけどね。

戸田　映画はビットリオ・デ・シーカ監督ですよね。

浜村　動きのないね、わりに辛気くさい話でしたね。

北原三枝さんのことは、村松友視さんが、『裕さんの女房――もうひとりの石原裕次郎』（青志社、二〇一七）という本を書いてるんですよ。あれにも出てきますけどもね。私は『ベルサイユのバラ』が大ブームになった頃ね、もちろん宝塚は演りました。宝塚が上演してさらにブームになったわけでしょ。安奈淳さんも榛名由梨さんも涼風真世さんも汀夏子さんも、たくさんスターが演りました。で、映画にもなったのを見ましたか？

戸田　ジャック・ドゥミ監督ですよね。『シェルブールの雨傘』（六四）の監督ですよね。

浜村　フランス映画になった。山本又一朗さんがプロデューサーになってね、やったんですが……私は映画で撮るならオスカルを北原三枝さんで演ってもらいたかったと思いましたね。

戸田　日本人ですけどね（笑）。

浜村　扮装でどうにでもなるじゃないですか。

戸田　あの映画はベルサイユ宮殿で撮影されたんでしょ。すごいですね（笑）。

浜村　そうですね（笑）。でもね、出来は期待するほど良くはなかったですよ。やっぱり宝塚のほうが良かったですよ。

戸田　長谷川一夫さんが最初演出しましたね。「二階席の何列目かを見ろ――」って、言ってライトが当たったら、瞳が漫画みたいにキラキラッと光って……。

浜村　演出が細かいんですよね。近所のお婆ちゃんが長谷川一夫出演と間違うて見に行ったけど、「どこにも出てやらんかった」と言うて愚痴った話がありますね（笑）。

山田五十鈴、浪花千栄子

戸田　長谷川一夫さんともよく共演されていた山田五十鈴さん、名優ですね。この方にもお会いになっておられますよね。

浜村　度々番組にお見えになりましたですよ。

戸田　わりと気さくな方ですよね。大女優なのに……。

浜村　気さくですね。この人も気風の良い姉御肌ですね。いやあ、お芝居が上手いですね。

戸田　玄人さんの役が得意な方ですよね。いわゆる水商売のほうの役。

浜村　成瀬巳喜男監督の『流れる』（五六）。山田五十鈴さんは女将ですね。

戸田　うらぶれてゆく東京・深川の芸者置屋の話ですね。

浜村　かと思うと、黒澤明監督の『蜘蛛巣城』（五七）、シェイクスピアの『マクベス』が原作ですね。

戸田　マクベス夫人！

浜村　夫人！　あの役がまた上手かった。

戸田　お能のメイク、お能の動きなんですよね。

浜村　そうですねえ。実に上手かったですね。あの血がついた手を洗っても、洗っても血が落ちないという……。

戸田　あとは浜村さんがお好きな、『猫と庄造と二人のをんな』（五六）。

浜村　これがまたねえ……猫を手なづけるためにお魚をわざと手に擦り込んで撮影したって言いますよね。この映画ね、私は同じ豊田四郎監督で『夫婦善哉』（五五）、これで森繁久彌さんが名優になったんですね。でもね、私の好みから言うと『猫と庄造と二人のをんな』も捨て難い、いい作品やと思いますね。

戸田　どっちも主演の森繁さんはダメ男ですがね。

浜村　どっちもダメ男……（笑）。まったくそのとおりですね。で、自分のダメな部分をよく知ってるから猫にばかり頼るんですね。心慰めるために……で、おっ母さんが浪花千栄子さんでしょ。

戸田　浪花千栄子は、『夫婦善哉』にも出てきますね。フリーの芸者さんの置屋の女将みたいな役でしたね。

浜村　まあ、芸者さん代わりですから雇われ中居という意味で雇女《やとな》と言うんですね。で、その元締を浪花さんが演りました。しかし、『猫と庄造と二人のをんな』は、見せ場十分ですよ。浪花さんが森繁さんのお母さんを演りました。そして親戚の娘・香川京子。この香川さんが珍しくお転婆娘を演るんですね。

戸田　当時の今風というのか、少し西洋かぶれしたような女ですね。

浜村　そうなんです。香川さんには珍しい役やったんです。

戸田　香川さんって清楚なイメージがありますね。

浜村　そうです。浪花千栄子のおっ母さんは森繁さんと香川京子の結婚を望んでいるんですが、元嫁の山田五十鈴さんが別れる時に、猫を連れて行くでしょ。その時、山田五十鈴さんが森繁さんと一緒に住んでいた家を出て、頼って行ったのが妹の家なんですよね。で、この妹をね、宝塚……また、宝塚です。もうね、宝塚きっての美貌と言われた南悠子さんがね、腹ボテの役を演りましてね（笑）。「やあ、お姉さん、うち来てくれてもええけどな。そんないつまでもおらんといてや。で、下宿代、なんぼくれんねん」という大阪のおばちゃんそのままを演ってね。皆、びっくりしたもんです。宝塚の舞台でもね、『虞美人』というような出し物、「項羽と劉邦」ですよね。ああいった作品で美貌を謳われた南悠子さんが、大きなお腹を摩りながらね、関西弁丸出しでしゃべったりしたんで、皆がびっくりするやら、感心するやらね。これも見ものになってますね。

戸田　わりと山田五十鈴さんって、森繁さんの奥さんで、実は夫にほかに好きな人がいてたというような設定が多いですね。『暖簾』（五八）なんかでも音羽信子のいわゆる子どもの頃からの下働きの女性と森繁さんはホントは結婚したかったという設定でしたよね。

浜村　あれは山田五十鈴さんはお千代という役やったですね。いやあ、上手かったですよ。結婚式が終わったら、文金高島田に角隠しのまま昆布をね、夫の森繁さんと一緒にとろろ昆布にするために削ってゆく……ああいうきっぱりした役も上手かったしね、それから小津安二郎監督の『東京暮色』（五七）。これも上手かった。どれ見ても上手かったですね。

戸田　初期の長谷川一夫と出た、『鶴八鶴次郎』（三八）とかね。

浜村　『小判鮫』（四八）も長谷川一夫さん共演です。もともと「雪之丞変化」なんですよ。で、昭和十一〜十二年頃、『浪華悲歌』（三六）とか、『祇園の姉妹』（三六）。どっちも、これ、溝口健二監督なんですよね。実に名作中の名作でした。

戸田　あの頃の山田五十鈴さんは綺麗でしたね。

浜村　綺麗ですよ。背は高いしね。結局、『浪華悲歌』、『祇園の姉妹』にしても、ヤンチャで勇ましい、凛々しい女の子……『浪華悲歌』ではＯＬ、『祇園の姉妹』では芸者さんですけれども、そんなタイプの女性でありながら、結局は男のおもちゃにされて、そして、利用されるという悲しい女、『祇園の姉妹』では「なんで女ばっかりがこんな悲しい目をするねん」と、抗議の言葉が出て参りますね。ホントに上手かったですね。

戸田　山田五十鈴さんは、舞台でも三大名女優と言われてましたね。初代水谷八重子さんと杉村春子さんと山田五十鈴さんですね。杉村さんにも浜村さんは、お会いになっておられますね。

浜村　杉村さんもお会いしましたですよ。キリッとしたね……だいたい名女優と言われる人はキリッとした人が多いですね。先代の水谷八重子さん——今の二代目水谷八重子さんのお母さんですね。それから浪花千栄子さんがね、「四大名女優になりたい」と時々漏らしてはりましたね。

戸田　浪花千栄子さんにもお会いしてるんですか。

浜村　会ってますよ。

戸田　あのままの方ですか。

浜村　もう、あのまま。実に歯切れの良いね、シャキシャキシャキシャキッ……とした。関西の人って東京人に比べて、まあ、ややおっとりしゃべるほうでしょ。浪花さんは江戸弁の雰囲気の関西弁ですよね。

戸田　啖呵切れますね。

浜村　啖呵切れます。そうなんですよ。

戸田　関西弁の中でも出身地の千早赤阪村の言葉が入っているという説があるんですけどね。

浜村　恐らくそうだと私も思いますね。

戸田　ただ、浪花千栄子さんの、東京の女優の位置って杉村春子さんですね。杉村春子が演るような役の関西人の役って、皆、浪花千栄子ですね。

浜村　だからセリフ回しもやや似てるでしょ。

戸田　『悪名』(六一) の因島の女親分を浪花千栄子が演りましたけど、あれ、もともと、杉村春子のところに来た役だったんですってね。それでリメイクの時は杉村さんがあの役を演ってるんですよ。

浜村　そうなんですか。まあ、浪花千栄子という人は、本名が確かナンコウと言うでしょ。

戸田　南口キクノ。

浜村　あの〝ナンコウ〟というのは、千早赤阪で足利の大軍を迎え撃って少数の軍勢で見事に撃退した楠木正成を皆、「楠公さん」「楠公さん」って呼んだでしょ。その影響が現代にも残ってるのかなと思うんですよね。文字は違いますよね。浪花千栄子さんの本名は……。

戸田　南の口ですね。南口キクノなので、オロナイン軟膏のCMが来たという話ですよ。

浜村　（笑）。なるほど……そうですか。

戸田　今でも浪花千栄子のオロナイン軟膏のブリキ看板が地方へ行くと残ってますね。

浜村　これまた面白い話ですね。それで二代目渋谷天外さんの奥さんでしたね。天外さんがね、まあ、そんなはっきりとは言いませんよ。チラッとね、漏らしたのはね、「あの離婚はわしが悪いんと違う」と、あとで言い訳めいてますけど、「えらい浪花千栄子が巳さんに凝りましてなあ」。巳さんて、一種の宗教ですね。巳さんを拝む。蛇ちゃんを拝む。「なんでもかんでも巳さんに相談せんと決まりまへんねや」という意味のことをね、インタビューに行った時に一言だけチラッと漏らしたことがありますね。

戸田　庭の敷石の裏に全部「渋谷天外」と書いて、毎日踏みしめたっていう話を聞いたことがあります（笑）。

浜村　（笑）。ホンマやろかね、それ。

戸田　浜村さんが見学に行かれた『近松物語』（五四）では、溝口監督に頼まれて香川京子さんに大阪弁を指導したらしいですね。

浜村　あ〜、浪花さんが……なるほどねえ。

香川京子、田中絹代

戸田　香川京子さんもお会いになってはりますね。

浜村　『式部物語』（九〇）でね、「あらざらむ　この世のほかの想い出に　今ひとたびの逢ふこともがな」。和泉式部って非常に男性関係が奔放な人やったと言いますけどね、映画に撮った時に香川さんにお会いしてインタビューをしてますね。

戸田　浜村さんが受けられた印象ってどんな感じだったのですか。

浜村　やっぱり清楚な、清く正しく美しくって、宝塚みたいですけどもね。

戸田　おとなしいしゃべり方されますものね。

浜村　可憐な感じがしましたですね。

戸田　『おかあさん』（五二）っていう成瀬巳喜男監督の映画の娘役での健気で健康そうなイメージがありますね。

浜村　『ひめゆりの塔』（五三）にも出てますね。

戸田　あの映画以後、香川さんは実際のひめゆり部隊の方々と交流をされていますね。

浜村　今井正監督の『ひめゆりの塔』は、生徒役でしたね。

戸田　津島恵子が先生でしたね。東映の作品です。

浜村　二回作られてますね。まあ、ああいう役を演れる人ですから……やっぱり、私は好きですね。

戸田　変わった役では、『赤ひげ』（六五）の狂女がありますね。

浜村　はいはい……黒澤明監督でね、結構荒っぽい、野性的な役も演っているんですね。

戸田　『猫と庄造と二人のをんな』（五六）と『どん底』（五七）では、前も言いましたが、山田五十鈴と二回取っ組み合いの喧嘩をしてますからね。映画の役でですがね。浜村さんは、田中絹代さんにもお会いになっておられますね。

浜村　絹代さんもね、最初は三益藍子さんと一緒に番組へお見えになったんです。『三婆』（七四）ですね。あの時は、三婆のうち、三益さんと絹代さんがお見えになりましてね（もうひとりは、木暮実千代）。これは録音ですから、生放送ではなかったのでね、話が随分と長引いて、面白い話がいろいろと出ましたよ。で、溝口健二監督がね、いかに田中絹代さんに惚れていたか……そのことを絹代さんが面白そうに、恥ずかしそうに語りましたですねえ。「もう今や時効ですわ」って。溝口健二監督という人は、上流階級の女性を描かしたら、あんまり上手くないんですね。だから『楊貴妃』（五五）、玄宗皇帝の愛人となった楊貴妃。それから『新・平家物語』（五五）……こういうものはね、どこか大味になるんですね。

戸田　『新・平家物語』の第一部ですね。

浜村　そうなんです。ところが下層階級を描くと実に見事ですね。

戸田　田中絹代の代表作のひとつ『西鶴一代女』（五二）なんか、最たるものですね。

浜村　そうです。終戦直後、不振、不調やった監督が、『西鶴一代女』で立ち直ったんですもん。このお春を演った絹代さん、上手かった。この頃から溝口監督は絹代さんに本当に惚れたらしいんですね。でも、さっき言うたように、私生活でも……まあ、失礼ながら上流ではない人とお付き合いが深かった。

戸田　溝口監督は、背中を斬られたという話がありますよね。

浜村　これがある店の仲居さんに斬られたんですね。それを私が絹代さんにインタビューした時に言ったんですよ。「溝口監督の背中に傷跡があるそうですね」と言ったら、絹代さんが「はーッ、初めて聞きました、その話……」。つまり溝口監督と絹代さんはいっぺんも深い仲になってないんですよね。

戸田　『ある映画監督の生涯　溝口健二の記録』（七五）っていう作品で新藤兼人監督は溝口組の助監督でしたから、そのスタッフ、出演者にインタビューしてゆきました。その中で執拗に田中絹代にそのことばかり訊くわけですよね。さすがに田中絹代はキッとなって、「これはいい機会ですから、言わしていただきましょう！」って開き直るシーンがあるんですがね。

浜村　うちにその本があるんですよ。

戸田　もともと映画を本（映人社、七五）にしたもんですよね。

浜村　絹代さんはね、清水宏監督と一緒に暮らしている頃は、腹が立ってお座敷でオシッコをする場面……これ、市川崑監督の『映画女優』（八七）という田中絹代さんをモデルにした映画で、吉永小百合さんが演ったんですね。実に可憐で控え目でおとなしい人ですけれども、やっぱり芯は強いですよ。
戸田　少女琵琶を演っていたそうですね。うちの祖父が一緒に習っていたそうです。
浜村　千日前の楽天地でね。もともと下関の人ですけれどね。母親も一緒に大阪へ出てきてますよね。
戸田　昔、公開された頃に、よく浜村さんが映画語りで十八番にされていた『サンダカン八番娼館・望郷』（七四）という作品がありました。
浜村　あれは良かったですね。栗原小巻さんが一冊のドキュメンタリーの本を書こうと天草地方へやってきて、教会でお祈りを捧げている田中絹代さんに出会います。「は〜、この人はいまだにキリスト教……」って。もう、ほとんど残っていないのにね。天草地方には教会はたくさんありますよ。「はーッ、ベールを被ってお祈りをしている信者さんのひとりやなあ」と察するんですね。安い食堂でね、焼き飯かカレーライスかどちらかにしようと迷っている栗原さんに、絹代さんが「姉さん、同じ注文をするなら、焼き飯のほうがいいよ」って言うじゃないですか。それから栗原さんが絹代さんのお家へ住み込みますよね。で、絹代さんがいかに悲惨な生涯をおくったか。生涯に三人の男に騙されるんですもんね。その話を聞いては、夜中にソッと書き綴った原稿を郵便ポストに放り込む……。
戸田　畳がボロボロになっていて、そこにゲジゲジみたいな虫がはっているような家でしたね。
浜村　最初、恋人に裏切られ、次は自分の実家の兄に裏切られ、最終的には息子に裏切られ、三人の男に裏切られた生涯を「サンダカン八番娼館」というタイトルで栗原さんが書いて、夜中に書き

『サンダカン八番娼館・望郷』パンフレット

上がった原稿を、その度に郵便ポストに入れに行って、いよいよこれでもう十分に話を聞いた、十分に書いたと思う頃に「そろそろお別れします」と言うた時、絹代さんは栗原さんが何をやっているか知ってたんですね。で、お金を栗原さんが出すんでしょ。「それ、私いりません。あなたが使っていた手ぬぐいを想い出としてください」。あのラストシーンは、本によりますと悲しいですね。乗り合いバスに乗った栗原さんがバス停からバァ――ッとバスが埃を上げて立ち去ってゆくと、その砂埃に赤い夕陽が滲んでいる。その砂埃にまみれて田中絹代さんのお婆さんが、いつまでもいつまでも手を振っているんですよね。で、バスは天草五橋を渡ってズゥ――ッと大きな駅のある街へ向かってゆく。あの絹代さんは、たくさん賞を獲ったはずですね。

戸田　この元からゆきさんのお婆さん役で、べルリン国際映画祭最優秀主演女優賞を獲ってますね。日焼けして、日本手ぬぐいを頭に被って少し背をかがめて歩く姿……あの田中絹代は、名演技でしたね。

浜村 寅さんの映画にも出てますね。

戸田 八千草薫さんがマドンナだった、『男はつらいよ　寅次郎夢枕』（七二）で、田舎の大きな屋敷のご婦人で、寅さんがお茶を使わせてもらうような場面でしたね。

浜村 まあ、昔の名優、名女優って、今のように華やかな感じはしない。身長も小柄な人が多いしね。

戸田 私は、田中絹代～高峰秀子～若尾文子っていうひとつの名女優の系譜があるかなと思っているんですよ。最初、可愛いで出てきますよね。それが成長して綺麗になりますよね。今度は上手いになりますよね。最後は怖いになります……（笑）。

浜村 ハッハハハハ……！　名女優と言われた人は、実力を十分蓄えていきましたですね。

戸田 ほかにもいろんな名女優がいるんですけども、この路線の人って、この三人かなあと思うんです。今の若手女優でなりそうな人はいますけどもね。

浜村 もう今たくさんおりますよ。このところね、インタビューしまくりですよ。高畑充希とかね、青山美郷って、知ってますか？　これはＮＨＫが『鼠、江戸を疾る』（一四～一六）というテレビドラマでね、滝沢秀明さん扮する鼠小僧の妹・小袖の役で出ていますが、実に上手いです。それから、二階堂ふみ……上手いでしょ。黒木華……上手い人がどんどん出てきますよ。生まれた時から枕元でテレビがついている、そんな時代ですからね。だから、演技というものにね、恐れを知らない。

ビビッたりしない。のびのびと演る人が多いですよねえ。
戸田 高畑充希は、大阪の大東市の出身でしたっけ？　だから関西弁の芝居も達者ですね。
浜村 四天王寺中学ですよ。それから東京の学校へ移ってますかね。『ピーターパン』の舞台を六年やりました。でも、最近の『植物図鑑　運命の恋、ひろいました』（一六）という映画でもうびっくりするぐらい上手いですよ。
戸田 NHKの朝の連続テレビ小説『とと姉ちゃん』（一六）も好評ですね。
浜村 昔は演技力を蓄えないとね……今みたいに背が高い、顔が綺麗な時代ではないですから、スターとなって生き残っていけない。活躍が続かない時代でしたね。

岸惠子、杉村春子

戸田 最近は、岸惠子さんにもお会いになられてますね。
浜村 『わりなき恋』というお書きになった本を、シアターBRAVA!で、朗読劇をしました。それに先立って番組にお見えになったんですね。
戸田 岸さんもあのままの方ですね。
浜村 非常に知的な感じのする人ですね。やっぱりフランスにも住んでいましたしね。
戸田 『戦場にかける橋』（五七）のデヴィッド・リーン監督に好かれたそうですね。
浜村 デヴィッド・リーン監督が惚れたというぐらいですね。あの人、だいたい東洋人が好きなんですよ。

戸田　『戦場にかける橋』は、もともと岸惠子の役があったのに、確か『雪国』（五七）の撮影と被ったんですよね。

浜村　そうですね。豊田四郎監督の『雪国』もいい映画でした。

戸田　この作品は、岸さんのベストの一本ですよね。

浜村　豊田監督にとっても代表作になります。

戸田　池部良さんがあまり上手くないので、余計にいいんですよね。

浜村　ハッハハハハ……！　聞かなんだことにしましょう。戸田さん、川端康成先生の原作を読んでみたら分かります。あの島村という役はね、見せ場のない役なんです。で、川端先生はね、大学生の頃の私の研究目的のひとつでした。女性を書かせたら実に上手い。男性を描かせると、映画の木下惠介監督と一緒です。女性描写は実に上手い。男性を描写させるとね、見せ場が少ないんです。

戸田　皆、佐田啓二みたいな役になるわけですね（笑）。

浜村　『千羽鶴』の三谷菊治とかね……ということで、『雪国』でもね、二本目の『雪国』（六五）は、木村功さんと岩下志麻さんでやりましたね。で、島村を一本目で演った池部良さんもね、見せ場のない役ですからねえ。

戸田　岸惠子の駒子が実に生き生きとして可愛いですねえ。

浜村　そうなんですよ。

戸田　『雪国』では、八千草薫さんの役もそんなに見どころがないんですよね。

浜村　葉子という役でね、抱え主の親戚の娘なんです。ただね、川端先生の上手いところは、駒子――主人公ですね。温泉芸者です。その駒子の描写が「女の印象は不思議なくらい清潔であった。足指の裏の窪みまで綺麗であろうと思われた」って、こういう表現なんですよね。で、川端先生ってね、やっぱり上手いなと思います。『植物図鑑　運命の恋、ひろいました』でもね、先生の言葉が二回出てくるんです。例えば、「女性はね、男と別れる時、その男にひとつだけ花の名前を教えなさい。その花を見る度に男はあなたを思い出す」とかね、そういう言葉はなかなか書けないですよ。

戸田　浜村さんは、川端康成さんにお会いになったことはおありですか。

浜村　ないです……（笑）。雲の上の人です。

戸田　お会いになっておられそうなんですがね。

浜村　近くの茨木市豊川の人ですからね。

戸田　浜村さんの故郷は、『古都』の舞台の近くですしね。

浜村　京都ですし、川端先生の茨城一中という学校の後輩がうちの奥さんなんですからね。ものすごい歳は離れてますよ（笑）。

戸田　岸恵子さんは『雪国』のあとは『おとうと』（六〇）が良かったですね。

浜村　あれは良かったです。素晴らしかったですね。

戸田　銀落としという映像でね。今はよくスティーブン・スピルバーグ監督が『プライベート・ライアン』（九八）なんかで、少し色を落とした古色然とした映像で見せますが、あの形を市川崑監督はカメラマンの宮川一夫さんと作りましたね。

浜村 『白鯨』（五六）という映画でも、その撮り方ですね。銅版画——銅板に描いた絵のような雰囲気でしたね。

戸田 ジョン・ヒューストン監督ですね。

浜村 お父さんがウォルター・ヒューストンという役者ですね。

戸田 名優ですね。『黄金』（四八）に出てた。

浜村 息子のジョン・ヒューストンが『白鯨』を、グレゴリー・ペックのエイハブ船長で撮った。銅板の感じをフィルムにちょっと手を加えて作りましたね。

戸田 『おとうと』は、岸惠子のお姉さんが、少し口を開けてぼんやりして、その上、勝気な設定でしたね。

浜村 市川崑さんって、いろんな新しい手をね、次から次へと冒険恐れずにやりますからね。

戸田 実験監督ですね。木下惠介監督もそういうところがあるんですけれどもね。

浜村 やっぱり監督って、そういう一面も大事かもしれませんね。まあ失敗もありますけどもね。

戸田 同じ市川崑監督で言うと、金田一耕助シリーズの第二作目『悪魔の手毬唄』（七七）。これも岸惠子さんの代表作でしょうね。

浜村 「おりんでごぜえやす……しばらくぶりに戻ってめいりやした……」。

戸田 あの老婆は、実は岸惠子が化けていたということがあとで分かる。若山富三郎さんの磯川警部が、旅館の女将のリカ（岸惠子）にずっと惚れているという役でした。

浜村　それで最後、駅で汽車が出る時に汽笛の音に消されて叫ぶ場面がありました。

戸田　石坂浩二の金田一が「磯川さん、あなた、リカさんを愛してらしたんですね」と言うんですよね。

浜村　名女優の中でも杉村春子さんは、どんな感じの方でしたか？

戸田　杉村さんは、我々は恐れ多くてね、近寄れなかったくらいの大名女優でしょ。で、戦前から映画に『小島の春』（四〇）とか出てるじゃないですか。でも、随分いろんな話を杉村さんもしてくれました。広島訛りが強くて随分セリフで苦労した話とかね。実はうちの奥さんの父親が大ファンやったんです。それぐらい古い人なんですよ。

浜村　文学座の初期のひとりですもんね。

戸田　ええ……ピアノを弾く場面で苦労したとか、いろんな話をしてくれましたけどね。

浜村　『小島の春』は、皆さん、杉村さんの芝居に感化されたらしいですね。高峰秀子さんもそれを書いておられますね。すごく尊敬したと。

戸田　ある一面、浪花千栄子さんと似通った芸風があるでしょ。シャキ、シャキ、シャキッ……としたね。『東京物語』（五三）でもね。

浜村　『東京物語』は、主人公の娘さんの役でしたけれども、この人も玄人のお茶屋の女将みたいな役を演ると決まりますね。パリッとしてね（笑）。

戸田　お会いになった女優さんでは、司葉子さんなんかはどんな印象をお持ちですか。

浜村　司さんも番組に二回ほどお見えになってますね。まあ、あんまり言わないほうが良いほうの女優さんかもしれませんね（笑）。

戸田 （笑）。ただ、いい映画には出てますよね、『秋日和』（六〇）なんかね。

浜村 そうなんです。これは原節子の娘さんの役ですね。可愛い人でしたね。毎日放送の人事部にいた。

戸田 受付じゃなくって？

浜村 受付って、よく言う人がありますが、本当は人事にいたっていう説のほうが強いですね。

戸田 私は成瀬巳喜男の遺作になった『乱れ雲』（六七）っていう加山雄三と共演した、この作品は良かったと思います。ちょっとオードリー・ヘップバーンが演るような役でした。

浜村 良かったですよ。本人もほっそりとした人でしたからね。

戸田 『夫婦善哉』（五五）の森繁久彌の柳吉の妹も司葉子ですね。

浜村 そうなんですよ。長男の柳吉が勘当になって、婿養子を迎えるんですよね。

戸田 婿養子を山茶花究が演っていました。

浜村 そうです。山茶花究って上手い人でしたねえ。

戸田 銀縁眼鏡で怜悧な。「帰ってんか……」みたいに冷たい。

浜村 『夫婦善哉』の番頭の役でしたね。畳に落ちてるゴミを拾て、「おい、まだ掃除済んでへんやないか」っていうあたりの上手。それから『大阪野郎』（六〇〜六一）というテレビドラマでね、金貸しの役を演った。皆、上手かったですね。

戸田 浜村さんがよくお話しになる『小早川家の秋』（六一）の番頭さんですね。

浜村　店の大将・中村鴈治郎さんがちょいちょい京都へ行く。「あれ、昔の恋人に逢いに行くんでっしゃろか」って、藤木悠さんが言うと、「ちゃうちゃう！　焼けぼっくいやがな」。で、また、藤木さんが何かを言うと、「ちゃうちゃうでしょ（笑）。あのあたりの呼吸の上手さ。もうご存知ない方が、増えていますが「あきれたぼういず」っていうボーイズの一員やったでしょ。

戸田　川田晴久さんが抜けたあとのあきれたぼういずですね。

浜村　当時の川田義雄。抜けて、「ミルク・ブラザーズ」を作りましたね。

戸田　あきれたぼういずが、吉本興業から新興演芸部に引き抜きされたあとですね。

浜村　そうですね。名前も川田晴久と書いていました。そのあとへ山茶花究が入った。読みにくい芸名をつけてね。〝3×3＝9〟という洒落なんですけどね。で、何よりも、そら、戸田さん、『真昼の暗黒』（五六）という今井正監督の映画があります。

戸田　草薙幸二郎が主演ですね。

浜村　要するに殺人事件があって、無実を叫んでいる青年が何人か逮捕されますね。で、厳しい取り調べを受けるじゃないですか。この時の検事の役が山茶花究さんでしょ。一方では『夫婦善哉』みたいにね、大阪の船場にある化粧品問屋の番頭さんの役を演るかと思えば、銀縁眼鏡をかけて冷酷非情な検事の役を演るんですからね。役者も幅広いなあと思いましたね。

戸田　特に脇役の名優列伝と言えば必ず入るような人でしたね。

浜村　そのとおりですね。

戸田　森繁久彌さんが主宰していた「森繁劇団」には必ず入る共演者でしたね。

浜村　おっしゃるとおりです。山茶花究さんが第一線を引いてから、森繁さんは芦屋雁之助さんを相手役にするようになりましたね。

戸田　そうですね。晩年、癌を患って、もう長くないという時に森繁さんが見舞いに行ったら、森繁さんの手をいきなりガァ――ッと握られた。それで森繁さんが慌ててその手を振り払ったそうですが、それも芝居だったとか……。

浜村　（笑）。なるほど……ただね、山茶花究さんって、割合その生い立ちとか経歴を書いたものがないでしょ。だから、私はいまだに上手いなあと思いつつ、どういう人なんかなあ、経歴を知りたいなあと思っています。

戸田　山茶花究さんとか、三井弘次さんとかね、上手いなあと思いますね。

浜村　三井弘次さんって気張らない芝居でしょ。

戸田　まあ、声が気張ってますからね。

浜村　（笑）。声は気張ってます……芝居は淡々としてましたね。

戸田　新聞記者とか、ああいう役を演らせたら上手かったですね。

新珠三千代、木暮実千代、岡田茉莉子

戸田　先ほど、宝塚出身の女優さんのお話をしましたが、新珠三千代さんて、テレビドラマの『細うで繁盛記』（七〇～七四）の山水館の加代のイメージがズッとあったんですよ。でも、この人は名

優ですね。

浜村 名女優ですよ。宝塚の頃は、どんなに可憐で綺麗やったか。『ジャワの踊り子』とかね、菊田一夫原作ですよ。名舞台がたくさんあったんですよ。『平安群盗伝　袴だれ保輔』（五一）なんて、日活の映画でもお姫さんを演ってましたがね。かと思うと、結構上流でない世界の女も演りましたよね。『須崎パラダイス・赤信号』（五六）……。

戸田 そうなんですよ。『須崎パラダイス・赤信号』を見た時に、この人すごいなと思いました。

浜村 上手いなあと思いましたね。

戸田 三橋達也と別れるに別れられない男女ですよね。

浜村 そういうことですよね。かと思うと森繁さんの『社長』シリーズでは、とんぼという芸者さんを演ったりね。

戸田 軽妙な役も演れましたね。

浜村 そうですね。この人はファンが多かったですよ。

戸田 あと、三隅研次監督の『鬼の棲む館』（六九）というヘンな映画。勝新太郎を巡っての女性二人の取り合いみたいな時代劇なんですが、片一方の正妻を高峰秀子が演るんです。で、普通は高峰秀子に演技で立ち向かうとだいたいは勝てないんですけれども……（笑）。

浜村 ハッハハハハ……！

戸田 この映画に関しては、高峰さんよりも良かったぐらいです。

浜村 あのね、宝塚の人って、ホントに上手い人が多いのはね、まず宝塚音楽学校二年間でね、歌も日舞も洋舞もタップダンスも、それから演技も、お琴も三味線もピアノもね、全部叩き込まれるんです。で、二年間、音楽学校で勉強して卒業したら、いよいよ正式の宝塚歌劇団の、それも団員とは言わない。あそこは生徒と言うんですね。まだ、最初の一年目は研一、二年経ったら研二、三年経ったら研三……と言うんですね。この音楽学校と研一、研二、研三のこの学期にそらもう叩き込まれることはなんぼほど多いか。だから宝塚出身の人は、さっきも言った、『宮本武蔵』のお通――宮城千賀子さんにしても轟夕紀子さんにしても、あんな昔から映画に起用されることは、あったんですよね。

戸田　新珠三千代さんは、普段どんな感じの方ですか。

浜村　いや、映画やテレビで見るとおりの人ですね。特に「えッ？　この人、イメージと違うな」という印象は受けなかったですね。

戸田　静かな感じですか。

浜村　そう、しとやかな感じです。でも喜劇も演りますしね。

戸田　なんでもできますよね、あの頃のスターは、

浜村　そのようにね、宝塚では養成してゆくわけなんですよね。

戸田　木暮実千代さんにもお会いになっておられますよね。

浜村　それは相当前のことですね。

戸田　この人は、のちの内田吐夢監督の『宮本武蔵』シリーズ（六一～六五）でお甲を演っていました。

浜村　あ、お甲を演りました。朱美は岡田茉莉子でしたか。

戸田　いえ、丘さとみですね。岡田茉莉子は……。

浜村　八千草薫さんがお通を演った稲垣浩監督のほうですね。木暮さんは、サンヨー電機のサンヨー夫人という役でコマーシャルをやってはったでしょ。あの頃にサンヨーの番組で会ったのかなあ……と思うんですがね。「面白い話があるんですよ。私ね、貿易商をやっていた旦那と結婚した時に、実はうちの旦那と作家の大佛次郎さん――」。『鞍馬天狗』とか『帰郷』とか名作をたくさん書いた。「大佛さんとは友だち同士やったんですよ。それで木暮実千代を親友が獲ったというので、うちの主人を軽く殴ったんですよ。面白い話でしょ」（笑）というような話が出た。そんなことを記憶してますね。

戸田　映画で見る限りはちょっと男性ぽいところがあるのかなと思いますね。『祇園囃子』（五三）で若尾文子が慕う姉さん芸者でしたね。

浜村　祇園の芸者さんを演りました。確かにデビューがね、高峰三枝子主演の『純情二重奏』（三九）やと思うんですよ。

戸田　先ほど名前が出た稲垣浩監督の『宮本武蔵』（五四～五六）で朱美を演った岡田茉莉子さん。この人もコメディエンヌというか、軽妙な芝居が上手いですね。

浜村　それは小津安二郎さんの映画ですよ。岡田茉莉子がね、コメディリリーフみたいな役。

戸田　『秋日和』（六〇）の司葉子の友だちの役ですね。寿司屋の娘。あの芝居や『秋刀魚の味』（六二）の笠智衆の長男・佐田啓二の嫁さん。「なにさ、そんなことばっかり言って！」みたいな。

浜村　ぶどうを食っては、種をピュッと吐き捨てて、佐田啓二が友だちからゴルフクラブをね、譲ってもらうのに何万円かかかる。それを恐る恐る相談するとね、まあ、ヘンな態度で反応するじゃないですか。ああいう江戸っ子らしい、威勢の良い、コミックな役が岡田茉莉子さんにはできるんですね。

戸田　そうですね。後半は文芸作品みたいなもので堂々たる女優でしたね。

浜村　『マルサの女』（八七）とか（笑）。

戸田　それはもうだいぶ怖くなってから（笑）。

浜村　あッハハハハ……！

戸田　『香華』（六四）みたいな作品ですね。『流れる』（五六）にも出てました。

浜村　『香華』は乙羽信子が、九重太夫というビジネスネームで、いわゆる遊女として出てきますね。

戸田　岡田茉莉子の奔放なお母さんですね。結局、お茶屋を引き継ぐ役ですけれども、堂々たる役でしたね。先ほど話に出た小津作品とは全然違いますね。

浜村　いい女優さんですよ。

戸田　でも、普段出てこられたら、怖い感じがありますね。

浜村　目のクリクリッとした可愛い感じの人でしたね。

山口淑子、山本富士子

戸田　山口淑子さんにもお会いしたそうですね。

浜村　李香蘭さんは、二、三べん会っております。また、うちの番組にもゲストとしてお見えになった。劇団四季が李香蘭の生涯を上演するにあたってね、お見えになったんですよ。それから一緒に阪急百貨店の華道の展覧会を見に行きましたしね。で、私が所属する昭和プロダクションという芸能事務所を作った遠山新治さんという方……もう亡くなりましたけどね。遠山さん、ヴァイオリンの名手やったんですが、戦前戦中、戦争中は日本に帰っていたのかな……ハルピンか満州方面の放送局でヴァイオリンを弾いてまして、住まいのすぐ近くに李香蘭が住んでいた。本当は、日本人で山口さんという官吏――公務員の娘さんですけど、あんまり可愛いので、お父さんと仲の良い中国の将軍が「養女にくれ」と言って、その将軍の名前にちなんで李香蘭ていう名前にしたわけでしょ。だから英語もペラペラ……中国語もペラペラ……大した人ですよ。

戸田　チャップリンとも非常に親しかったらしいですね。

浜村　そして参議院議員になりまして、アラブ外交の専門家として活躍しましたですね。

戸田　田中角栄さんがズッと李香蘭と呼んでたらしいですね（笑）。

浜村　（笑）。抜けないんですね。フジテレビのワイドショー『3時のあなた』の司会を続けたりもしてましたね。

戸田　阿佐田哲也（色川武大）さんていう『麻雀放浪記』の原作者が、山口淑子さんと麻雀をされたそうです。「山口淑子さんが前に座ってると思って麻雀をやっても別になんともないが、李香蘭が前に座ってると思ったら、震えそうになる」ということを書いたか、言ったかしてました（笑）。

浜村　それで戦争に日本が負けた時に山口淑子を誰も知らない。本当は、李香蘭という名前で通ってました。長谷川一夫さんと『白蘭の歌』（三九）とか『熱砂の誓ひ』（四〇）とか……だいたいね、今見てもストーリーがよう似てるんです。まあ、そういう映画をたくさん撮った。日本人と中国人と仲良くなりましょう。そのことを推し進めるための国策映画ですよね。満映という映画会社。甘粕正彦大尉——伊藤野枝、大杉栄を惨殺して一躍、しょうもないことで有名になりましたが、この人がほとんど中心人物で満映という映画会社を作って撮った。そこに李香蘭が数々のヒット映画を撮りましたですね。そして「蘇州夜曲」も歌いましたし、今では言ってはいけない名前ですが「支那の夜」とか……曲名ですからね。歌えるし、芝居ができるし、美貌やし、たいへんなもんですよね。そうして中国が、日本が戦争に敗けてから、終戦直後に「李香蘭は中国人のクセに日本と仲良くなろうという映画を撮った。けしからん」と。これ、裁判になって死刑直前までいきましたですね。その時、東和映画の社長やった川喜多長政さんが、「彼女の実家へ行ったら戸籍謄本が置いてあるはずや。その戸籍謄本を取り寄せたら日本人やと証明できるから」と言うので、幼い頃から山口淑子さんの親友であった、リューバちゃんが大使館の職員になってるんですね。公務員ですよ。そのリューバちゃんに頼んで戸籍謄本を取りに行ってもらったんですね。どうも伝説では川喜多社長が持って帰ったようになっていますが、リューバちゃんは京人形の帯の間に戸籍謄本を隠して運んできたんですね。それを裁判で証明して、日本人やと分かったということで死刑を免れた。で、次の船で日本へ帰ろうという時に、またですね、乗客名簿に名前が載ってないんですよ。それで乗せるわけにはいかないというので、李香蘭――山口淑子さんが残され、東和映画の川喜多社長も「ぼくも一緒に残るよ」と言うて残ってくれた。次の船で帰ってくることができた。つまり川喜多社長が随分走り回ったんですね。方々走り回って、「李香蘭――山口淑子は日本人やから裁判でも、無罪になった。だから船に乗せてやってくれ！」。すると初めの船の乗客名簿に名前が載ってないのは、やっぱり手違いだったそうですね。

戸田　東和の川喜多長政社長は、有名な川喜多かしこさんの旦那さんですね。浜村さんは、大映の山本富士子さんにもお会いになっておられますね。

浜村　そうですね。京都の人ですからね。

戸田　この人もお芝居が上手いですね。『彼岸花』（五八）、小津安二郎監督の映画の話ばかりになりますが（笑）、これで京都の旅館の娘を演じてますね。

浜村　お母さんが浪花千栄子さんです。

戸田　話芸のほうで言う「タテ弁」ですよね。立て板に水の如くにしゃべる。山本富士子がひとりでダァ――ッとしゃべる中で、浪花千栄子と自分との会話を、浪花千栄子そっくりの声色で使い分けてしゃべるんですよ（笑）。

浜村　ハッハハハ……！　でも初めはそんな上手な人ではなかったように思うんですがね。

戸田　関西弁が良いですね。『女経』（六〇）っていうオムニバスの映画がありましてね。これの市川崑さんが撮った「物を高く売りつける女」という短篇があるんですが、鎌倉の令夫人みたいなのが山本富士子で、屋敷を売りたいと、船越英二に売る。実は山本富士子は女詐欺師で、「ヘッヘ〜ン！」みたいな、清楚な感じから一変する対照的な芝居が良かったです。

浜村　なんという映画ですって？

戸田　『女経』です。一篇目が増村保造監督が撮った若尾文子主演の「耳を嚙みたがる女」で、二本目が市川崑さんです。山本富士子は上手いなあと思いました。同じ市川崑監督の『雪之丞変化』（六三）。大映のカラー作品ですね。

浜村　長谷川一夫三百本記念映画ですね。

戸田　この作品でも江戸っ子の女盗賊みたいな役なんですが、これまた江戸っ子がいい。この人はホント上手いんだと感心しました。

浜村　あれは、皆ひとり二役を演る役なんですよね。

戸田　もともと長谷川一夫さんが当たり役にしていたんですよね。

浜村　昭和十一〜十二年頃に衣笠貞之助監督でやってますね。水も滴る歌舞伎の女形の役ですけれども、本当は剣道もできるというね。

戸田　山本富士子さんってどんな方なんですか？

浜村　パッと一目見ただけで部屋中に花が咲いたような華やかな人ですね。最初、ミス日本で、しかも大映に引き抜かれて、『近世名勝負物語　花の講道館』（五三）という映画で菅原謙二さんと一緒に出ております。これがデビューですよね。その頃はね、やっぱり右も左も分からない映画の世界ですからね（笑）、だんだんと慣れてきて上手くなったんじゃないですか。

戸田　だからわりとお人形さんみたいなイメージがあったんですけれど、見直すと上手いなァ〜という感じですね。

浜村　実に華やかですねえ。

戸田　『細雪』（五九）であるとか、『夜の河』（五六）といったね、やっぱり関西弁を演るといいですね。

浜村　生き生きしてくるでしょ。

戸田　京都の人ですけれども、大阪生まれなんだそうですね。もともとどこかの銀行に受かったんですけど、面接で「こんな綺麗な人を獲ったら行員が仕事をしない」ということになって落とされたとか（笑）。

浜村　（笑）

有馬稲子、淡路恵子

戸田　この頃の女優さんで、有馬稲子さんにもお会いしておられますよね。

浜村　有馬さんがね、私がＵＳＪ（ユニバーサル・スタジオ・ジャパン）の毎日放送スタジオで放送をしている時にわざわざＵＳＪにまで来てくれたんですよ。インタビューの録音を録るためにね。で、まず最初に出た言葉が「『東京暮色』（五七）を小津安二郎監督で撮った。あの映画が公開された当時、小津さんにしては失敗作やと言われましたが、今見るといい映画ですね」。実はそれと同じことを私も考えていたんです。「今見てもいい映画です。ただ、いつもの小津さん調の、あの飄々として、くすぐるようなユーモアが散りばめてある……それがこの作品にはちょっとなかったですね。しかし、いい映画ですよ。ぼくもそう思います」と言うてね。非常に感動してくれました。それから関西テレビの『浜村淳の人・街・夢』というテレビをやってまして、ひとりのゲストでその人の想い出の地を訪ね歩く番組があったんです。これにも出てくれたんです。そして夕陽丘高等女学校出身でしょ。「もう今は隠すことも何もない。なんでも話をするわ」って言うて、「お母さんも宝塚で、有馬稲子という芸名でした」とかね、「私がお母さんやと思てた人は、叔母さんやった」とかね、そういう話をどんどんしてくれましたですね。

戸田 わりとざっくばらんというか、気さくな方ですね。

浜村 しかし、初めの頃は映画界では「ゴテ猫」という仇名があって、評判が悪かったですね(笑)。やっぱりね、岸惠子、有馬稲子と言うとね、知性が先に表へ出てしまうんでね。いろいろと「こんな芝居は納得できない」とかね、「この役はこう演るべきだ」とかね、ごねるんですって。私なんかはそんな一面はまったく知りませんからね。

戸田 そんな性格で、よく小津監督の作品に出られましたねえ。

浜村 ホントにそうですねえ。それで『夫婦善哉』(五五)の蝶子役のためにいわゆるお座敷のお運びさん、仲居さんとかいろんな言い方がありますが、それを勉強するために、北新地の紙なべの店へ一週間ほど務めたって言いますね。

戸田 あれは実際の撮影が延びたため、蝶子の役は淡島千景さんに替わるんですよね。

浜村　その原因が有馬さんもはっきり分からないようなことを言ってました。

戸田　森繁さんがそういう風に本に書いてますね。

浜村　それでお客が「あんた、有馬稲子によう似てるなあ」って言うんですって。そしたら有馬さんも大阪育ちやから、「へー、そうですか」って言うてとぼけたって言いますね。で、三味線も稽古したのに『夫婦善哉』の蝶子役が淡島千景さんに替わってしまった。スケジュールの都合なんですかねえ？

戸田　少し撮影までの期間が空いたらしいんですよね。それで配役が替わることになったようですね。映画って縁ですもんね。元の配役で名作になったかどうか……タイミングもありますもんね。

浜村　まあ、そうですねえ。

戸田　『夫婦善哉』も同じ監督で、同じ脚本家、同じ主演者なのに続篇を作ったら、ボロボロでした。

浜村　あの作品は豊田四郎さんが監督をやりましたか？

戸田　やりました。脚本も同じ八住利雄です。

浜村　藤田まことさんも出ました。

戸田　それに淡路恵子ですね。柳吉と蝶子が東京へ行くんですよね。

浜村　続篇が良いとも限らないのは、映画の世界では常識ですね。

戸田　逆に続篇がいい場合もありますよね。

浜村　『フレンチコネクション』（七一）なんか続篇もとても良かったです。

戸田　続篇は、ウィリアム・フリードキン監督に代わって、ジョン・フランケンハイマー監督でした。

浜村　もともとテレビの監督ですね。

戸田　『フレンチコネクション』の第一作は実話で、続篇で、フランス・マルセイユへ行く話は創作ですね。ジーン・ハックマンのポパイ刑事が麻薬を打たれてね、ラスト、走り続けて黒幕を仕留める映画です。

浜村　『男と女』（六六）なんて名作中の名作ですが、続篇は実につまらなかったですね。

戸田　何年か、だいぶ経って作られましたね。

浜村　なんであんな名作をね、続篇を作るのかと思う。それとリメイクも良くないでしょ。同じように撮って、『隠し砦の三悪人　THE LAST PRINCESS』（〇八）なんか、黒澤明が撮ったのと同じ脚本で撮ったと言いますけどね。

戸田　後半は、全然違いましたけどね。

浜村　仏作って魂入れずですよ。

戸田　黒澤作品や木下恵介監督の作品のリメイクは無理ですね。

浜村　『二十四の瞳』（五四）なんかも二回映画になってるじゃないですか。

戸田　テレビドラマにもなってますからね。田中裕子主演のリメイク版は、朝間義隆監督でしたね。ナレーションが渥美清さん。脚本が木下恵介監督の作品の時と同じなんですね。

浜村　そうですね。なんでそういうことをやるのかと思うんです。

戸田　時代が出ませんもんね。あの舞台となった時代の子どもの痩せ方なんかが違いますもん。リメイクすると製作期間がグンと新しくなっていますからね。

浜村　最初の木下作品は、原作に近い時代に撮ってますもんね。

戸田　淡路恵子さんにもお会いになってますね。印象は如何でしたか。

浜村　淡路恵子さんのことはそんなに詳しくないです。チラッとしか会ってないですね。

戸田　わりとお色気な役が多かった人ですね。

浜村　しかし、この人も上手い人ですよ。

戸田　最初は、黒澤さんの『野良犬』（四九）なんですよね。

浜村　はい。あれが十六歳とか言いませんでしたか。

戸田　東京のＳＫＤ（松竹歌劇団）の出身ですよね。

浜村　ＳＫＤです。本人に言わせると「全然やる気がなかった。「黒澤監督の映画に出られるよ」って言われても嬉しいこともなんともなかった」。その頃、黒澤さんも大御所ではなかったですからね。でも上手い監督という定評があったじゃないですか。「全然嬉しくない。ふて腐れて演った」と言うてましたね。

戸田　その時代は丸々とはち切れんばかりの女の子ですけども、もう少しあとになってくると、『墨東綺譚』（六〇）という豊田四郎監督の山本富士子主演の作品で同僚の遊郭の女性で、下着姿で煙草を吸いながら客引きをするシーンなんか、リアリティがありましたね。

浜村　この人もまあよく言えば威勢の良い、悪く言えばはすっぱな役が上手かったですね。

戸田　後半は、バラエティ番組で人生相談みたいなことでカンカンッと言ってはりましたもんね。
浜村　（笑）

岩下志麻、吉永小百合、江利チエミ

戸田　岩下志麻さんとも何度かお会いしてますね。
浜村　そう？　何度も会ってるかな。そう言うと……。
戸田　『鬼畜』（七八）の時にお会いになってますね。あと『極道の妻たち』（八六〜九八）の時にもお会いになってませんか。
浜村　ええ、そうですね。私は「極妻」の岩下さんってね、誇張しすぎてね。
戸田　関西弁が少し違いますね。
浜村　それもありますね。「覚悟しいや！」と言う、その一言でもオーバーに演ったんですね。あんまり私は好きではないですね。
戸田　以前、浜村さんに詳しくお伺いした野村芳太郎監督の『影の車』（七〇）とか、あのへんの作品はいいですね。
浜村　はい、良かったですねえ。加藤剛さんと一緒に演りました。
戸田　吉永小百合さんって、浜村さんはデビュー当時、『キューポラのある街』（六二）のすぐあとぐらいにお会いになってはるんですよね。

浜村　そうですねえ。それは、会ったというより、大阪中之島にあったフェスティバルホールでの舞台を見てるんですね。それから実際にお会いしたのは、あとですよ。高倉健さんと一緒に演りました『動乱』（八〇）ですね。そのあと『海峡』（八二）の時も会ってますよ。『動乱』の時も吉永さんにいろいろと質問して、「共演する相手として誰がいちばんいいですか？」って訊いたら「高倉健さんです」って言いましたですね。

戸田　その当時、すでに高倉健さんと離婚されていた江利チエミさんが『動乱』の吉永さんに軽く嫉妬したというエピソードが残っていますね（笑）。

浜村　ハッハハハハ……！　そうですかあ？　ちょっと考えすぎなんじゃないですか。

戸田　江利チエミのほうがね。

浜村　チエミさんはうちの番組に来た時に、「結婚する時に清川虹子さんに言われました。「夫婦はひとつの布団で寝るもんですよ。別々のベッドや布団にしたらダメですよ」って。それで健さんと結婚してもその言葉を守ってます」。「それで健さんの印象はどうですか？」って……まだ任俠映画に出始めた頃のことですからね。『昭和残俠伝』シリーズ（六五～七二）とかに出ていた頃です。「健さんは車が好きで、自分が望んでいた車が手に入った。私が道端に立って走り具合を見ている。そうしたら健さんが私の前を車でビュ――ッと走って行って、向こうでUターンして、またビュ――ッと戻ってくる。私が立っている前まで来ると嬉しそうに手を振るんです。男の可愛さというものをその時に知りました」とチエミさんが言いましたですね。「でも、私と別れてから大スターになっていった。それはとても嬉しい」と語っておりましたですよ。

戸田 江利チエミさんて、ルシル・ボールみたいなコメディエンヌ的なことができる人でしたね。
浜村 なるほどねえ。
戸田 美空ひばりさんと一緒に出た東映時代劇なんかね。
浜村 『サザエさん』を演ってますもんね。
戸田 サザエさんのイメージのままですね。舞台でも長いこと『サザエさん』を演っていました。その時に清川虹子さんがお母さんのフネ役ですね。ルシル・ボールのように上品で庶民的な可愛い面白い役が江利チエミさんは良かったですね。話を戻しますが、吉永小百合さんの印象はどんな感じですか。
浜村 いつお会いしても謙虚で控え目で清楚な感じの人ですね。
戸田 優等生みたいな感じですか。
浜村 そうですねえ。でも、絵に描いた優等生なら嫌味じゃないですか。吉永さんの場合は、芯からそういうタイプでしょ。そのくせ、ほら、結構勇ましいことが好きで、早稲田大学のラグビーなんかを見に行くと大声を上げて声援するというタイプですね。
戸田 結構天然キャラで歩いてて溝に落ちたりする人らしいですね。
浜村 三姉妹の真ん中でしょ。三人姉妹の真ん中ってね、やっぱり長女と末っ子とはタイプが極端に違うんですって。「真ん中って、損します」って言うてましたもん。で、早稲田のラグビー部の司令塔の本城和彦君のファンでね、「よく大声を上げて応援しました」と言うてましたですよ。

倍賞千恵子、淡島千景

戸田　山田洋次監督のヒロインって、倍賞千恵子さんですね。この方には、どういう感じをお持ちですか。

浜村　倍賞さんもね、私はいかにも東京の下町っ子というね、親近感を覚えますね。演技を見てもそうでしょ。飾らないでしょ。気張らないでしょ。

戸田　寅さんの妹のさくらの役とは、普段の倍賞さんは全然違いますよね。

浜村　最近の映画『小さいおうち』（一四）のキャンペーンでも会いましたけどね。さくらと違うかなあ。

戸田　倍賞さんって、わりとポンポンと言えるタイプみたいですよね。

浜村　実際の倍賞さんは、ポンポンとは言わない人ですよ。

戸田　そうですか。トークの時なんか、かなりしゃべられますね。

浜村　山田洋次監督と一緒にお会いしてますから、遠慮してたのかな……。こちらがもう話を引き出して、引き出して話を引っ張っていかないとなかなか発言をしないというか、遠慮がちな人やという印象を受けましたね。

戸田　寅さん映画の音楽コンサートっていうのがあったんですよ。その時に倍賞さんがゲストでしたが、よくしゃべってはりました。

浜村　あ、そうですか。

戸田　山田洋次監督が、そういうよくしゃべることを好まない方なのかもしれませんね。

浜村　かもしれませんね。やっぱり監督を立てて、その脇に自分がいるというそういうことを意識したんでしょうかね。

戸田　そこはいかにもさくらですよね。

浜村　私が倍賞さんに会った時は、いつもいつも山田洋次監督が一緒なんです。だから遠慮したのかなあ……。

戸田　京都南座で「山田洋次展」がありました。松竹宣伝部の古寺綾香さんに「見に来てください」と言われて行ったら、倍賞さんがお客さんとして見に来てはりました。

浜村　あ、そうですか。その時に私は山田洋次監督と舞台で対談したんです。舞台の上に「とらや」のセットをそのまま組みまして、迫力がありました。

戸田　撮影に使った本物のセットは東京葛飾柴又の「寅さん記念館」に移築されていますね。私らが記念館へ行った時には、とらやの店の黒電話が置いてある森川信のおいちゃんが座っていたところへ座りましたよ（笑）。

浜村　ハッハハハ……！　そうですね。とらやのおいちゃん役を竜造と言うんですが、三人演りましたねえ。

戸田　森川さんのあとが松村達雄さんが演りまして、で、下條正巳さんですね。やっぱり森川信さんは軽演劇の出身ですから、渥美清さんと芝居がもう対々でしたね。のちに太宰久雄さんのタコ社長とやる喧嘩は、全部おいちゃんと演ってました。

浜村　下條さんも良かったですよ。

戸田　私は松村達雄のおいちゃんも好きなんですよ。

浜村　私も悪くはないと思います。森川信さんの奥さんが水戸光子さんという人気女優でしたからね。

戸田　すぐに別れたみたいですね（笑）。ある種の「お笑い」が女優と結婚するハシリみたいなことを言われてますね。

浜村　なるほどねえ。

戸田　浜村さんは、淡島千景さんにもよくお会いになってましたね。

浜村　よう会いました。でね、テレビの『浜村淳の人・街・夢』をやっている時にあんまり淡島先生との話が面白くて長いんでね、二週分に分けて使いました。

戸田　珍しいですね。

浜村　珍しいですね。一週間分ではもったいないという話になりました。

戸田　もともと宝塚歌劇の女優さんですね。

浜村　東京の羅紗問屋さんの娘さんらしいですね。本名が中川慶子。だから、宝塚では、皆、おけいちゃん、おけいちゃんと言うて呼んでいましたね。で、宝塚の時代はあんまり長くはなかったんですね。

戸田　香村菊雄さんという宝塚歌劇の劇作家の先生がおられましたけど、この先生の作で注目されたって、その手書きの台本を私は持っているんですが……。

浜村　なんという作品でした?

戸田　台本には、「香妃（シャンフェイ）」とあります。昭和二十三年、宝塚大劇場の公演で、淡島さんのほか、〝南悠子、久慈あさみ、室町良子（月組）による〟とあります。

浜村　私がいちばん印象に残っているのは、やっぱり、『アリババ物語』、あれでシェヘラザードという頭の良い、お手伝いさんになりましてね。山賊たちがご主人の家へ油売りの商人に化けてくるでしょ。で、油壷ひとつにひとりずつ盗賊が入ってるんですね。これをシェヘラザードが見破るわけです。そして宴会の場面で淡島さんのシェヘラザードが踊りながら、煮えたぎった油をバァ――ッと盗賊が入った油壷へ注いで回る場面があるんです。これがたいへん印象に残っていてね、『浜村淳の人・街・夢』というテレビでご一緒した時にその話をしたんです。そしたら淡島さんが、「まあ、恥ずかしい。太い脚を出してたでしょ」（笑）って言うけどね、実際に私が見た時は実に美しい色っぽい場面でしたね。

戸田　この人は、なんですかねえ。モダンガールもできるし、日本の清楚な人もできるでしょ。すごく芸域の広い方ですね。で、昔的な日本人もできますけど、近代的な、あの当時で言うと、キーパンチャーみたいな役も普通にできますよね。

浜村　そうですね。そうかと思うと、小津安二郎監督の『早春』（五六）という映画では、池部良の奥さんになって、主人が浮気をしたのを許せない普通の奥さんですよね。こういう役も演るしね。

戸田　小津作品もたくさん出てますね。

浜村　『お茶漬の味』（五二）というのがありますね。

戸田　『麦秋』（五一）ってありますでしょ。原節子さんの友だちで出てくる。この時に二十歳ぐらいの、今風の女の子で出てくるんですけれども、あの作品を見て、手塚治虫の『リボンの騎士』のサファイアのモデルだというのがよく分かりました。

浜村　それはね、本人も言ってはりました。「あの手塚先生の『リボンの騎士』という漫画を描く時に淡島さんをモデルにしたというか、淡島さんの舞台を見て、『リボンの騎士』を思いついたという噂がありますけど、本当ですか？」って訊いたら、淡島さんは、「それは本当、実際の話です」って言いましたもんね。

戸田　普段はどんな方なんですか。『夫婦善哉』（五五）の蝶子みたいな方ですか。

浜村　似てますね。さっぱりした人ですね。で、私が二言目に「淡島先生」って呼ぶとね、「その先生というのは止めてくださいよ」って、サラサラとした人でしたね。でも、宝塚にいる時に、獅子文六の小説『てんやわんや』が映画になる時に淡島さん、松竹映画から引っ張られたんですね。この時ね、ちょっと揉めたらしいですよ。松竹は来てくれと言う。宝塚は離したくない。というところで、せめてもう一年ぐらいは居てほしいと残留要請をしたという噂がありますね。

戸田　『駅前』シリーズ、『喜劇　駅前旅館』（五八）、森繁久彌、伴淳三郎、フランキー堺のトリオですね。このシリーズにもズッと出てましたね。ああいうコメディも非常に達者な方ですね。

浜村　この人はコメディができますね。『夫婦善哉』なんか、まあ、半ばコメディみたいな演技をするでしょ。

戸田　コメディというより情の部分の芝居ですね。情念みたいないなね。

浜村　淡島さんはちょっと下り目なんです。だから、非常に愛嬌がありましてね。『てんやわんや』（五〇）の時に、話が決着つかないままに宝塚在籍の姿で出たんですって、そしたら、宝塚がね、在籍の淡島さんの籍を消したらしいですね。非常に極端に言うと追放したようなもんですよ。しかし、あれだけの人気スターになったんですからね。映画の世界へ送り込んでも良かったんじゃないかと思いますわ。

戸田　成瀬巳喜男監督の『鰯雲』（五八）なんか、農家のおかみさんみたいな役で、こういった役もできるんですね。

浜村　そうですよね。

戸田　二代目中村鴈治郎さんが農家のおとっつあんでしたね。

浜村　だから淡島さんって、ホントに貴重な存在でね、『夫婦善哉』を見ると見事に大阪弁でしゃべってるでしょ。

戸田　蝶子は、もともと有馬稲子の役でしたよね。ただ、有馬稲子さんがそのまま蝶子の役を演っていたら、あれほどの名作になっていたかどうか。

浜村　そうですねえ。

戸田　映画の運命みたいなものがありますもんね。

浜村　むしろ有馬さんのほうが大阪人やないですか。

戸田　もっとべったりしたような感じですね。

浜村　だから大阪弁で別に苦労せんでもしゃべれるわけですよ。だけどやっぱり淡島さん、上手かったですねえ。

戸田　森繁の柳吉のおとっつあんが危篤だという時に、「あんた、お父さんにちゃんと（結婚を認めるように）言うてや」とか言うところの鬼気迫る芝居とかね。

浜村　で、番頭がやってきて、お小遣いを淡島さんの懐へ忍ばせる。堀江新地で、堀江盆歌の盆踊りをやっている。そのアルバイトで三味線を弾いているでしょ。そこへ維康商店の番頭がやってきて、店の相続権、財産を継ぐのも全部捨ててほしいという頼みがあって、お金の包みを蝶子の懐へ入れると、「いや、いやらしいことしはるわ、この人……」なんて言う、あのあたりの上手さね。

戸田　それから、柳吉に怒って天水桶のところへ森繁の頭をガァ――ッと突っ込んで、「か、堪忍してえな……堪忍してえな……」と言われるところ。

浜村　「おばはん、堪忍してえな……」（笑）。

戸田　それから蝶子が自殺未遂を起こしますよね。それで森繁さんが蝶子の店の二階へ上がってきて、「生きてまっせ～！　生きてまっせ～！　死んでたまるかいな」というシーンとか、大阪弁が非常にいき交う映画でしたね。それに比べて同じ脚本で、同じ監督で、同じ主演の二人なのに『新夫婦善哉』（六三）って、見事に酷い映画でしたね。

浜村　もうね、話がガラッと変わってますからねえ。で、前の本当の『夫婦善哉』も、やっぱり豊田四郎監督という名監督で撮りまして、脇役がね、実にしっかりしてますね。森繁さんのおとっつあんを小堀誠って、新生新派の名脇役が演ったし、あきれたぼういずという音楽ショーのメンバーのひとり、山茶花究さんがもう嫌になるほど上手かったでしょ。

戸田　銀縁眼鏡の番頭でね。

浜村　養子なんですね。森繁さんの妹・司葉子扮する筆子のところへ養子にきてですね、うるさい養子で畳の上へキチンと座って、「埃落ちてるで、まだ！」って、つまみ上げたりする。上手かったですよ。

戸田　あと蝶子の両親が田村楽太……。

浜村　と、三好栄子でしょ。そうです。

戸田　「おかん、死んでまいよんのかいなあ」というちょっと舌足らずのセリフが印象的ですね。

浜村　田村楽太って、松竹新喜劇にいた人でしょ。芝居のど迫力で、松竹新喜劇で『桂春団治』を上演した時に、春団治が二代目渋谷天外さんで、天外さんを人力車に乗せて引っ張る車夫の役を田村楽太さんが演ってましたね。

戸田　あれは映画の時じゃないですか。舞台の時は、曾我廼家五郎八さんじゃなかったですか。

浜村　あれは舞台やったと思うんですがねえ。

戸田　森繁さんが映画『世にも面白い男の一生　桂春団治』（五六）で春団治を演りましたでしょ。

浜村　演りました。

戸田　あの時に、田村楽太さんは車引きを演ってました。で、最後の春団治の臨終の場面があるじゃないですか。

浜村　そうすると田村楽太さんの車引きは、舞台より映画やったかなあ？

戸田　そしたら、車引きは春団治に雇われてますでしょ。そやのに、「師匠、行きまっせえ」とかね、タメロなんですよね（笑）。

浜村　もう、あの声と言い、しゃべり方と言い、あの小柄なおっさんのど迫力には驚きましたね。

戸田　『夫婦善哉』では、天ぷら屋のおっさんでしょ。

浜村　そうなんです。「金、ないんか?」と言うて、天ぷらを買いに来た少女に言ったりね。上手かったですね。ああいうアクの強い名優って今おりませんか?　誰かいる?

戸田　もう、笹野高史さんとか、柄本明さんとかになってきますよね。

浜村　そうですね。

戸田　だから、松竹新喜劇の人で……今はもういてませんよね。昔は曾我廼家明蝶さんとか個性的な名優がたくさんいましたけどね。

浜村　で、『夫婦善哉』で娘の淡島さんのことをね、森繁さんに「身体よう見たっとくれやっしゃ。傷ひとつおまへんね。こんな風に育てましたんや」って言う場面ありますよね。本当に上手かったなあ。

戸田　あの人のセリフひとつひとつで泣かせますもんね。

逢いたかったスター——桂木洋子、原節子

戸田　浜村さんは、桂木洋子さんがお好きで会えなかったのが残念だとおっしゃっておられましたよね。

浜村　そうなんですよ。実は月刊雑誌で「平凡」というのと「明星」というのがあったんですね。そうすると、どっちの雑誌も俳優・女優の人気投票をやるんです。と、女優の部で、いつも一位か、二位になるのが、津島恵子、桂木洋子の二人なんですよ。津島さんと桂木さんとはタイプが違うんですよ。桂木さんは、竹久夢二が描く絵のように可憐でね、儚い感じがするんです。しかし、芝居はきっちりできましたですね。その桂木さんを追いかけてね、いろんな映画を見て回りました。『善魔』（五一）なんて、三國連太郎さんがデビューした映画がありました。木下恵介監督です。これにも桂木さんが出ましたけどね。この人の持ち味を実に上手く活かしたのが、『宵待草恋日記』（五〇）という映画で、これは竹久夢二が主人公で若原雅夫という二枚目が演りました。竹久の恋人の彦乃っておりまして、これを桂木洋子さんが演ったんですよ。

戸田　私らは、黒澤さんの『醜聞　スキャンダル』（五〇）で、志村喬が演じた蛭田って弁護士の病気で寝たきりの娘役の桂木洋子が印象に残っていますね。可憐で大きな瞳で布団に寝ている。その不幸を志村喬が酒を飲んでは愚痴るんですね。天使みたいな娘です。この印象が非常に強いですね。

浜村　でね、『宵待草恋日記』って、京都二条河原に宵待草をブゥワァ〜〜ッと敷き詰めてね、そうして竹久夢二と彦乃、この二人の姿を花の中で撮っているなんて印象的な場面がありましたね。その他たくさんあるんですよ。

戸田　『日本の悲劇』（五三）っていう木下恵介監督の作品がありますね。

浜村　これは望月優子が上手かった。

戸田　この時は、その望月優子の薄情な娘。苦労して育ててもらったのに姉弟で母を捨てる。この映画が『醜聞　スキャンダル』の時の天使のような可憐な娘が、こんなことになるのかっていうぐらいにショックでした。

浜村　ハッハハハハ……！

戸田　この時代の女優さんてなんでもできるんだという印象があります。

浜村　それは要求されますね。逆になんでもできない人は脱落してゆくわけですよ。それでね、今から五年ほど前にNHKの時代劇でね、『はんなり菊太郎〜京・公事宿事件帳〜』というのに、私は三本出たんですよ。で、その時ね、全然別な仕事で黛りんたろうさんという、これまた監督ですよね。撮影所の庭に来て、立ち話をしてはったんです。と、桂木洋子さんは、黛敏郎さんと結婚したでしょ。世界的な音楽家ですね。音楽家やけど、ニュースキャスターをテレビでやってました。すると黛りんたろうさんは、桂木さんの子どもやないかと。もう側まで行ってね、訊ねたかったんです。「私、あなたのお母さんの追っかけをやってたんですよ」って言おうとしたんです。「お母さんはお元気ですか」と言って。でも他の人と立ち話をしてはったんでね。それを割って入るということをやりにくいじゃないですか。

戸田　寅さんみたいに、前を行ったり来たりしたら良かったんじゃないですか。

浜村　ハッハハハハ……！　ホンマやね。で、ついに黛りんたろうさんと話ができずにね。りんたろうさんは、何本もアニメや映画を撮ったりしてるでしょ。結局、話ができないまま終わったんです。もし、あの時に話ができていたらね、「いや、おっしゃるとおり、ぼくは桂木洋子の息子なんですよ。父は黛敏郎ですよ」と、そっから始まってね、いろんなお母さんの話を聞けたんですが、一言も聞けず終いで、つい先年（二〇〇七年三月）、桂木洋子さんが亡くなったでしょ。

戸田　浜村さん、少年のようですね。

浜村　でね、桂木洋子さんはそういう想い出がありますね。いい映画がたくさんありましたわ。

戸田　原節子さんが去年（二〇一五年九月五日）亡くなられて、この時も浜村さんは、原節子さんのことをよくお話しになっておられましたですね。どの作品が最初印象に残られましたか。

浜村　『河内山宗俊』（三六）です。十五歳の時に甘酒を売ってる娘役。あの時の可愛いらしさって、痺れるぐらい可愛らしかったですね。

戸田　後年より痩せてますね。

浜村　そして右足の親指とね、左足の親指を重ね合わせて立っている場面があるんです。可愛いかったですね。無頼者に憧れる弟のことを心配して、心配してね、お姉ちゃん、いろんな手を尽くして弟を立ち直らせようとするでしょ。

戸田　荒くれ者がたむろする店の前を行ったり来たりしてましたね。

浜村　いや～、現在、山中貞雄監督の作品って、三本しか残ってませんが、三本ともホントに名作ですね。

戸田　『人情紙風船』（三七）なんか外国映画みたいな感覚ですね。

浜村　そうですね。ちょうど小説で言うとね、山本周五郎の作品ですよ。周五郎さんて、時代小説ばっかり書くんですよ。でも根底に西洋文学がありますね。『人情紙風船』という映画は、あれと同じテイストですよ。

戸田　前進座総出演ですね。

浜村　そうなんです。で、『丹下左膳　百万両の壺』（三五）でしょ。

戸田　これは面白い映画でしたね。

浜村　もう初めからね、おかしい映画ですね（笑）。澤村國太郎って、長門裕之、津川雅彦のお父さんでしょ。あの人が出てくる場面からおかしいですよね。

戸田　それから、あのねのおっさんが漫才風のコメディリリーフで出てきますね。

浜村　鳥羽陽之助という剣戟スターと、高勢実乗の二人が廃品回収の役を演るんですね。ひとりは背中から籠を、もうひとりは腰に籠を吊るしてね、ヘンな歩き方をしながら、二人で、ヒョッコヒョッコ、ヒョッコヒョッコ……出てくるんです。おかしかったですねえ。

戸田　もう大河内傳次郎の丹下左膳が、とにかくおかしいですね。

浜村　大おかしい（笑）。あの丹下左膳は女のヒモですからね。

戸田　彼女が、芸者さんの……？

浜村　新橋喜代三！

戸田　これがいいんですよね。

浜村　「明治一代女」って歌は、新橋喜代三がレコーディングしたもんですよ。そして新橋喜代三が矢場の女将でしょ。的に打って当たれば、ドンドンと太鼓が鳴って、たくさん当たれば商品が出るという。女将のヒモが大河内扮する丹下左膳で、ボロカスに言われてるんですよね。ヒモやから。

だから丹下左膳がオロオロするんです。

戸田　まあ、シャキシャキッとして男っぽい女将なんですよね。

浜村　そうなんです。あれ、撮影の時ね、新橋喜代三と言うても、歌は上手いですよ、三味線も弾けます。で、♪浮いた浮いたと　浜町河岸に　浮かれ柳の　はずかしや　人目忍んで　小舟を出せば　すねた夜風が　邪魔をする…と、この「明治一代女」を歌わせたら上手い。ところが芝居は急にはできない。そうすると彼女が芝居をなんべんやってもできないと、酒を飲ましたってね。酒が好きなんですよ。

戸田　イメージとしては、やっぱり玄人の感じがよく出てましたね。

浜村　よーく出てますよ。セリフ回しはテンポが早いしね。チャキチャキチャキチャキッとしゃべるでしょ。

戸田　〝小顔〟と言うんですか。顔の小さいね。

浜村　で、いき詰まるとスタッフがやってきて酒を飲ますんですって（笑）、そしたら上手いこと撮影が進んだって。

戸田　なるほど。お座敷と一緒なんですね。原節子さんは、やっぱり小津さんの作品が印象に残っていますか。

浜村　小津さんの作品で大きく育った、大成したと言われますが、私はやっぱり『青い山脈』（四九）が好きですね。

戸田　私は『お嬢さん乾杯！』（四九）が好きです。

浜村　あ、木下恵介監督の。それから、『安城家の舞踏会』（四七）、吉村公三郎監督ですね。これも良かったですね。

戸田　原節子をどれか一本見るべきとなったら、『東京物語』（五三）かなとは思うのですがね。

浜村　皆そう言いますね。そうかな？と私は思うんですね。ほかにいいもんは、まだまだたくさんありますからね。

戸田　そう大したものではないものもたくさん出てますね。『大番』シリーズ（五七～五八）みたいな作品にも出てますね。

浜村　最後の映画は、東宝の『忠臣蔵　花の巻・雪の巻』（六二）でしょ。なんの役でしたっけ？

戸田　あれですよね。大石内蔵助の妻……。

浜村　あ、りくの役！　よく多くの人が瑶泉院を演ってたって誤解するんですけどね。そうじゃなかった。大石りくですね。

戸田　あの作品は、東宝スター総出演映画の第一回作品ですね。もともと三船敏郎を大石内蔵助にするつもりだったのが、『椿三十郎』（六二）の撮影に入ってて髭が剃れないっていうので俵星玄蕃で出てくるんですよね。

浜村　ハッハハハハ……！　あれは実在の人物やないんですよ。

戸田　森繁久彌さんなんかは、宿屋の親爺みたいなので出てくるんです。それでもふざけてるんですけど、三木のり平さんなんか男芸者と言うてね、赤い着物を着て踊ってますからね（笑）。

浜村　（笑）。とにかく八代目松本幸四郎さん、今の幸四郎さんのお父さん、のちの松本白鷗さんが大石を演っています。浅野内匠頭は誰が演ったんですかね。

戸田　加山雄三ですね。

浜村　おおよそ時代劇には合わない……（笑）。まあ、会わんことはないか。黒澤の『赤ひげ』（六五）に加山さんは出てますからね。保本登という役ですね。ただ、有名な話ですが、幸四郎さんと森繁さんが面と向かって演技合戦をやるところを、森繁さんがわざと外していくでしょ。まともに受け止めたら、天下の名優、歌舞伎の名優、松本幸四郎さんとは五分で芝居ができにくいと森繁さんが外してゆくというところがおかしいですね。

戸田　森繁さんて、そうやって勝とうとしますでしょ。

浜村　そうなんです……そうなんです。だからその話を知ってて見ると実におかしいですけどね。芝居を外すんですすよね。

戸田　脇役で出た時のほうが、森繁さんとか渥美清さんって、怖いですよね。主役を喰おうとしますからね。

浜村　なるほどねえ。

戸田　『事件』（七八）という野村芳太郎監督の作品がありますね。

浜村　大岡昇平さんの小説が原作ですよね。

戸田　この作品なんか、森繁さんは裁判の証人なんです。金物屋の親爺みたいな役で出てきて、散々個人プレーを演りますよね。ああいう人ですね。

浜村　名優を脇へ廻すと主役としては怖いですよ。

戸田　『秋日和』（六〇）という作品は、原節子さんと司葉子さんの母娘ですよね。これは、笠智衆と原節子が演る、ある種、婚期を逃した娘にどうこうっていうパターンの裏返しにしたような作品でしたね。

浜村　だから、司葉子が反抗するでしょ。で、原節子は洋裁学校の先生で、その学校の校長先生を演ってたのが十朱幸代さんのお父さんです。

戸田　十朱久雄さん。

浜村　その奥さんの役を南美江さんと言いまして、宝塚出身の名女優、名脇役でね。私がいちばん感心したのは、前にもお話ししました、美空ひばりが主演した『伊豆の踊子』（五四）ですね。

戸田　こういう脇役が上手い女優さんもあんまりいなくなりましたですね。

浜村　もう鬼気肌に迫るというくらい上手かったのは、杉村春子さんですね。この人は脇と言うたら失礼で本当は主役なんですからね。

戸田　浜村さんの目から見て、原節子さんの魅力ってどのへんにありますか。

浜村　ものすごく日本的で西洋的な、上手くコラボレーション——混じりあっている良さです。

戸田　原さんより少し先輩になりますか。轟夕起子さんもそんな感じでしたね。

浜村　まあ、私から言うと轟夕起子は好きでしたけどね、ちょっと明るすぎた感じがしますけどね。『ハナ子さん』（四三）さんなんて、戸田さん、知ってるかな？　杉浦幸雄の漫画なんです。この『ハナ子さん』という映画が、♪お使いは　自転車で　気軽に行きましょ…っていうあの歌です。

戸田　そうですか。

浜村　あれ、轟夕起子主演の『ハナ子さん』という映画の主題歌なんですよね。

第五章　浜村淳が出逢った映画スター・男優篇

女優篇に引き続いて、この章では浜村淳が出逢った男優スターたちの想い出を語る。三船敏郎、市川右太衛門、片岡千恵蔵、嵐寛寿郎、大河内傳次郎、長谷川一夫、市川雷蔵、萬屋錦之介、石原裕次郎、植木等、フランキー堺、森繁久彌、伴淳三郎、三國連太郎、緒形拳、鶴田浩二、若山富三郎、仲代達矢、丹波哲郎、小林旭、加山雄三……らと出逢った時の印象や、出演映画について大いに語っている。

三船敏郎、市川右太衛門、片岡千恵蔵、嵐寛寿郎

戸田 今までは女優さんで浜村さんがお会いになった方のお話を伺ってきましたが、男優スターにもたくさんお会いになっておられますよね。度々話に出てくる黒澤映画を代表するスターの三船敏郎さんにもお会いになってますでしょ。

浜村 三船さんにもね、一度だけ会いましたがね、この間、テレビにお嬢ちゃんの三船美佳さんと一緒に出ましてね、お父さんの思い出話をすると、ものすごく喜ばれましたね。今は時代が新しくなって、三船敏郎さんのことを知っている人が少ないんですよね。

戸田 海外では、今でも現役と同じような扱いなんですがね。

浜村 そうらしいですね。私が三船さんに会いました時はね、要するに『用心棒』（六一）とか『椿三十郎』（六二）とか、そのほかの豪快な、豪放なタイプでしょ。人が本人もああいうタイプやと誤解するんですね。ところが、実に神経の細やかな、そういうタイプで、まるで映画で見るのとは反対でしたね。で、一昨年（二〇一四年）、京都の映画祭でご子息に会ったんです。三船史郎さん。

この史郎さんが岩下志麻さんと共演して、『その人は女教師』（七〇）という映画を撮ったんです。その時、この三船史郎さんがすごく好感の持てる、そういう人物でね。撮影が終わってから、特に三船史郎さんのために打ち上げパーティで何かプレゼントを贈ったと言いました。もう今はすっかりお年ですよ。で、外国をはじめ、あっちこっちでお父さんが作ったレストランの跡を継いで経営してますわ。

戸田 三船プロの社長でもありますね。

浜村 それもやってますね。それから『雨あがる』（九九）という映画を撮りましたね。

戸田 小泉尭史監督ですね。お殿様役を演ってましたですね。

浜村 その後、あんまり出ないですね。まあ、初めてご子息に会いましてね。実に律儀なタイプで、もうキチンとして丁寧に受け答えする。「ああ、お父さんと似てるなあ」。お父さんには一回しか会ってないんですけどね。「ウワッハハハハ……！　それはこうなんだよ。ウワッハハハハ……！」。そんなタイプじゃ全然ない。むしろ市川右太衛門という人が「ウワッハハハハ……！」というタイプでしたね。

戸田 あのままの方なんだそうですね。

浜村 旗本退屈男のまんま（笑）。

戸田 右太衛門さんは、なんべんもお会いしてるんですよね。

浜村 なんべんも会いましたけどね、いつも酒飲んで酔うてはる時です。だから、「わァ～、浜村さん、今度は東映まつりの司会に来てくださいよ！　ウワッハハハハ……！　好きなことをしゃべってていいですよ。ウワッハハハハ……!」。NHKの『ゲーム　ホントにホント』というクイズ番組でゲストとしてお招きした時に、この時だけは酔ってなかったですね。

戸田　酔ってない時はどんな感じになるんですか。

浜村　話は面白かったですよ。「額に見ゆる三日月傷は、ご存知旗本退屈男、早乙女主水之介の印であるぞ。平安城騒ぎの折、ひとさし舞って見せようか」てなことでね、あの傷はいつつけたんやという問題です。正解は右太衛門さんにお話しいただくという、そういう問題やったんです。浅草かどっかでね、早乙女主水之介が加賀藩やと思います。加賀藩と言うたら前田百万石ですよね。その複数の侍と喧嘩して、額に傷をつけられたと、そういう設定に佐々木味津三の原作ではなっているということをね、お話ししはったですね。

戸田　東映時代劇っていうのは当時は様式美ですからね。洞窟の中から金蘭豪華な着物で出てきますよね。

浜村　退屈男が洞窟へ入っていって、出てきた時にはもう衣装が変わってるというね。『旗本退屈男　謎の南蛮太鼓』（五九）という映画でね、東映に訊いたんですよね。「沖縄に行かはんねんで。行ってはるところを見たら荷物を何も持ってない。お供ひとり連れてるだけで、なんであんなに衣装が変わるねん?」と言うたら、東映の宣伝部が答えに詰まってね。「あ、あれは退屈男が衣装を航空便で送ってはんねや」「アホなこと言いなや。江戸時代に航空便があるかいな!」。

戸田　まだ、船ならね。

浜村　船やったら、まだ分かる。航空便でやて。

戸田　同じ東映の御大ということでは、片岡千恵蔵さんは、どんな方でしたか。

浜村　千恵蔵さんは、私の印象では、右太衛門さんが豪放磊落な感じで二言目には、フワァハハハハ……！という人でありましたがね。日本舞踊とか茶道はきっちりと勉強してはるんですねえ。それに対して、千恵蔵さんは、わりと神経質なタイプやったと思いますね。ただ、芝居もセリフ回しもやっぱり両御大は上手かったでしょ。

戸田　そうですね。独特の声色で、やっぱり歌舞伎から出てる人は独自のセリフ回しを持ってますね。

浜村　そうなんです。そしてね、千恵蔵さんの場合は、片岡仁左衛門さんのお祖父ちゃんやったかな。何代か前の仁左衛門さんが塾を作ったんですってね……。

戸田　十一代目片岡仁左衛門ですかね。

浜村　子どもたちを歌舞伎の世界へ入れて歌舞伎役者を育てるための塾を作った。そこへ千恵蔵さんがお母さんに連れられて入ってきたと言うんです。神経質と、もうひとつね、人の噂では女性に惚れっぽい人やったと。で、『三本指の男』（四七）なんかね、松田定次監督で撮った時に相手役が原節子ですよ。この時も（笑）、原さんに大いに惚れたという説がありますね。

戸田　浜村さんがお会いした時はどんな感じだったのですか。

浜村　ごく普通でね、御大と言っても威張ったりしないですね。昔は皆そうでしたね。嵐寛寿郎とかね。

戸田　アラカンさんは、もっと気さくな感じがしますねえ。

浜村　気さくでしたね。ただ、私が会うたのは、テレビに一緒に出たりした、そういう時はもう晩年ですからね。何を言うても、「はいッ……そうです……はいッ……そうでございます」というタイプに変わってましたね。

戸田　テレビ朝日の『徹子の部屋』に出られて、黒柳徹子さんに「奥さまに頭が上がらないそうですね」と言われて、「上がりまへんね」「どうして上がらないんですか？」「銭借ッてまんねや……」（笑）。

浜村　（笑）。奥さんに銭を借りてる？　へェ〜！

戸田　普段は、昔のおじさんみたいな方だなあと思いました。

浜村　平気で関西弁丸出しでしゃべりますね。「そんなことありまへん！」とかね。で、その時の奥さんだと思います。そのご夫婦とうちの夫婦ともう一組、どなたかのご夫婦三組がテレビのクイズ番組に出たことがあるんです。そのあとですね。これは、まあどうでもええことですが、私がNHK東京の帰りに、新幹線で風邪薬を飲んだら、睡眠作用が酷くてね、もう朧なんですね。そこへ同じ車両にアラカンさんご夫婦が乗ってはって、そしたら奥さんが挨拶に来てくれはったんですが、ロクに返事もできなかったですね。で、あとでお詫びの手紙を書きましたけどね。あの時、アラカンさんが来ていて、こっちが朧でロクに返事ができなかったら、もう大々失礼ですよね。だけど若い頃のアラカンさんって、綺麗でチャンバラの殺陣がまたいいですね。腰がスッ――ッと伸びるんですもん。ああいうチャンバラができる人が少なかったですね。で、どんな遠くへ追っかけの人が来ましても、愛想を振り蒔かなかったらしいですね。「はいッ、ご苦労さんです！」と、一言で終いやったと言いますね。

大河内傳次郎、長谷川一夫、市川雷蔵

戸田 大河内傳次郎さんには、会うてはりますか？

浜村 大河内さんはね、実はご子息が私が行っていた同志社大学の一学年上にいてはったんです。それでサンヨー電機へ就職しはりましたけどね。大河内さんが大河内山荘を持ってる。あの有名な嵐山の別荘でしょ。京都の街が一目で見下ろせるんですね。そこでお会いしたと思うんですけどね。

戸田 どんな感じの方ですか。

浜村 あのね、真面目な区役所の課長さんみたいな感じやったです。

戸田 全然、大物風じゃないじゃないですか。

浜村 いや、それでもオーラが出てますよ。大々スターですからね。でもね、昔のスターって、むしろなんであんなに威張らなかったんやろかと（笑）、今ね、なんであんな威張んねやろかという人がいますね（笑）。

戸田 誰ですか？（笑）

浜村 言ってもいいですか（笑）。そ〜ら、もうね、人の話にロクに返事もしないんですよ。向こうから来てくれ言うて頼みながらね。それは良くないと思いましたね。

戸田 長谷川一夫さんは、『近松物語』（五四）の撮影を見学されていますが、浜村さんは親しかっ

たのですか？

浜村　いや、親しくはなかったですね。でも、前にもお話ししましたが、私の実家があった京都の鷹峯は時代劇ロケーション撮影の本場ですからね。いろんなスターが来ました。市川右太衛門さんも『天狗飛脚』（四九）という映画で来ましたね。『修羅城秘聞　双龍の巻』（五二）という映画で、長谷川一夫さんも轟夕起子さんも来ましたですね。そんなんは、まだ私が子どもか、学生時代ですからね。

戸田　お仕事でいろんな映画スターにインタビューされている頃は、長谷川さんはまだ現役でしたからね。

浜村　現役でしたけど、会わなかったですね。

戸田　長谷川一夫さんも普段は関西弁ですね。同じ大映のスターで市川雷蔵さんにはお会いになってはるんでしょ。

浜村　雷蔵さんは、一、二度会いましたですね。ものすごく映画と素顔の違う人で、ホントに普通の人でしたね。

戸田　撮影所でお会いしたのですか。

浜村　撮影所で、下駄をカラ〜ン、カラ〜ンと音をさせて、引きずってくるんですよ。勝新太郎さんとは反対のタイプでしたね。

戸田　なんか普段は銀行員みたいな感じですよね。

浜村　（笑）。ごく普通のね。まあ、雷蔵さんが銀行員で大河内さんが区役所の課長みたいな、そういうタイプでしたね。

戸田 そしたら、勝新さんは、だだけ者みたいなもんですか（笑）。

浜村 もうヤンチャやけど、話のめちゃくちゃ面白い人でね。サービス精神が旺盛です。ジェスチャー入りで話をするんですもん。

戸田 雷蔵さんて、普段はどんなしゃべり方をしはる人なんですか。やっぱり関西弁、京都弁ですか。

浜村 ええ声してはりましたね。恐らく京都訛りでしょうね。

戸田 通る声でしたね。

浜村 通る声！　そのとおりです。スゥ――――ッと通るね、鼻から抜けるような声と言うんですか。だからセリフが聞きやすいんですよね。

戸田 眠狂四郎の時は、わざと鼻声にしてますよね。

浜村 わざとやってんのかなあ？　普通ね、扮装、メーキャップなしで撮影所の中を歩いててもね、これが雷蔵さんやとは分からないくらいのタイプでしたね。

戸田 メーキャップを塗ると変わるらしいですね。

浜村 変わるでしょ。キャラクターもガラッと変わるらしいですよ。役になりきるというかね。

戸田 浜村さんは、市川雷蔵ではどんな作品がお好きですか。

浜村 う〜ん、『新・平家物語』（五五）の若き日の平清盛ですね。これ、溝口健二監督、世界の名監督ですが、前にも言いましたが上流階級を撮らすと苦手な人なんですね。遊郭の女とか、夜の女とか、どん底に喘いでいる女……非常に言葉は悪いです。下層階級の女を描かすと、寒気がするほど上手いんですね。『西鶴一代女』（五二）なんかね。しかし、『新平家物語』、あれ、平家がだんだん貴族になってゆくでしょ。それから玄宗皇帝と楊貴妃の物語。玄宗皇帝を森雅之で楊貴妃を京マチ子が演った。『楊貴妃』（五五）というタイトルの映画で、これも上流階級もええとこじゃないですか。こういうものを描かすとなぜか大味になりますねえ。ただ、青年清盛は雷蔵さん、見事に演りましたね。ほかには『薄桜記』（五九）……。

戸田　『薄桜記』は良かったですね〜！

浜村　あれは良かったでしょ。

戸田　忠臣蔵外伝。最後は片腕を切り落とされた上で殺陣を魅せる。

浜村　で、勝新太郎も出てきましたね。

戸田　堀部安兵衛の役ですね。

浜村　森一生監督ですね。森一生監督は、黒澤明監督の脚本で、『荒木又右衛門　決闘鍵屋の辻』（五二）。これは三船敏郎主演ですね。雷蔵さんで言えば、私はほかに『陸軍中野学校』。これは、シリーズ（六六〜六八）です。それから『若親分』というヤクザシリーズ（六五〜六七）もありましたけどね。品の良い人でしたから、どっちか言うたら、私は青年清盛を演った『新平家物語』が好きでしたね。

戸田　『濡れ髪』シリーズ（五八〜六一）というのがありましたでしょ。

浜村　ありました。『濡れ髪牡丹』（六一）とかありました。

戸田　これが二枚目半みたいな役で、ああいうのが雷蔵さんの個性が生きるように思いました。
浜村　『弁天小僧』（五八）も良かったですよ。
戸田　あ、歌舞伎ものね。
浜村　歌舞伎の人ですからね。
戸田　それから文芸もの。『ぼんち』（六〇）とか。
浜村　『ぼんち』は良かったねえ。市川崑監督で、これは良かったですわ。で、ぼんちをめぐる何人かの女も良かったでしょ。ちゃっかりしてる若尾文子。
戸田　若尾文子は、ぽん太っていう芸者で、関西弁で啖呵を切るところが上手かった。
浜村　上手い。それから京マチ子が出てたでしょ。
戸田　越路吹雪、中村玉緒も出てました。
浜村　そうです、そうです。あの時の雷蔵さんも良かったですね。
戸田　あとは『炎上』（五八）ですか。
浜村　金閣寺に火をつけるね。
戸田　これも市川崑監督ですね。
浜村　崑監督です。でも私ね、金閣寺に火をつける映画では（笑）、なんと言うても『五番町夕霧楼』（六三）ですね。何本かあります。
戸田　佐久間良子さんのいちばん最初の作品がいいですね。
浜村　松坂慶子さんも演りました。その時は、あの火をつける坊ンさんを奥田暎二さんが演ったりね。何人も演りましたけどね、『五番町夕霧楼』のほうが好きですね。金閣寺って、うちの実家の裏手なんです。昭和二十五年にね……。

戸田 燃えたのをご覧になってますか。

浜村 私はそれは見てないですねえ。

戸田 『炎上』はね、宮川一夫のカメラでね、キラキラ、キラキラ……と、灰が夜空で輝くモノクロ映画でしたね。

浜村 ほかに高林陽一さんでしたっけ、やっぱり撮ってますね。なんというタイトルやったかなあ?

戸田 『金閣寺』(七六)。

浜村 『金閣寺』でしたね。ATGの映画でした。

中村錦之助(萬屋錦之介)、石原裕次郎

戸田 雷蔵さんは大映のスターでしたけど、東映で言うと中村錦之助――萬屋錦之介さんも何度もお会いになってはりますよね。

浜村 この方は何度もお会いしてますね。

戸田 錦兄ィと言われてましたが、どんな感じの人ですか。

浜村 要するに江戸っ子ですよ。

戸田 あ〜、一心太助ですか。

浜村 チャキチャキの一心太助。沢島忠監督の『一心太助』シリーズ（五八〜六三）がありましたが、チャキチャキの江戸っ子です。

戸田 あんな感じですか。

浜村 あんな感じ、そのまんまですよ。そうですね。錦之助さんは良かったですね。魅力がありましたね。キャラクターが際立っていました。

戸田 それとなんでしょうね。可愛い男前みたいなところがありました。若い時は綺麗な青年でしたね。

浜村 はいはい、だから『関の弥太っぺ』（六三）なんか、前半は水も滴るヤクザで、後半はもう顔にザクッ〜ッと傷をつけて、黒い塗料か何かで化粧してね、いかにも十年間ヤクザ渡世で苦労に苦労を重ねた男、これが十年経って、お小夜の元に現れても、彼女は気がつかない。お小夜を十朱幸代さんが演っていましたね。

戸田 撮影時に十朱幸代さんに浜村さんは飛行機でお会いしたそうですね。

浜村 私が東京から帰る時に、同じ飛行機に十朱さんが乗ってまして、「どこへ行くんですか」と訊いたら、「東映京都撮影所へ行きます」と。付き人も何も付けずにひとりで飛行機に乗っていました。で、「なんの映画ですか?」「『関の弥太っぺ』」「あ〜、長谷川伸さんの名作じゃないですか。どんな映画になるか楽しみですよ」って言って別れた。映画ができました。山下耕作監督でしょ。これがまた名作なんですよ。

戸田　名作ですね。もう一本、『沓掛時次郎　遊侠一匹』（六六）っていう加藤泰監督の、これも同じく長谷川伸原作ですね。これはストイックな錦之助の時次郎でした。

浜村　これはおきぬを池内淳子さん。中で歌を歌う場面が良かったですね。

戸田　渥美清が、時次郎を慕う身延の朝吉というヤクザで、最初に出てきて、簀巻きにされて死んでしまう。こういう文芸的な作品といかにも東映時代劇っていう二通りの良さが錦之助作品にはありましたね。

浜村　『風雲児　織田信長』（五九）とかね、『反逆児』（六一）とか、いい映画がたくさんありましたね。でもね、やっぱり『一心太助』とかね、『越後獅子祭　やくざ若衆』（五五）とか、ああいうヤクザ者、いなせな感じが良かったですね。

戸田　下町と言いますか、庶民を演った時も魅力がありましたね。

浜村　私、錦之助さんに「あなたがまだ歌舞伎の世界にいらっしゃる頃に見ているんですよ」と言ったらびっくりしてましてね。「あんまりいい役やなかったでしょ」「ええ役やなかったです」。歌舞伎の『籠釣瓶花街酔醒』で、田舎から出てきた絹問屋……蚕を飼いまして、多くの絹を作ります。そこの主人・佐野次郎左衛門が生まれて初めて江戸の吉原へ来て、花魁道中の八ッ橋を見初めるんですね。その八ッ橋花魁を演ったのが、人間国宝、六代目中村歌右衛門です。

戸田　私らは後年しか知りませんからね。若い時代を見てる人は「あんな綺麗な役者はいない」って、言いますもんね。

浜村　もう水も滴る……と言うても言い足りないくらい美しい、そして果物で言うたらジューシーな、つまりパサパサに乾いた感じの（笑）、反対です。ホントに全身が瑞々しい。水が滴るんじゃないかと思うほどに綺麗。この中村歌右衛門が舞踊劇ですね。『鷺娘』というのを踊るんですよ。と、鷺の精が美しい女性になって、絹で貼った傘を雪の降る中、手に持って舞うんですね。で、ラストシーンでね、グゥ――ッと、後ろに反ってゆくんです。と、頭の後ろが舞台の床につくんじゃないかと思うほど、反りかえるんですね。

戸田 手を使わないブリッジですね。

浜村 そうです。実にしなやかでした。

戸田 歌右衛門さんのニューヨーク公演の時に、グレタ・ガルボが毎日通ってきて、歌右衛門に「LOVE LOVE LOVE」って電報を打つんですよね。それは伝説で聞いていたんですよ。その後、歌右衛門さんが亡くなってから、「六代目中村歌右衛門展」というのを各地で開催されて、大阪に来た時に見に行ったら、その電報が展示されていました。

浜村 そうですか。あのグレタ・ガルボですか。神聖ガルボ帝国と言われた、誰しも犯すことができない神聖な存在とされたガルボが歌右衛門さんのあの芸と姿に惚れ込んだんですね。

戸田 グレタ・ガルボが笑っただけで、「ガルボ笑う」とキャッチフレーズになるぐらいの人ですからね。

浜村 （笑）。それでね、その花魁道中、つまり置屋におります、花魁がお客に呼ばれてお茶屋へ行く間を花魁道中というショーにして見せるんですね。で、花魁の前に二人、幼い女の子が切り髪というおかっぱ頭にして両方の手を両袖の中へ入れて、花魁の前を歩きますね。

戸田　チャリン！と音が鳴る。

浜村　そのチャリン……金棒と言うんですね。若い衆が二人の道中の先頭に立って、金棒を引きずりながら、所々チャリン……という音をさせる、あの役のひとりを錦之助さんが演ってました。で、立派にスターになった人は、昔の話を言われると嫌がるじゃないですか。全然嫌がらなかったですね。「親父が三代目中村時蔵で、子どもが多くて生活も豊かじゃなかった。あんな役を演っていた自分が映画の世界へ来て、まさかこんなに成功するとは思わなかった」と言いましたね。

戸田　子ども時代から映画ファンだったんですね。雑誌「映画の友」の編集長をやっていらした淀川長治さんのところへファンレターを送ってきたんですって。ひらがなで「なかむらきんのすけ」と書いてあった。

浜村　それは俳優になってからですか？

戸田　俳優になってからでしょうね。「あ、これは時蔵さんの息子じゃないか」って、その頃から淀川さんとは交流があったそうですね。昔、テレビ朝日の『日曜洋画劇場』で淀川さんが映画解説をされていました。ある時に、テレビ朝日が放送する全番組の出演者を呼んでパーティをして、それを中継するという特番をやっていました。『日曜洋画劇場』のテーブルは、淀川さんたった一人です。そうしたら、会場の後ろのほうから「淀川さん、邦画もやって！」って叫んでいるのが錦之助さんでした。「まあ、錦ちゃんもいるね」って、淀川さんが答えていました。

浜村　ハッハハハハ……！　そういうことをね、照れたりせんとね、サラッとやる人なんです。ホントにチャキチャキの江戸っ子でしたね。例えば、『越後獅子祭り　やくざ若衆』の片貝の半四郎なんてね、歌もレコードも出ましたけど、セリフが入ってますね、「お陽ィさん、どうして孤児のあっしをそんなに泣かせるんですか」なんというセリフが入っている。いかにも「錦ちゃん!」「錦兄ィ!」という感じがしますね。

戸田　三船プロ、中村プロ、勝プロとスターのプロダクションが多くありました。石原プロ、石原裕次郎さんと浜村さんは同い年ですね（笑）。

浜村　ハッハハハハ……!

戸田　よく浜村さんの講演で「私と足の長さが同じだと言われています」とおっしゃっていますね（笑）。

浜村　長さがね。全然違うんですけどね。あの人はまた気さくな人でね。いかにも良い家のお坊ちゃんという、そういう人の良さを感じさせましたね。いつまで経ってもそうでしたね。

戸田　気さくに浜村さんに声をかけてこられたりしたそうですね。

浜村　それは放送中ですね。毎日放送が一日局長で裕次郎さんを呼んだ時にね、番組にまだゲストを迎える時間じゃない時に、私が放送をしていたら、いきなり後ろから入ってきてね、私の両肩へガシッと両手を置いて、「しばらくでした!」なんて言うのが裕次郎さんでね。「今のは裕次郎さんの声に似ていた」「紹介もなしになんであんなところに突然、裕次郎さんが出てきはるんですか」なんて、いっぱいリスナーから電話がかかってきました。普通なら、「今日のゲストは石原裕次郎さんです」と、そういう紹介が入るでしょ。突然やもんね。聞いてる人はびっくりしたと思うんです。映画が好きな人は「裕次郎さんの声やな」って分かりますからね。

戸田　ガキ大将みたいな人ですね。
浜村　そうですねえ。
戸田　浜村さんは、裕次郎さんの映画ではどんな作品がお好きですか。
浜村　うわァ〜ッ、難しいですね。『太平洋ひとりぼっち』（六三）なんて好きですね。
戸田　石原プロの制作第一作ですね。これも市川崑監督です。
浜村　そうですね。堀江謙一さんが単独ヨットに乗ってアメリカまで行った。この人の物語ですね。
戸田　芦屋の港から出て行くんですね。あの映画の時は、もう裕次郎さんは三十代ぐらいなのに、青年の声を出しますね。
浜村　で、お父さんが森雅之さん、お母さんが田中絹代さんですね。
戸田　田中絹代が上手いんですよね。
浜村　もうとにかく上手いんですよね。
戸田　で、妹が浅丘ルリ子ですね。暗い娘の役で、普段の浅丘ルリ子と全然違う。記者会見の場面で、「（朴訥と）兄ちゃんだから、成功すると思ってました……」と言うんですよね。
浜村　ハッハハハハ……！　はいはいはい……。
戸田　もう田中絹代は「死ぬ時はお母ちゃんと呼んでや！」と、鬼気迫る芝居でした。
浜村　いい映画でした。あの作品と『栄光への５０００キロ』（六九）。
戸田　三時間ぐらいある大作ですね。
浜村　あれは好きでしたね。

戸田　私は失敗作と言われて、お客さんが入らなかった、『ある兵士の賭け』（七〇）っていうのが好きでした。裕次郎さんは報道カメラマンでしたね。アメリカの兵隊がアレン大尉かなんか言う役名でした。

浜村　なんでヒットせんかったんでしょうね。

戸田　私は子どもの頃にテレビで何度か見ました。

浜村　あんまり大きな話題にもならなかったですよ。

戸田　石原プロの制作では、なんと言っても『黒部の太陽』（六八）でしたね。

浜村　まあ、そうですね。『風林火山』（六九）も良かったでしょ。上杉謙信の役でした。最終的な企画としては、大江山に住んでた酒呑童子という鬼を主役にした映画にとりかかってたんですよ。

戸田　鬼をチャールトン・ヘストンが演るとか言ってましたね。

浜村　公表しましたね。で、大江山に住んでいたのは、鬼ではない。日本に漂流してきた西洋人やと。なんか、酒呑童子じゃなくて、シュッテン・ドルフとか……そんな名前じゃないかって……。これ、どっちも伝説ですよ。話として面白いでしょ。

戸田　また、チャールトン・ヘストンが出るとね、確かに鬼みたいに見えますしね。

浜村　退治に行く渡辺綱を裕次郎さんが演る予定でしょ。そしたら話が流れてしもたんですよね。結局、確かその『ある兵士の賭け』は、その酒呑童子の映画の代わりに撮ったんじゃないですか。

戸田　この失敗で一度、石原プロは傾きました。

浜村　そうですね。まあ、スターというのは、自分の撮りたい映画を撮りたいから、自分のプロダクションを作るのですが、映画制作ができても配給する時は大会社を頼らないと、日本中の各映画館へフィルムが回りませんから、これで経済的に失敗するんです。

植木等、フランキー堺、森繁久彌、伴淳三郎

戸田 植木等さんは、六十年代のスターですね。ハナ肇とクレージー・キャッツの一員でもあります。植木さんは普段はどんな方ですか。

浜村 この方は、もう映画、テレビで見るのとまったく一緒で、飄々としたタイプの方でしたね。

戸田 明るくて？

浜村 明るくて。あんな映画やテレビみたいに底抜けには明るくはないですよ（笑）。

戸田 無責任男ではない。

浜村 そうですね（笑）。ジャズ喫茶へもよく一緒に出演したんですよ。京都のベラミとかね。

戸田 それは、クレージー・キャッツの時ですか。

浜村 クレージー・キャッツの時ですね。その時から芸達者ですね。で、ディック・ミネさんの「雨の酒場」やったと思うんですが、こんなんをソロで歌うんですよ。クレージー・キャッツのメンバーのひとりでありながら、あの人を活かして、ソロで、♪並木の雨の　ささやきを　酒場の窓に　聴きながら…なんて歌う歌なんですが、チョイチョイ、アドリブを入れるんですよ。で、「おい、そんなに飲むなよ」。そういうね、アドリブが入るのがおかしかったですね。

戸田　植木さんは、のちに名優のような扱いになりますね。ああいう風になると思わはりましたか。

浜村　そうですね。黒澤明監督の『乱』（八五）という映画からですね。だんだんと名優扱いでした。

戸田　あとは『新・喜びも悲しみも幾歳月』（八六）とかね。『乱』には、「お呼びでござる」とか言うセリフがあったんですね。

浜村　（笑）。「お呼びでない」というのが、あの人のキャッチフレーズでした。

戸田　日本テレビのバラエティ番組『シャボン玉ホリデー』（六一～七二）のギャグですよね。

浜村　ええ、それからいろんなバラエティショーにもね、麦わらで作ったカンカン帽を被って、縮のシャツに、毛糸の腹巻、縮のステテコ、下駄履いて、コウモリ傘を持ってね。実はこの風俗は大阪なんですよ。これでチョビ髭を生やしてね。まったく関係のないところへ出てきてね、ちょっとこう歌って踊って見せて、「はあ？　ハッハハハハ……！　お呼びでない？　お呼びでない？　こらまた失礼いたしました！」と言うてスッと引っ込むんです。

戸田　周りは吉本新喜劇のように皆倒れますよね。

浜村　そうなんですよ。そういう風な面白さに人気がありましたね。もともと、ジャズメンですから、ギターを弾くでしょ。そういうモダンさがあったんです。

戸田　この時代には、フランキー堺さんもおられましたね。

浜村　私はね、飛行機でいっぺん一緒になっただけなんです。フランキーさんもシティ・スリッカーズというコミックのオーケストラを率いてやっていた舞台はなんべんも見てますよ。ここに植木さんがいたんです。オーケストラでコミックバンドというのは珍しいですね。で、ウィリアム・テルの序曲なんかを演奏するんですよ。そして途中でピタッと演奏を止めるとね、植木さんが、水を入れたコップを持って舞台の前へ出てきてね、ひと口水を飲んでうがいでね、有名な一説を、ガラガラガラガッ……とやりながら、ウィリアム・テルの序曲を演奏する。こういうことで笑わせましたですね。

戸田　これは京都のベラミでもやったんですか。

浜村　いや、ベラミというようなあんな喫茶店にはオーケストラは乗っからないでしょ。京都・高島屋百貨店の裏に京都アリーナというアイススケート・リンクがありました。ここがチョイチョイね、急きょ舞台になるんです。そこでやっていましたね。

戸田　浜村さんが司会ですか。

浜村　いや、ぼくは客ですよ。のち阪急電車が四条大宮が終点やったのを延ばして、四条河原町まで来た時に、そのアイススケート・リンクはなくなりました。今は四条河原町駅になっていますね。そのオープニングは、私が司会をしています。その時は、宝塚の三鷹恵子とかね、そういうスターが阪急ですから来まして一緒に演りました。

戸田　フランキーさんとよく一緒に出ていた、森繁久彌さんは、浜村さんが話芸でもお手本にされていて、お好な俳優さんですよね。

浜村　そうですね。森繁さんは、ほら、芸としてはモダンですけれども、古い日本の情緒表現が結構上手でしょ。だから、「船頭小唄」なんか歌わせると泣かせるじゃないですか。

戸田　その反対に、もっとドライな役も上手いですからね。

浜村　そうです。軽妙なね、『猫と鰹節　ある詐欺師の物語』（六一）なんか詐欺師の役を演りましたもんね。そういう面で森繁さんって当たりがソフトなんですよね。

戸田　お会いした時はどんな感じでしたか。

浜村　私は梅田コマ劇場へね、まず番組のインタビューで行きましたけどね。一幕目と二幕目の合間ですよ。そんな時間をインタビューに指定してくるんですよ。で、楽屋へ行ったらね。大きな饅頭を二つに割りながらね、浴衣を着て、胡坐をかいて、「これ〜、あんた食べなさいよ」って言いながら、いろんな話をしてくれました。その時、印象に残っているのはね、「森繁さんて、子どもの頃からこんな愉快な人でしたか」って訊いたら、「いや、そうじゃないよ。わたしゃね、子どもの頃は泣き虫で弱虫でね、いつもピィーピィー、ピィーピィー泣いてばかりいるような、そんな子どもだったんだよ」って、そんな話をしてくれましたね。

戸田　森繁さんの映画では、前も『夫婦善哉』（五五）の話が出ましたですけど、ほかにはどんな作品がお好きですか。

浜村　私は『猫と庄造と二人のをんな』（五六）が好きです（笑）。それと『地の涯に生きるもの』（六〇）。

戸田　確かこの作品は、森繁プロの制作ですよね。

浜村　北海道ロケーションの時に森繁さんが作った歌が「知床旅情」ですよね。

戸田　羅臼でしたっけ？

浜村 羅臼です。あの作品も私は好きな作品です。原作は『オホーツク老人』です。

戸田 最後に森繁さんの老人が流氷に落ちて死ぬ。

浜村 『夫婦善哉』も、もちろん好きですしね。森繁さんは、テレビドラマでもいいものがあります。

戸田 TBSの『七人の孫』（六四、六五～六六）とか『だいこんの花』（七〇～七七）とかは有名ですよね。

浜村 いい映画と言えば、ほとんど好きな映画ばっかりですけどね。初期の『腰抜け二刀流』（五〇）などは、まだアチャラカで演っていました。

戸田 （笑）。あれは、元が『腰抜け二丁拳銃』（四八）ですけどね。

浜村 ボブ・ホープの映画のもじりですけどね。私が思うに日本の映画監督って、割合、喜劇が不得手な人が多いですね。だから、ギクシャク、ギクシャクしてしまうんです。まあ、最近では鶴橋保夫監督の『後妻業の女』（一六）ですね。黒川博行さんの小説を映画にした。あれはよくできてましたねえ。大竹しのぶが後妻さんになっては、遺産を取ってゆくという悪女の役で、これは上手かった。でもね、頭からドタバタ喜劇を撮った斎藤寅次郎監督の映画は、ガキがほたえるように割り切って撮っていますから、面白かったですね。

戸田 斎藤寅次郎監督の作品にも出ていた、伴淳三郎さんには、お会いになっておられますか。

浜村 伴淳さんは、うちの近所に住んでいたんです（笑）。

戸田 関西喜劇人協会の会長をやっていたんですもんね。

浜村　そうですね。それでね、私が京都の鷹峯の実家から中学校へ通う途中に伴淳さんが住んでいましたね。だからお会いすると「私は先生の家の近くに住んでいるんですよ」てな話をしたこともありますよ。

戸田　ズーズー弁のあのまんまですか。

浜村　あのまんまですね。で、喜劇役者って割合素顔は真面目な人が多いですよね。

戸田　伴さんは、マッチ棒かなんかで絵を描いたりしてはりましたね。

浜村　確かお父さんが絵描きさんやったんやないですか。山形の人ですから、ズーズー弁が出るんですね。「アジャパー」なんていうキャッチフレーズを考えだして、ものすごい人気がありましたね。

戸田　『名探偵アジャパー氏』（五三）とか、そんな映画がありましたね。

浜村　（笑）。『アジャパー天国』（五三）とかね、『トンチンカン　怪盗火の玉小僧』（五三）とか、おかしな映画がありましたね。

戸田　後半は『飢餓海峡』（六五）なんかが代表作ですね。

浜村　あれは名演ですよね。弓坂刑事でしたっけ？

戸田　そうですね。「北海道警察の弓坂っつうもんです」っていうヤツですね（笑）。

浜村　（笑）あれは、上手かったですね。

戸田　あれは内田吐夢監督からかなりしごかれたみたいですね。もう罵倒してね。伴さんと監督が同期ぐらいなんですね。

浜村　ヘェーッ、そうですか。で、高倉健さんが若い刑事でね。

戸田　そのボスが藤田進さん。で、左幸子が殺される娼婦で杉戸八重でしたっけね？

浜村　三國連太郎さんに殺されるね。伴淳さんも上手かったですね。特に火野葦平原作の『糞尿譚』とかね。

戸田　『伴淳・森繁の糞尿譚』（五七）でしたっけ？　野村芳太郎監督ですね。松竹だから、「伴淳・森繁」なんですよね。東宝なら、「森繁・伴淳」の順番ですね。

浜村　ハッハハハハ……！　面白いもんですね。

戸田　その時代は看板が大事ですね。

三國連太郎、緒形拳

戸田　この時代からの個性派で言うと三國連太郎という人は何度かお会いされているんですか。

浜村　何度もじゃないけれども、うちの番組にはゲストで来てはります。非常に丁寧な人でね、「私は若い頃ね、大阪府の八尾市で働いていたんですよ」てなことを言われてね（笑）。私らもびっくりしたわけです。関西に対する思い入れもありますしね。

戸田　怪優という感じですよね。

浜村　つまりなりきるからでしょう。歯を抜いたりね。そういうことをするから怪優と言われたりするんです。

戸田　『越後つついし親不和』（六四）の時に、小沢昭一さんと崖の上で押し合って突き落とすというシーンがあったそうですね。

浜村　今井正監督ですね。

戸田　この時に、小沢昭一さんが本当に崖から落とされそうになった。

浜村　ハッハハハハ……！　本気になるから。

戸田　「三國さん、芝居なんだから！」と言ったというエピソードがありますよ（笑）。

浜村　平手打ちを喰らわす場面では、本当に喰らわしたってね。

戸田　後半の『釣りバカ日誌』シリーズ（八八～〇九）は、もう好々爺になっていましたね。

浜村　もう、あのスーさんの役はね、ホントにええお爺さんですね。もう、浜ちゃんに振り回されてね。鈴木建設の大社長が、魚釣り、フィッシングを西田敏行の浜ちゃんに教えられて、社員が師匠の立場に立つわけです。スーさんは、厳しく、ボロカスに言われながらも一所懸命にフィッシングに喰らいついていく役。いいお爺さんの役でしたね。

戸田　あんな役を演るようになるとは、ズッと見てると思いませんでしたね。

浜村　そら、田宮虎彦の小説『異母兄弟』（五七）、この頃の三國連太郎の凄まじさ。軍人なんですよ。で、その家のお手伝いさんが田中絹代さんです。で、手を付けて、子どもを産ましてしまうんですよね。あの頃の怖さ、独特のもんでしたね。鬼気肌に迫る雰囲気を作るわけですから。

戸田　市川雷蔵さんと一緒に出た『破戒』（六二）なんかの役も怖かったですよ。

浜村　藤村志保が出た映画でしょ。

戸田　この作品がデビューなんですよね。『破戒』の原作者・島崎藤村の〝藤村〟と、志保というのは……。

浜村　この映画の役名をもらったんですわ。

戸田　『宮本武蔵』（五四）は、稲垣浩監督の時は、三船敏郎の宮本武蔵の幼馴染みの本位田又八でしたね。

浜村　尾上九郎右衛門さんが沢庵和尚を演ってましたね。

戸田　そのあとの内田吐夢監督の『宮本武蔵』（六一〜六五）では、沢庵和尚を三國連太郎さんが演ってました。この時は飄々として、いつもの凄みみたいなことはなかったですね。

浜村　アクの強い演技でね。『セーラー服と機関銃』（八一）でも、アクが強かった。

戸田　角川映画は、なぜか知りませんけど、三國連太郎が好きですよね。初期の作品はなんか言うと出てくるイメージがあります。悪役的な役でね。それから『マルサの女2』（八八）の宗教家みたいな役も怖かったですね。

浜村　ハッハハハハ……！

戸田　ほかにこの時代で言うと、緒形拳さんはどんな方でしたか。

浜村　緒形拳さんは、度々ゲストに来ましたね。私は緒形さんが出た新国劇が好きでね。もうズゥーッと見てましたけど、最後のほうは辰巳御大よりも緒形さんのほうが人気が高かったですね。というのは、大阪のミナミにありました、新歌舞伎座で新国劇は公演していました。で、舞台が終わってね、辰巳柳太郎さんとか緒形拳さんなんかが、五〜六人で固まってね、千日前まで歩いてくるのに、私は反対側から歩いていって、バッタリと出会ったことがあるんですよ。その時はもうすでに周りの人が、「あッ、辰巳や！」と言うより、「あッ、緒形拳や！」と言う人のほうが遥かに多かったですね。また、辰巳先生という人がね、髪の毛が短いままでね、風を構わず歩く人なんです。だからスターという感じを思わせない。緒方さんのほうがオーラが出てるんですよね。そんなことがありましたね。「私はね、辰巳先生の『国定忠次』が好きでね。山形屋を切り倒す、小松原の乱闘の場面で一瞬にして、二十人を斬るでしょ。で、斬り捨てて、山形屋のパッと突き出す槍をバサッと、真っ二つに斬って、そうして刀についてる血を手ぬぐいでシュッと拭いて、それをパッと投げ捨て、刀をパチンと鞘に納めて、着ている着物の袖で顔を隠して、スゥ――ッと花道に入るでしょ。胸もすくような見事な忠次でしたね」と言うと、「わしゃ、あんなスーパーマンは大嫌いじゃ」って辰巳さんが言うんですよね。『海猫とペテン師』とかね。これは菊田一夫さんの戯曲で実におかしい。「こういうのがわしは好きや」と言うてましたね。

しかし、ああいう劇団って、今ないですよね。で、漫才でもね、昔は「お笑い国定忠次」とか「お笑い赤城山」とかパロディをよくやったでしょ。今はそういうことをやらないじゃないですか。

戸田 元を知らないですからね。

浜村 お客も演じるほうも知らないですからね。

戸田 もう、『忠臣蔵』が分かりませんからね。

浜村 それでね、私が緒形拳という人を最初に意識したのも舞台ですね。京都南座で『喧嘩富士』という芝居を見ました。少し知恵遅れの少年の役やったですね。

戸田　それは、若い時代ですね。

浜村　若い時代です。それに相前後して、橋幸夫が「喧嘩富士」という歌を出したはずですよ。緒形さんは、『魚影の群れ』（八三）という相米慎二監督で、十朱幸代さん、夏目雅子さんが出た映画のキャンペーンで会いました。監督が下駄を履いてきたのをよく覚えています。もうひとつは、いしだあゆみさんと一緒に出た、『野獣刑事』（八二）、あの時もお会いしていますね。

戸田　気さくな感じの人ですね。

浜村　そうですよ。むっつりして何もしゃべらないというタイプの人ではなかったですね。

戸田　わりと物事を皮肉に、シニカルに見ているイメージがあります。

浜村　やっぱりそうかなあ……テレビの『国定忠次』では、辰巳先生の忠次に対して、緒形さんが山形屋を演っていました。これは見ているほうにとっては豪華な配役ですね。『王将』の阪田三吉も緒形さんは、演ってますねえ。

戸田　ご出身の新国劇に思い入れがやっぱりおありになって、その後の若手で劇団若獅子のお芝居なんかにも助演されていましたね。

鶴田浩二、若山富三郎、仲代達矢

戸田　鶴田浩二さんにも何度かお会いになっておられますね。

浜村　結婚式で一緒になったりね。高田浩吉さんの娘さんの結婚式とかね。京都の全日空ホテルやったと思いますがね。それから金沢の舞台を一緒にやってますわ。

戸田　舞台ですか？

浜村　舞台？　それね、藤純子、鶴田浩二、若山富三郎、山城新伍、こういった面々が出たんですよ。

戸田　それはお芝居ですか。

浜村　いやいや、バラエティショーですね。なんであんなことやったんやろ？　東映まつりか？　金沢ですよ。

戸田　東映の面々ですもんね。

浜村　そうなんですよ。で、私は司会なんですよ。鶴田浩二さんって片方の手にマイクを持って、片方の手を耳に当てて歌うでしょ。と、自分の声がよく聞こえると言うんですね。まあ、わりにどっちかと言うと、口うるさいほうの人ではあったと……（笑）。それはね、私が毎日放送テレビで二時台のワイドショー番組をやっていた時代にもね、梅田コマ劇場に鶴田浩二さんが出ていました。人見知りするタイプなんですかね、放送局からといえども初めて訪ねてきた人、会うた人には親しまなかったですね。

戸田　シャイなんですかね。

浜村　そうだろうと思いますけどね。しかし、改めてインタビューしたあと、「特攻隊の役でしょ。あのお話をスタジオへ来てお話しください」と言うと、ものすごくよくしゃべってくれるんですね。それで山城新伍がよく言うてましたけど、東映の任俠映画に出てね。殺された親分の一の子分が鶴田浩二さんで、殺された親分の実子、ホンマの息子が先日亡くなった曽根晴美さんなんですよね。その撮影の時に、一の子分の鶴田浩二さんが、「実子、悔しい気持ちはよく分かりますが、あっしが必ず敵をとりますから、堪えてください」という場面でね、カメラは角度をつけて撮るでしょ。鶴田さんが一言しゃべると、「カット!」という声が監督からかかって、カメラの位置を移動させる。そうするとその間に鶴田さんが、「曽根! 夕べお前、若い連中と一緒にドンチャン騒ぎして飲んだらしいな。そんなことをするのはまだ早い。そんなことができる身分ではないだろ!」って散々言うんですって。で、監督が「ヨーイ、スタート!」って声をかけると、「実子のつれえ気持ちはよく分かりますが、あっしがその敵をとりますから……」。「カット!」「曽根! なんちゅう態度だ、お前は。それで役者として大きいなれるのか!」。監督が「スタート!」。「実子、つれえ気持ちはよく分かりますが……」ってね、これの繰り返し……(笑)。

戸田 コントじゃないですか。

浜村 (笑)。コントになるねえ。曽根晴美が泣きだしたって。

戸田 曽根晴美さんて、すごい顔をしてはりましたもんね。

浜村 悪役にピッタリでね。

戸田 印象に残りますもんね。

浜村 でもね、役者、特にスターともなりますと、こういうエピソードが多いですよね。

戸田 若山富三郎さんがご一緒だったとおっしゃられましたけれども……。

浜村 若山さんは、うちの番組にも来られましたよ。『ブラック・レイン』(八九)の撮影のあとでね。

戸田　武勇伝の多い人ですよね。

浜村　そうらしいですね。金沢の舞台でご一緒になった時は、「私は酒というものは一切飲めないんで、饅頭ばっかり食べてますよ」というような話をされましてね、大いにお客さんが喜んでくれましたですね。豪快なタイプでしょ。『前科者』（六八～六九）という映画で尻斬り常というヤクザの役がシリーズになったぐらいヒットしました。

戸田　あと、『子連れ狼』（七二～七四）がありますね。

浜村　そうですね。いかにも酒を飲みそうな豪快なタイプですよね。

戸田　殺陣の上手さもよく言われますね。

浜村　殺陣は上手かったですね。

戸田　羊羹を煮てお弟子さんに食べさせたとか……（笑）。

浜村　その『前科者』の尻斬り常というね、すぐに喧嘩をすると、人のお尻を斬るというね、そんな役を演った。あの人はユーモアがあるんですね。面白い。

戸田　普段もですか。

浜村　まず、映画の役柄が面白いですね。『緋牡丹博徒』（六八～七二）の四国松山の熊虎親分ですね。赤い鼻で、その下に逆にした付け髭をして、「お竜はん、わてはお竜はんのためやったら、死んでもええ思とりまんねんで」って、あれが実におかしかったですね。ああいう一面がね、本人が無意識のうちに出るところがありましたですね。

戸田　弟の勝新太郎さんも三枚目が上手な方でしたから。
浜村　あの兄弟は面白かったですねえ。
戸田　仲代達矢さんは、生真面目な感じの方ですか。
浜村　生真面目なタイプですね。何回もうちの番組に来てますね。
戸田　新劇の代表的な役者さんですね。
浜村　名優ですからね。『春との旅』（一〇）というね、吹田出身の徳永えりが仲代さんの孫娘の役でした。それから仲代さんのお姉さんが温泉旅館の女将をやっていて、これが淡島千景さんなんです。で、柄本明さんが仲代さんが訪ねてゆくと酷い扱いをするんですね。「あの柄本明さんは上手かったですね」と私が言うと、仲代さんが「ホントにそうですね。私、一緒に映画を撮りながらね。本気で腹が立ってきたんですよ」（笑）って、あの名優の仲代達矢が言うんですよ。で、仲代さんと北村一輝が主演した、これまた『日本の悲劇』（一三）という映画があるんですよ。これでも上手かったですね。
戸田　仲代さんは、もう早くから売れた人ですよね。まあ、『人間の條件』六部作（五九〜六一）とかね。
浜村　それから小津安二郎監督の『秋刀魚の味』（六二）。
戸田　『秋刀魚の味』に出てましたか。
浜村　いや、もう分からないくらいの役ですよ。バーテンの役で出てたはずですよ。で、笠智衆さんがそこへ飲みに行くと、加東大介さん……。

戸田　海軍での部下ですよね。
浜村　潜水艦の艦長やったのが、笠智衆で、その部下が加東大介で、女将が岸田今日子ですよ。軍艦マーチを鳴らしながらね。敬礼しながら、そこらをグルグル回るような場面が面白かった。
戸田　潜水艦は狭いので、敬礼も手を立てるんですよね。
浜村　それ以前には『七人の侍』（五四）では、チョイ役で出てるんですよね。
戸田　通行人ですよね。左卜伝や土屋嘉男が侍を品定めしている時に通ってゆく侍のひとりですね。
浜村　通るだけですか。
戸田　それでも一日しごかれたそうですね。
浜村　ハッハハハハ……！
戸田　黒澤作品では『天国と地獄』（六三）の戸倉警部が好きですね。
浜村　これは上手かった。
戸田　ヘンリー・フォンダがモデルらしいですね。ですから、髪の毛をヘンリー・フォンダに似せるために抜かれたらしいですね。
浜村　淡々として、「こちら戸倉警部……」って言いながら連絡を取っていきますね。
戸田　でも、あれは酷い警部ですね。犯行を犯させて捕まえるんですからね。
浜村　山崎努が犯人でしょ。
戸田　新聞記者を煽ったりね。
浜村　横浜の有名な酒場で、アメリカの兵隊が入り浸ってた店の場面で、山崎努を張ってますね。

それからわざと犯罪を起こさせる。
戸田　麻薬患者を殺させるんです。
浜村　ちょっと酷いか……（笑）。
戸田　テレビドラマの『刑事コロンボ』でも、ちょいちょい犯人を罠にかける場面がありますね。

丹波哲郎、小林旭、加山雄三

戸田　丹波哲郎さんも、浜村さんがお好きな俳優さんですね。
浜村　はいはい……この人には、何回も我々が出ていたテレビ番組などでもゲストに来ていただきました。また、『空海』（八四）という映画では、広沢池か大沢池か、どっちかの池の畔にセットを組んで撮影したのを取材に行ったりしました。桓武天皇役ですよ。
戸田　北大路欣也さんが空海でしたね。
浜村　で、空海のおじさんの役が森繁久彌さんなんですよ。暑い暑い日でね、森繁さんはワンカット、撮影が終わる度に衣装を脱ぐんですよ。その時に、丹波さんがね、「この度、唐の国へ遣いを派遣するに当たって各々存念を思う存分に述べよ」って、こういうセリフを一気に言うでしょ。それが上手かったですね。
戸田　浜村さんと対局ですね。句読点で切らない。
浜村　ハッハハハハ……！

戸田　だいたい歌舞伎から来ているスターって、独特の声色がありますけど、丹波さんて、歌舞伎から来たわけじゃないですけども、ああいう声色的な口調ですよね。

浜村　ああいうしゃべり方をどこで習得したのかと思いますね。

戸田　誰が聞いても丹波哲郎って分かりますよね。

浜村　そうなんです。まあ、本人も言うてましたが、「私はね、人を煙に巻くのが好きなんだ」「なんですか、それ?」って訊いたら、「仕事がない時ね、進駐軍の通訳をやってたんだよ」「は〜、そんなに英語が達者やったんですか?」「いや、通訳をやらなきゃいけない時は、すぐ外へ遊びに行くんだ」って（笑）、そんなことを言ってね。撮影の現場でもそうやったらしいですね。雨が降っていた。丹波さんて必ず撮影に遅れてくるんです。そして丹波さんが到着したら、雨が止むんですって。「こらあね、私の霊力なんだよ!」。

戸田　（笑）。後半は『大霊界』でしたからね。わりにデフォルメしてしゃべる方で、軍隊へ行った時に、あんな調子ですからよく殴られたと、終いには剣山で殴られるんですって、「だから食事の時に、みそ汁を飲んだら、そのみそ汁が頬っぺたの穴から漏れてくるんだよ」「それは本当ですか」と訊くと、「いや、それぐらい殴られた」って言うんですよ（笑）。

浜村　恐らくね、剣山の針先やない、裏側で殴られたと思いますよ。

戸田　剣山が刺さって、その穴からみそ汁が漏れてきたって……そんなわけがない（笑）。

浜村　如雨露の先みたいですね。そんなことを大真面目で言うでしょ。面白い人でしたね。

戸田　日活のスターだった、小林旭さん、この人はどんな感じの方でしたか。

浜村　私は芸能人というのは、仕事で会う限りは、映画、芝居なら役というのがあって、それになりきるでしょ。またそれの影響を受けます。普段は普通の人ですよね。小林さんは、「昔の名前で出ています」。全日本有線放送大賞グランプリですよ。私が司会をしている時に「あの歌はね、有線放送からヒットしたんです。だから全日本有線放送大賞をお贈りすることにいたします。ただ、この歌がヒットするには、ひとりひとりが十円玉を公衆電話へ投げ入れてリクエストしてくださったお陰です」と言ったら、えらい感動しはりましてね。それからそれ以後、別の番組になんべん出てもこの話をしはるんですよ。「浜村さんがね、ひとりひとりが十円玉を公衆電話へ入れてリクエストしてくださった、その努力と有り難い行為が全日本有線放送大賞につながったんです」って、言うてはりました。ただ、よみうりテレビからの全国生放送は、二時間から二時間半の時もありました。フェスティバルホールから生中継です。で、私が「昔の名前で出ています」を、くどくど紹介してる時にね、作曲家の叶弦大さんが突然、ステージに出てくるんです。そしたらもう大賞がなんの曲か、作曲家は誰かということが全部分かってしまうじゃないですか。よくそういうことをやるなと思たらね、叶弦大さんって「下町育ち」とか、たくさんのヒット曲を書いてはりますよね。えらい酒飲みなんですって。私は、大阪十三のショーで叶弦大先生と二回ご一緒したんですよ。そうするともう到着したとたんに酒ですよ。

戸田　酔ってステージに出られるんですか。

浜村　酔って出るんです。ぼくがね、「叶先生、「下町育ち」「昔の名前で出ています」なんであんないいメロディが出るんですか」って訊いたら、酔うてますからね、「そ、そんなことを言うたかて、出てくるもんは出るんじゃ」って、答えにも何もなってない（笑）。

戸田　ただ、そういう才能を持った人って、なんとなくできてしまうということはありますね。

浜村　そら、ありますよね。学生時代、徹夜で勉強せんでもね、できる奴はできたんですから。一流大学へ入る奴は、当たり前みたいに入るんですもんね。

戸田　お芝居でもね、やっぱり才能がある奴はできますもんね。ある程度は努力してもできますよ。でも、それ以上は才能ですよね。

浜村　そうですよね。

戸田　一九六〇年代、加山雄三さんの人気は、すごかったんですってね。

浜村　ムチャクチャ人気がありましたね。で、世田谷区の千歳烏山駅って、今は立派な街ですよね。私が渡辺プロダクションにいる時は、ホントに鬱蒼と生い茂るね、森と林と山の街でしたね。

戸田　歌になりそうですね。

浜村　ホントにね。そこにミッキー・カーチスの家があるんですね。で、私がミッキーの家へ遊びに行ったんですね。あのへんを走っているのは、京王電車ですか。明るいうちに遊びに行って、夜帰るのが怖かったですね。その時、加山雄三さんが遊びに来てたんですね。そして三人でベチャクチャとしょーもない話をしてましたけどね。

戸田　その時が初めて加山さんに会った時ですか。

浜村　その時が初めてですね。で、加山の加は、彼は池端という本名でしょ。だから加山の加は、加賀百万石になるように、加をとったんですって。で、山は富士山みたいな人間になるようにと山をつけて。で、雄三は、英雄になるように、英雄の雄ですね。で、三は、阪急電車とか、宝塚歌劇団、東宝を作った大プロデューサー、小林一三にあやかって三という字をもらったんですって。これで、加山雄三になったという話をしてくれましたですね。で、私が「理屈っぽい名前やなあ」って言ったんですよ（笑）。そしたら、「いや〜、ぼくもそう思います」てなことを言いました。人気絶頂の頃ですね。

戸田　気さくな方ですか。

浜村　気さくでしたね。あの人もええ家の坊ン坊ンという感じでしたけどね。

戸田　上原謙さんのご子息ですからね。代表作は、東宝の『若大将』シリーズ（六一〜八一）ですかね。

浜村　そうですね。成瀬巳喜男監督の『乱れる』（六四）。スーパーマーケットを閉めてね。そうして、高峰秀子さんが田舎の温泉町で落ち合うという約束をしながら、事故に遭って、加山さんが来ないという。ああいうきめ細かな成瀬映画もありましたけど、『名もなく貧しく美しく』（六一）という松山善三、高峰秀子のご夫婦が作った作品で、聾啞者の高峰さんが島津雅彦ちゃん扮する孤児を育ててやる場面があるんですね。

戸田　その子が青年になって会いに来る。

浜村　そうです。自衛隊の自衛官になって、キリッと制服を着て、帽子をピュッと被ってね。パァーッと敬礼しながら、やってくるところで、高峰秀子さんが……。

戸田　高峰秀子が最後、車に轢かれて死んで会えない。

浜村　いや〜、あの時の加山さんは良かったですね。
戸田　あとは、やっぱり『赤ひげ』ですね。
浜村　まあ、『赤ひげ』（六五）は、せっかく長崎まで勉強に行ったのに、もう帰ってきたら見本とか、参考書を全部、三船敏郎の新出去定に取り上げられてしまうんですよね。でも、最後に内藤洋子と結婚しませんでしたか。
戸田　そうですね。加山雄三の保本登の両親が笠智衆と田中絹代でした。
浜村　女性を手術する場面がありましたね。
戸田　気絶するんです。それから二木てるみのおとよという貧しい貧しい少女を最初の患者として世話をするというね。
浜村　それでね、黒澤明監督、三船敏郎主演でさぞかし豪快な大チャンバラがあると思ったら、まったくないんですよね。
戸田　一説によると『天国と地獄』（六三）を撮りますよね。これをモデルにして、「吉展ちゃん事件」という誘拐事件が実際に起こりました。それで黒澤さんがショックを受けたので、ヒューマニズムな映画『赤ひげ』を撮ったという説がありますね。
浜村　ほ〜う。山本周五郎の原作ですね。
戸田　山本周五郎さんが「原作よりいい」と言ったそうですね。
浜村　そうですか。『赤ひげ診療譚』というのが小説のタイトルですよね。
戸田　映画はドフトエフスキーの作品も脚本に混ぜているはずですよね。

第六章　浜村淳が語っておきたい外国映画の巨匠たち

この章では、浜村淳が大好きな海外の監督・巨匠たちについて大いに語る。西部劇の神様と言われた、『黄色いリボン』『荒野の決闘』のジョン・フォード監督。『ベンハー』『ローマの休日』などのウィリアム・ワイラー監督。『逢びき』『アラビアのロレンス』など、小品の名作から大作までを撮ったデヴィッド・リーン監督。サスペンス映画の巨匠、アルフレッド・ヒッチコック監督。まずは、ターザン映画の話から始まる——。

まずは、ターザン映画の話から――

戸田　さて、ここからは、浜村さんに外国映画のお話を伺いたいと思います。

浜村　先日、『ターザン　REBORN』（一六）という映画を見たんですよ。私ね、子どもの頃、つまり日本が戦争に敗けて、二、三年経ちますと、ジョニー・ワイズミュラー扮するターザン映画がね、何本も日本に入ってきたんです。誰も彼も熱狂しましたね。ところが先日、ターザンの歴史を調べてみたら、ジョニー・ワイズミュラーって、昭和七年に『類人猿ターザン』（三二）ですでにターザン役を演ってるんですね。で、何本も何本も撮った。それが日本が戦争に敗けて、ドッと入ってきたんですね。我々が見たのは、つまりはリアルタイムのターザンじゃないんですね。で、昭和九年の『ターザンの復讐』（三四）というのは名作なんですよ。もう一本前の『類人猿ターザン』を見たんです。ジョニー・ワイズミュラーというのは、オリンピックで五つ金メダルを獲ってるんですね。それから水泳の国内大会に五十七回も出て、一度も負けたことがない。全部一位なんです。ところが役者としては、まったく素人でしょ。だからターザン役者として使うには、セリフを極端に少なくして、「ミー、ターザン。ユー、ジェーン」ぐらいしか言わしてない。まあ、これが成功したんですけれどもね。

戸田　ジェーン役のモーリン・オサリヴァンは、ミア・ファローのお母さんですね。この人は綺麗でしたね。

浜村　そのとおりですね。綺麗でした。そうしてたいへん健康的なエロチックな場面がたくさんありますよ。二人が川で泳いだりする。これまで十何人かがターザンを演っていますが、ジョニー・ワイズミュラーがいちばん人気がありましたね。

戸田　印象に残ってますしね。サイレント映画の頃からターザン映画は作られていますよね。

浜村　はい、エルモ・リンカーンという人が最初のターザンですよ。

戸田　ジョニー・ワイズミュラーは、三代目ぐらいですか。

浜村　六代目なんですよ。

戸田　落語の笑福亭松鶴みたいですね。

浜村　なんやそら！　笑福亭松鶴とジョニー・ワイズミュラーが一緒になるかッちゅうねや（笑）。そうなんです。それでね、晩年はちょっと精神的に乱れまして、病気で亡くなってます。でも、七十九歳まで生きてはりましたけどね。まあ、ターザン言うたら、ホントに憧れの的でしたね。

戸田　私らの時代は、テレビで夏休みなんかには連続でターザン映画を放送していました。

浜村　やってましたね。

戸田　それから、リバイバル上映っていう言い方ですよね。再公開されました。

浜村　今、ターザン映画が十本でね、千八百円で出てるんです（笑）。

戸田　ＤＶＤでですか（笑）。

浜村　一本百八十円や（笑）。これを買おうかどうかと考えてるんですがね。

戸田　百八十円ぐらい（笑）、浜村さんが三言しゃべったら買えますよ（笑）。

浜村　アホなこと言いなさんな（笑）。そやけれどもね、中にはつまらない作品もあるんですよ。

戸田　ボーイっていう子どもが出てきました。小象に乗ったりするね。

浜村　男の子がおりました。『ターザンの復讐』というジョニー・ワイズミュラーの二作目がいい出来ですね。もう象の背中に乗って大軍を率いてね、悪い奴あるいは猛獣をやっつけるという、こ

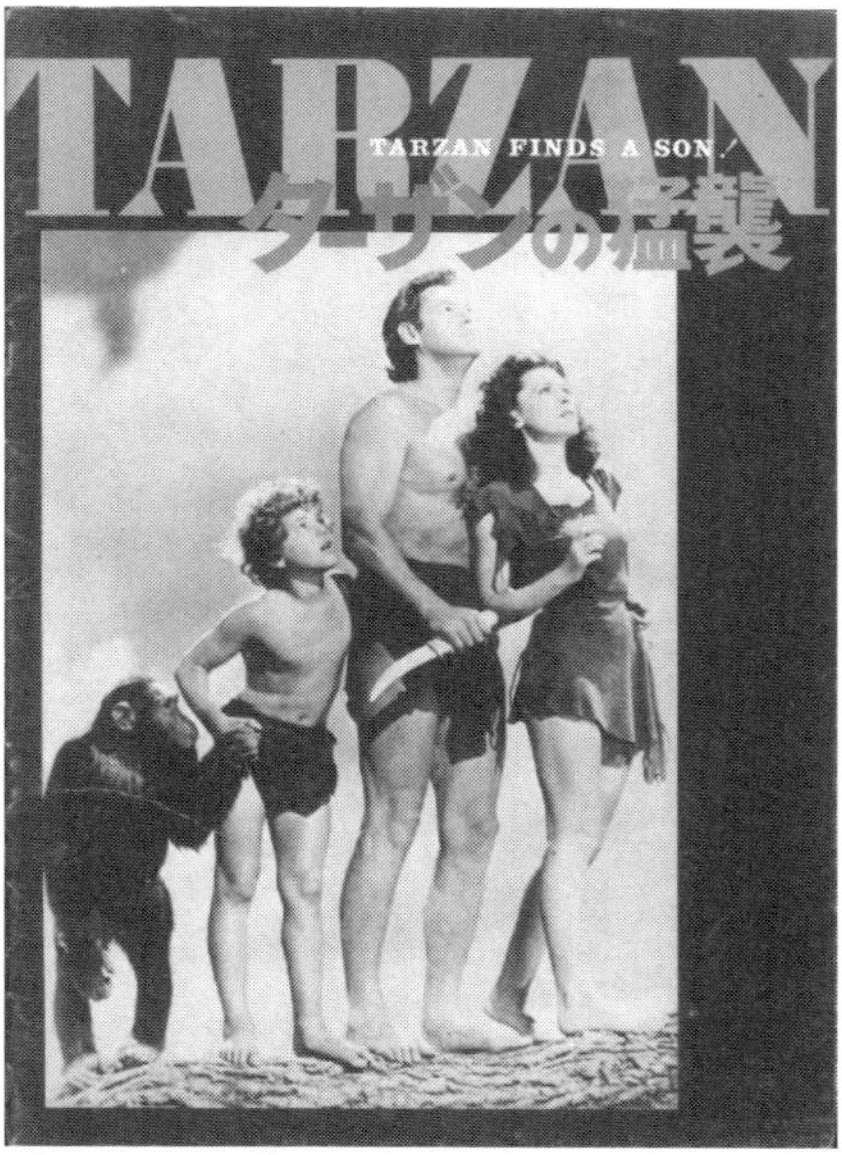

ジョニー・ワイズミュラーのターザンもの第四作『ターザンの猛襲』（三九）のパンフレット

の時のターザンは良かったですね。

戸田　私らがテレビで見た時はね、小林修さんというユル・ブリンナーの吹き替えをしている人が、ジョニー・ワイズミュラーの声も担当していました。

浜村　あ、そうですか。まあ、顔良し、スタイル良し、ジョニー・ワイズミュラーのターザンは極め付きでしたね。意外なことに、ターザンってもともと貴族の子どもでしょ。お父さん、お母さんと一緒にアフリカ航路をズゥ――ッと船で回っている時に、船の中で反乱が起きまして、結局、ターザンのお父さん、お母さんがボートに乗ってアフリカの岸辺へたどり着くじゃないですか。その時には、まだターザンはお母さんのお腹の中にいるんですよ。で、アフリカ・コンゴのジャングルの木の上で住まいを作ってですね、そこでお母さんがターザンを生むんですが、すぐに亡くなってしまいます。お父さんもやがて亡くなった。孤児になったターザンを自身も自分の子どもを亡くしたゴリラのお母さんが自分の母乳で育ててゆくという、そういう原点、ルーツが最近よく分かるようになりました。まあ、その時代の作品のDVDが出てきましたからね。

戸田　フランソワ・トリュフォー監督の映画で『野生の少年』(七〇)というのがありましたね。

浜村　ありましたね。で、『ジャングル・ブック』とターザンとどっちが古いのかと思いました。ターザンは、エドガー・ライス・バローズという人が書いた小説です。『ジャングル・ブック』は、ラドヤード・キップリングという人が書いた。どっちが古いか言うたら、『ジャングル・ブック』のほうが古いんですってね。

戸田　そうですか。同じようなシチュエーションですもんね。

浜村　そうなんですよ。男の子、つまり人間の子どもがアフリカのジャングルで育ってゆくという
シチュエーションが同じなんです。

戸田　動物たちと一緒にいるのも同じですね。まあ、子どもか、青年の違いぐらいですかね。

浜村　ただ、『ジャングル・ブック』は、少年がどんな動物たちとも会話するじゃないですか。するとターザンのほうは、動物とは話はしませんね。むしろライオンをねじ伏せたり、豹をやっつけたりするほうですけれども、しかし原点は似てると思いませんか。

戸田　なにかモデルがあるんじゃないでしょうかね。

浜村　日本ですか。オオカミ少年という話があるのは……、あ、あれは日本じゃないか、インドですかね。

戸田　オオカミ少年って、「狼が来たぞ～！」っていうヤツですね（笑）。

浜村　あれは日本のね、昔、修身という科目があった頃によく使われました。ウソをついたら、アカンよって言われたもんですけれども、実際、狼に育てられた子どもの話は、わりに中国かインドにありますね。

戸田　原話みたいなものは、昔からあるんでしょうね。

浜村　あったんですかね。それにヒントを得て『ジャングル・ブック』とかターザンを書いたんでしょうね。

戸田　蔦にぶら下がって……。

浜村　蔦にすがって、バァ――ッと鮮やかに飛んでゆく……。

戸田　あれなんか、子どもの頃に皆真似してましたよね。今はターザンを知らないでしょうからね。

浜村　アニメでやったのを覚えている人は多いですよ。ホントのターザン映画は知らない人は多いですね。まあ、ターザン映画には、ちゃんとモーリン・オサリヴァンという美女が登場する、これがアイディアの上手いところですねえ。

戸田　全然、娘さんとは感じが違いますね。

浜村　ミア・ファローと違うでしょ。

戸田　ミア・ファローって、わりと痩せた、どっちかと言えばインテリっぽい感じなんですがね。

浜村　フランク・シナトラと結婚してたことがあったでしょ。

戸田　一時ね。

浜村　『カイロの紫のバラ』（八五）とかね。

戸田　ウディ・アレンとも長い間、関係がありましたね。

浜村　『フォロー・ミー』（七二）とかね、いい映画がありました。

戸田　『フォロー・ミー』は、マニアックに有名な映画ですよね。

浜村　あッハハハハ……！　でもね、『フォロー・ミー』って、トポルが主演でしょ。トポルは例えば『屋根の上のヴァイオリン弾き』（七一）の主役でしょ。それから『００７　ユア・アイズ・オンリー』（八一）にも出てました。そして、すぐにうちの番組へゲストに来たんですよ。

戸田　トポルがですか？

浜村　そうなんですよ。それでね、００７の映画の中でトポルが、ピーナッツを床に撒くんです。

それを悪い奴が何人か来て踏みよるから、「あ、来よったな」って分かるわけです。「あの場面は面白かったですね」と言うとトポルがね、「あれね、ぼくのアイディアなんだよ」って言いましたね。脚本にも書いてないし、監督も思いつかなかった場面なんですって。そんな話をして帰りましたよ。

戸田 あと、『ローズマリーの赤ちゃん』（六八）なんかのミア・ファローは有名ですよね。

浜村 あの映画の舞台になったニューヨークのダコタハウスの前まで私は行きましたよ。うちの奥さんと男の子の三人で行ったんです。セントラルパークのすぐ側なんです。そしたらね、ダコタハウスの前にね、道が一部、色が変わっているんです。そこへアメリカ人の酔っ払いの爺さんが来てね。「こッ、これジョン・レノンが撃たれたとこや。血の跡や」って言うんですよ。「へ～、ホンマかあ？」って言うて聞いてたら、「教えたから、酒一本買え」って言うて（笑）。

戸田 まあ、ゆすりたかりの部類ですね。

浜村 まあ、可愛らしいゆすりたかりでしょ。ジョン・レノンの撃たれた血の跡やって。そのシミが残ってんねやて。大化の改新直前に飛鳥板蓋宮でね、中大兄皇子たちが蘇我入鹿を誅殺するでしょ。その時の血の跡が今その入り口に残っているということを言う人があるわけですよ。ウソやがな。あれ、西暦六四五年でしょ。それが現代まで入鹿の血の跡が残ってるか。そやけどロマンとしては、話としては面白いんですよね。

ジョン・フォード監督

戸田　さて、ここからは浜村さんに外国映画の巨匠たちについてのお話を伺いたいと思います。特に浜村さんがお好きな監督であるジョン・フォードの話から始めたいと思います。

浜村　ハッハハハハ……！　男の映画ですね。義理人情の映画ですよ。本当に泣かせますよ。

戸田　しょっちゅう浜村さんは、マイブームで、「今、ジョン・フォードに凝ってまして」って、DVDでご覧になっていますよね。

浜村　ジョン・フォード、ウィリアム・ワイラー、デヴィッド・リーンね、このあたりは、ホントに凝りましたね。

戸田　ジョン・フォード監督では、どのへんの作品がお好きですか。

浜村　やっぱり『黄色いリボン』（四九）ですね。これでジョン・ウェインがアカデミー賞主演男優賞を獲ってもおかしくない。むしろ獲るべき映画やと思うんですがね。獲らなかった。あとで、『勇気ある追跡』（六九）という映画で獲った。相当、運動して根回しをしたという説ですね。

戸田　もう、あげないと仕方がないという感じでしたね。

浜村　まあ、大御所ですからね。

戸田　大酒のみの片目のルスター・コグバーンという保安官ですよね。

浜村　そうです。眼帯はめてね、向こうから、三人、五人と馬に乗ってやってくる敵を、こっちからたったひとりで口で手綱を咥えながら、ライフル銃を振り回し、もう片方の手に拳銃を持ってますね。これで馬に乗って突っ込んでいくというね。見事な場面がありましたよ。

戸田　俯瞰で撮ってるんですよね。盗賊のひとりがロバート・デュバルでしたね。

浜村　そうでしたっけ。ロバート・デュバルってね、『アラバマ物語』（六二）で、初めて怖い兄ィちゃんの役で出ました。

戸田　ボーという名前でしたっけ。主人公、グレゴリー・ペックの弁護士の隣に住んでいるんですね。

浜村　怖いっていうのは、いわゆる暴力的に怖いんじゃなくて、ちょっと精神的に乱れがあるという……あの役がデビューですよ。今でもロバート・デュバルは出てますからね。役者生命の長い人ですね。

戸田　『ゴッドファーザー』（七二）のトム・ヘーゲンの役が印象に残っていますね。

浜村　そうですね。それから『組織』（七三）という映画、シンジケートの映画があったりね。なかなかアクが強いけれど、どっか親しみ持てるおっさん、そういう役が上手かったですね。

戸田　初期は不気味な役が多かったですね。

『黄色いリボン』は、ジョン・ウェインの役名がネーサン・ブリトルズ大尉ですね。

浜村　そうですね。ホントにあの映画は、私はなんべん見てもいいなあと思いますね。

戸田　ネーサン・ブリトルズ大尉は、すでに奥さんも亡くしていて、もう何日かで騎兵隊を退役するという設定ですよね。

浜村　暦に、あと何日で退役って、印をつけているんですよね。そうして、ビクター・マクラグレンが扮する大酒飲みの軍曹が出てきます。いつもこの人は、こんな役で上手いんですよね。

戸田　樽の中にウイスキーを隠している。

浜村　（笑）。そうです。ちょいちょいジョン・ウェインの大尉が「俺に息を吹きかけてみろ」「は～」ってやる、あのやりとりが漫才みたいに面白いですね。ガラッと場面が変わると青い制服を着た騎兵隊が黄色いリボンのテーマでズゥ――ッと出陣してゆく……ああいう映画の美しさは、ジョン・フォードでないと撮れないですね。

戸田　あの作品の撮影は、アカデミー賞を獲っていますね。モニュメント・バレーを行進してゆくところで、嵐になって雷がピカッ、ピカッ、ピカッ、ピカ～ッ……と光るのを撮っていますね。

浜村　ジョン・フォードって、例えば、『リオ・グランデの砦』（五〇）では、息子がジョン・ウェインのお父ちゃんを訪ねて騎兵隊へ来るでしょ。

戸田　『子鹿物語』（四六）のクロード・ジャーマン・Jr.が演っていましたね。

浜村　そうですね。彼が大人になって……大人って、おっさんやないですよ。青年になって騎兵隊の隊長をやっているお父ちゃんのところへ遥々と訪ねてくるやないですか。

戸田　モーリン・オハラがお母さんですね。

浜村　そのとおりです。そしたら、ひとりが二頭の馬の背に乗って、立ったままブゥワ――ッとものすごいスピード感で走らせる場面があるでしょ。あれを息子ちゃんがやるんですからね。

戸田　ベン・ジョンソンがね。

浜村　そう、初めにやって見せるわけです。ベン・ジョンソンは、サーカスにいて、ああいうアクロバット、曲乗りができたんですね。まあ、ジョン・ウェインの息子＝クロード・ジャーマン・Jrが来て、それをやって見せる。と、お父ちゃんが感心しますよね。ただ、テントを張ってる中へ親子が入るとテントが傾いて張ってある。だから、だいたい息子の頭がテントのどのへんに触れているか、ちゃんとジョン・ウェインは見ていてね、息子が立ち去ったあと、自分もそこへ立ってみて、ちょっと印をつけて、「ああ息子のほうが大きいなあ」って思う場面がある。勇ましい場面と情の深い場面はジョン・フォードは見事に撮り分けますね。

戸田　それから日本の時代劇みたいに踊り——ダンスシーンが必ずありますね。フォーク・ダンスみたいなね。ああいった場面は、ジョン・フォード作品では昔から一貫していますね。

『黄色いリボン』パンフレット

浜村　よく出てきますでしょ。

戸田　それと先ほどの『黄色いリボン』もそうですし、『荒野の決闘』（四六）なんかもそうですけど、亡くなった人のお墓で花を手向けたり、水をかけたりしながら、話しかけるっていう場面は、よくジョン・フォードの映画には出てきますね。

浜村　多いですね。そして、ジョン・フォードが上手いなあと思ったのは、やっぱり『黄色いリボン』でもそうですけれども、いわゆる現地の先住民族との微妙な関係ですね。『駅馬車』（三九）の頃は、容赦なく駅馬車を追っかけてきたアパッチ族を射殺していましたけどね。だんだん変わってきて、『黄色いリボン』あたりでは、リーダーのお爺ちゃんとジョン・ウェインが煙草を吸って、煙管を交換して話し合っただけで、あの人々が乗っている馬を一か所に集めてあんのを手綱を切り離すだけで終わるでしょ。だんだんと変わってきてますね。

戸田　ジョン・ウェインのネーサン・ブリトルズ大尉と向こうの酋長は、もう友人関係みたいな感じなんですね。

浜村　そうですね、「昔は野牛を追って、我々は移動したもんだね」と昔ばなしを懐かしむというそういう仲やった。それが西部開拓が進んで白人がどんどんどんどんと先住民族の土地を奪い取っていくからね、険悪な仲になるんですねえ。

戸田　いよいよ、退役する時に懐中時計を隊から贈られますよね。ジョン・ウェインが、時計に彫ってある文字を見るために、恥ずかし気に老眼鏡を取り出して見る。

浜村　細かいところを見てますねえ（笑）。あれは哀愁がありますね。

戸田　上手いなあと思いますわ。時計を見てから恥ずかし気に周りを見回す。

浜村　で、制服を私服に着替えて、ひとり寂しく騎兵隊の砦を立ち去ってゆくところで終わらせるかいなと思たら、そこで終わらない。ベン・ジョンソンか誰かが追いかけてきますよね。新しく道案内人……あれをスカウトと言うんですね。「スカウトとして任命されました。大尉殿、もう一度砦へお戻りください」。あそこでまた泣かされるんですよ。ジョン・フォードの映画って、メソメソ泣かすんじゃなくて、男の心意気で泣かせるんですよ。

戸田　ちょっと長谷川伸みたいなところがありますね。

浜村　ありますね。『一本刀土俵入り』とかね、『瞼の母』とかね、ああいう長谷川伸が描いたものと共通するものがありますから、ジョン・フォードの映画っていちばん日本人に受けるんじゃないですか。

戸田　『黄色いリボン』と『リオ・グランデの砦』、そしてもうひとつ『アパッチ砦』（四八）がありますね。

浜村　騎兵隊三部作ですね。

戸田　『アパッチ砦』は、ヘンリー・フォンダが敵役みたいな役ですね。

浜村　そうです。意固地な頑固なね、分からず屋の騎兵隊隊長を演って、結局、隊が全滅する。あれは『壮烈第七騎兵隊』（四一）というエロール・フリンがカスター将軍に扮した、あの話がモデルですよね。

戸田　ところが最後、英雄にしてやるという物語ですね。浜村さんは、『駅馬車』（三九）と『荒野の決闘』と、どちらがお好きですか。

浜村　さあ、人によっては評価が分かれますね。『荒野の決闘』のほうが詩情、詩の雰囲気が漂いますね。

戸田　『ハムレット』を吟じたりしますね。

浜村　吟遊詩人というのがいてね、酒場でやってましたねえ。

戸田　ビクター・マチュアのドグ・ホリディがそれの続きを吟じますね。

浜村　大酒飲みのドグ・ホリディが続けますね。ドグ・ホリディって、『荒野の決闘』という映画では、OK牧場で命を落とすんですね。

戸田　撃たれるんですね。

浜村　そしたら、真っ白なスカーフが柵に引っかかって風に吹かれて、ヒラヒラと揺れている状況があったでしょ。

戸田　結核で咳をするので、いつもハンカチを持っているんですね。

浜村　実は、本当のドグ・ホリディは、デンバーの療養所でちゃんとベッドで亡くなっているんですねえ。

戸田　まあ、話を劇的にしたいんですね。

浜村　話を面白くするために……あの時、ワード・ボンドが牧場の柵に腰をかけて、片方の手でピストルを構えて、片方の手で撃鉄をバババババババッ……と立て続けに操作する場面があるでしょ。あれ、ファニング・ショットと言うて、この映画で有名になったんですね。のちのちいろんな西部劇でファニング・ショットを応用しましたが、『荒野の決闘』の模倣ですね。

戸田　ジョン・フォードは、ワイアット・アープと面識があるんですよね。まだ、小僧の頃に撮影所にワイアット・アープがよく見学に来てたんですってね。それで椅子を出したり、珈琲を出したりするのが、ジョン・フォードの役だったと。

浜村　ワイアット・アープは、日本で言う大正年間に亡くなってますよね。ああいう西部のガンマンにしては珍しく、日本的に言うと畳の上での大往生ですよ。珍しいとされましたが、この人もね、必ずしも清く正しく美しい人ではなくて、遊女屋を経営したりね、博打場を経営したり（笑）、結構商売のほうも盛んやったようですよ。

戸田　『荒野の決闘』は、ヘンリー・フォンダが演っているんで、生真面目な感じがしますよね。

浜村　そうですよね。

戸田　で、床屋で香水をつけて、皆から「妙なニオイがする」と言われてね。

浜村　弟たちがからかうじゃないですか……でも、『荒野の決闘』のラストは、クレメンタイン先生が町を去ってゆく時、途中まで馬で送っていって、たった一言、愛の告白ですね。「私はクレメンタインという名前が大好きでした」。上手いですわ。そこへ「愛しのクレメンタイン」という曲が流れてね、いいラストシーンでしたね。

戸田　もともとのオープニングが木製の道しるべの焼き印でタイトルその他の出演者が書かれているタイトルバックでした。

浜村　『ウエストサイド物語』（六一）でも、あの手を使っていますよね。

戸田　このあとのジョン・フォードの映画では『リバティ・バランスを撃った男』（六二）でも、こういうタイトルバックでしたね。
浜村　『リバティ・バランスを撃った男』って、小品ですけれども、いい映画でしたよ。
戸田　いや、名作ですよ。ジョン・フォードは、西部劇以外にも名作をたくさん撮っておりますね。『わが谷は緑なりき』（四一）とか『静かなる男』（五二）というような作品ですね。
浜村　『怒りの葡萄』（四〇）ね、これは名作でしたね。ジョン・フォードって、とても男っぽい、線の太い、義理人情を重んじるという日本の浪花節に似たそういう作風ですから、実に見ていて気持ちがいいですね。でもね、彼は本当はその時代、その時代の世相に合わせた作品を撮る人やという説がありますね。私もそうだろうと思うんですよ。で、『怒りの葡萄』なんかは、どちらかと言うたら、社会主義のテーマじゃないですか。
戸田　そうですね。ジョン・スタインベックの原作ですね。
浜村　ジョン・スタインベックの名作ですよ。かと思うとね、ジョン・フォードは、戦争時代は軍隊にもおりましたけれども、戦意高揚と言いますね。がんばって、戦争をやろう、戦おう、そういうテーマの映画も撮っていますね。
戸田　あと『海ゆかば』（七四）のような記録映画も撮っています。
浜村　そうですね。で、そういう意味でね、西部劇以外では『静かなる男』とか、面白い映画がありました。
戸田　ジョン・ウェインの元ボクサーが故郷のアイルランドに帰ってくる話ですね。

浜村　そうですね。モーリン・オハラって、アイルランド女の気の強さを象徴しています。

戸田　赤毛でね。

浜村　赤毛の……（笑）。まあ、名優ですけれどもね。

戸田　ジョン・フォード映画のヒロインみたいなところがありますね。

浜村　ありますね。『リオ・グランデの砦』でも騎兵隊隊長のジョン・ウェインの奥さんで、「パパ、息子があんたの軍隊へ志願して入った。だから取り返しに来た」というような意味のことを言いますね。母親の心情がよく表れていますよね。

戸田　『静かなる男』では、もう気の強い、気の強いアイルランド女でジョン・ウェインに殴りかかるような女性でした。

浜村　そうなんです（笑）。ビクター・マクラグレンとジョン・ウェインとの延々と殴り合いの場面があるでしょ。あのシーンは有名です。

戸田　カラー映画でもありました。

浜村　ああいう男性的な映画がジョン・フォードは上手いですね。しかし、男と男の友情とかで、ホロッと泣かせる場面がどの映画を見ましても、度々出てくるじゃないですか。実はいい監督なんですけれどもね。主義主張は決して一貫していた人ではないような感じがしますね。

戸田　20世紀フォックス映画の名作で、『怒りの葡萄』『わが谷は緑なりき』『荒野の決闘』などは、プロデューサーのダリル・F・ザナックが編集したと言われていますよね。ですからそれ以降は人に編集されるのが嫌なので必要最低限しか撮影しなかったという話がありますよね。

浜村　ニューヨーク州ウエストポイントにある陸軍士官学校を撮りました『長い灰色の線』（五五）ですね。ロング・グレー・ラインという、タイロン・パワー主演ですが、ああいう映画も上手かったですね。

戸田　まあ、騎兵隊と通じるところがあるんですね。軍隊ものというのはね。

浜村　ありますね。ホントに男の世界、男の美学、これを歌い上げる監督ですね。さっきも話題になった『黄色いリボン』。ジョン・フォードの名作中の名作だと私は思うんですが、映画が始まったとたんに、西部の先住民族のいちばん偉い人たちが、長い派手な羽飾りを頭に被ってね、馬に乗って集団で行進してくる場面があります。あの一場面だけで客の心をブゥワ〜ッと掴みますね。「ああ、ジョン・フォードの世界や！」「西部劇や！」と、それも本物の西部劇ですね。ああいう撮り方って上手いですね。

戸田　若い頃にスティーブン・スピルバーグがジョン・フォードに憧れて、会いに行ったことがあるんですってね。それでジョン・フォードのオフィスへ行ったら、絵が飾ってある。西部の絵です。「何が見える？」って、ジョン・フォードに訊かれた。「ここに山があって、人が何人かいます」。「そうじゃない。地平線はどこに見える？」って言われた。次に別の絵を見せられて、「この絵はどこに地平線がある？」。地平線の描き方が絵によって、上になったり下になったり、中央に来たりと位置が違っている。「地平線の位置を覚えとけば、映画が撮れる」と言った。確かにジョン・フォードの映画って地平線の位置がいつもきっちりと描かれていますよね。

浜村　そうですね。ヒッチコックの映画で度々列車が出てくるのが有名でね。ジョン・フォードの映画に地平線が度々出てくる。面白いですね。

戸田　それから、ジョン・フォード一家って、役者やスタッフが決まっていますね。

浜村　そのとおりですね。ビクター・マクラグレンとか、ワード・ボンド、フランシス・フォードとかいつも同じメンバーが出てきますね。

戸田　黒澤明監督なんかは、そのへんも同じですね。

浜村　恐らくね、溝口健二、木下恵介、小津安二郎……もう、スタッフはお馴染みで固めるでしょ。山田洋次監督もそうですね。仕事がしやすいんじゃないですか。私、この間、フランス映画でね、昭和二十三〜二十四年の作品で『情婦マノン』（四八）というのを見たんですよ。と、マノンの兄貴が映画館の支配人なんです。非常にワルなんです。その兄貴にミッシェル・オークレール扮するロベルトが会いに行くんですね。チラッと映画館で今上映中の映画が映るんです。それが西部劇なんです。何頭かの馬が駅馬車を引っ張って真正面から、こっちへブゥワ〜ッと走ってくる場面が、ほんの一、二秒ぐらい映るんです。どうもこれジョン・フォードの映画らしいんですよ。

戸田　そうですか。『リトルロマンス』（七九）というジョージ・ロイ・ヒル監督の作品がありました。

浜村　ダイアン・レインが主演していましたね。

戸田　ダイアン・レインが子役でデビューした作品です。冒頭のシーンが、のちに彼女の彼氏になる男の子が映画館で映画を見ているシーンでした。それが『勇気ある追跡』（六九）とか『明日に向って撃て！』（七〇）っていう西部劇がフランス語の吹き替えでしゃべっていました。そんなシーンがありました。

浜村 なるほどねえ。やはりアメリカ映画にとって西部劇って原点、元祖みたいなもんでしょ。だから、一時、ものすごい数が作られましたね。なかなかくだらないものもいろいろありましたけれどね（笑）。

戸田 B級アクションの作品がたくさんありました。

ウィリアム・ワイラー監督

浜村 そんな中において、滅多に西部劇を撮らない人ですけれども、ジョン・フォードと共に、ウィリアム・ワイラーって人が撮った映画って、格調が高いしね、人間の心理を上手く描いてますねえ。

戸田 ウィリアム・ワイラー監督は、もう職人肌の芸術監督みたいな人ですね。どんなジャンルでも撮りますね。今で言うと、クリント・イーストウッドが少しそんな感じもしますがね。

浜村 はいはい……でもね、ワイラー監督って、もともとフランス系の人ですけれども、品があって、格調が高くてね。まあ、なんでも撮ると言えば、例えば、『黄昏』（五二）という、見事な映画がありましたね。ホントに魂えぐられるような名作があります。それから『必死の逃亡者』（五五）とかね。これまた映画を見てる間、息を吸うのを忘れるという映画でしたね（笑）。

戸田 フィルム・ノワールというのか、ハンフリー・ボカートとか、フレドリック・マーチが出ましたね。

浜村　よその家へ三人の脱獄囚が押し入って立てこもる話ですね。そういう映画を撮るかと思うと『ミニヴァー夫人』（四二）とか『孔雀夫人』（三六）とかね、そういうホームドラマも撮りますしね。で、『砂漠の精霊』（三〇）という西部劇を昔々撮ったことがあるんですってね。それから何年か経って、ゲーリー・クーパーを使いまして、『西部の男』（四〇）を撮ってますね。派手な撃ち合いがまったくない映画ですがね。まあ、見ていて頷くんですね。微笑んだり、「そういうことって我々もあるよな」と言って。そんな格調高い映画を撮るかと思えば、『ベンハー』（五九）を撮ったりね。

戸田　大作ですね。『大いなる西部』（五八）もワイラーですしね。その前にも『友情ある説得』（五六）とかもありますね。

『噂の二人』チラシ

浜村　『友情ある説得』とかね、『おしゃれ泥棒』（六六）とかは、ワイラーの作品の中ではもうひとつピンとこない、緊張感の弱い映画でしたね。

戸田　『ローマの休日』（五三）を最初にオードリー・ヘップバーンで撮りますよね。それから『噂の二人』（六一）、『おしゃれ泥棒』ですね。オードリーものは三本撮ってますね。

浜村　『噂の二人』は、オードリー・ヘップバーンとシャーリー・マクレーンでしょ。これは、白黒映画ですけれども、非常に切ないというか、緊張感が張り詰めた映画でしたね。

戸田　二人にレズビアンじゃないかという噂が立つ。

浜村　それを幼稚園の子どもがね、家へ帰ってきて、お婆ちゃんに言うんですね。するとそのお婆ちゃんが騒ぎ始める。

戸田　リリアン・ヘイマンの戯曲が原作ですね。フレッド・ジンネマン監督の『ジュリア』で、ジェーン・フォンダが演ったのがリリアン・ヘイマン。ジュリアは、ヴァネッサ・レッドグレイヴが演りました。

浜村　ええ、そうですね。で、そういうウィリアム・ワイラーはホントになんでも撮りますが、なんでも上手いというか、隙のない人ですね。カーク・ダグラスなんかが主演した『探偵物語』(五一）は、私大好きですよ。

戸田　この作品も、もともと舞台劇で、日本では『探偵物語』と訳されていますが、実は刑事部屋での話なんですよね（笑）。

浜村　（笑）。そうなんですよ。あの頃、日本はなんでも日本語に訳そうと必死でしたからね。

戸田　リー・グランドが、刑事部屋で起こる出来事を取り調べを受けながら、目撃していくんですよね。彼女は、舞台でもこの役を演じたそうです。

浜村　それでね、映画のタイトルの話になりますが、例えば私がさっき言いました、セシル・オーブリーがマノンという役を演じた映画は『マノン・レスコー』というタイトルです。これは宝塚でもやっているんですよ。ところがそのまま日本で『マノン・レスコー』というタイトルで公開しても、お客さんにはピンとこないですね。だから、日本では『情婦マノン』とつけた。ディーン・マーチンが飛行機のパイロットを演じて、バート・ランカスター、ジャクリーン・ビセットとかオールスターで撮った映画は『エアポート』というのが原題でしょ。そのまま『空港』というタイトルで日本で上映してもダメだ、インパクトが弱い、〝大〟をつけたでしょ。『大空港』（七〇）という風に。これでガラッと印象が変わってくるんですね。

戸田　リンカーン国際空港の猛吹雪の日が舞台ですから、まあ、大空港と言えば、大空港ですけどね（笑）。

浜村　（笑）。確かにね。大きな空港ではありますがね。

『大空港』パンフレット

戸田　田舎にある小さな空港ではないですよね。

浜村　そうではないけれども、今の例えば、フランクフルトや仁川、ああいったところのホントの大空港に比べると、この映画に出てくるエアポートはまだまだ小さいもんですね。

戸田　ハブ空港ではないですからね。

浜村　そうなんです。全世界に通じている、そういう空港ではない。でも、〝大〟をつけたことが大きかったですね。あるいは、『ブッチ・キャシディ&サンダンス・キッド』って、そんなタイトルで日本人が見に来ますか？　でも、今はそのままのタイトルで出しますよ。しかし、これではダメやと当時の映画会社が考えて、考えて、『明日に向って撃て！』というタイトルをつけたでしょ。あるいは『氷の微笑』（九二）、『俺たちに明日はない』（六七）とかね。

戸田　『史上最大の作戦』（六二）とかね。

浜村　『ザ・ロンゲスト・デー』ですね。日本の映画のタイトルは、ひと昔前は文学的ですよ。

戸田　ただ、『旅情』（五五）とか『旅愁』（五〇）とか、やたらと同じような、『哀愁』（四〇）とかそういうタイトルが多かったですね。

浜村　『悲愁』（八〇）とかね。やたら似たようなもんが増えたのは、ちょっと欠点ですけれどね。私はそういう意味で、もういっぺん外国映画とはいえ、日本で上映する場合は、日本人観客に受けるようなタイトルを考えてほしいと思いますね。

戸田　各映画配給会社の宣伝部に考えてほしいですね。

浜村　ところがね（笑）、そうはいかんのやという説が二つあるんです。ひとつは、その映画を作った国が、アメリカならアメリカ、フランスならフランスが……特にアメリカですが、なるべくオリジナルタイトルで出してくれって注文してくるんですって。これはＵＩＰという映画会社の上住寿夫宣伝部長から直接聞いたんですが、「日本で変えることを許さん」と。それはおかしいと言うんですね。その上映する国に合わせて、タイトルをつけるべきでしょ。

戸田　英語読みそのままのタイトルをつけられてもね。日本語でつけていただかないと意味が分かりません。

浜村　まったくそのとおりです。何か分かりませんもんね。「フランスの13日」というタイトルでは、お客は来ない。『白い恋人たち』（六八）と変えただけでたんさんお客さんが来たって言いますもんね。

戸田　しかし、今は先ほども言いましたが、原題の発音のままのタイトルが当たり前になっているので、ヘンに変えるとお客さんが戸惑うかもしれませんが、少しずつ変えていったほうがいいでしょうね。

浜村　しかし、上手なタイトルはあったんですよ。『さらば友よ』（六八）なんてね。

戸田　ワイラーの映画では、『コレクター』（六五）という作品がありました。これは発音のままのタイトルですけれどもね。

浜村　あの映画は、私はあんまり好きじゃなかったですね。

戸田　ただ、今風の事件を扱っていますね。

浜村　女の子をさらってきて、監禁して楽しむという映画ですね。しかし、警察が怪しんで捜査に来るんですよね。で、女の子が必死になって、「私、ここにいるよ。監禁されているよ！」と知らせようと、いろんな手を使いますが、全部上手いことといかないですね。あのへんのスリルの盛り上げ方が上手いです。

戸田　初めテレンプ・スタンプの犯人が蝶を集めていて、それがやがて人間になるというのが怖いですね。

浜村　コレクターですね。

デヴィッド・リーン監督

戸田　浜村さんがお好きな映画監督と言うと、ほかにデヴィッド・リーンがいますね。

浜村　デヴィッド・リーンは好きですね。この人は、一時間四十分程度の短い映画……昔はこれが当たり前やったんですね。だから、『逢びき』（四五）とか『旅情』（五五）、サマータイム・イン・ヴェニス……こういう映画がとっても上手いしね。とにかく『旅情』ほどヴェニスの街を見事に撮った映画はないと言われてますもんね。

戸田　のちには大作専門の監督みたいになってきますね。

浜村　それが『戦場にかける橋』（五七）とか、『アラビアのロレンス』（六二）とか、『ドクトル・ジバゴ』（六五）でしょ。『ライアンの娘』（七〇）、で、『インドへの道』（八四）、全部70ミリの大スクリーンで映すような大作を撮るようになったんですね。だから一時間半程度の小品を撮っても上手いし、また大作を撮っても上手いというね。

戸田　あれだけの大きな画面に景色を全部収めますもんね。

浜村　そうですね。破綻のない監督ですよ。どれをとっても名作です。だから、この前も言いましたようにね。砂漠、砂漠の山脈が遥か地平線にそびえている、その下を一本の糸みたいなもんが動いているんですね。よく見たらアラブの戦士、戦争に行く連中の行列なんですけど、こんなんね、戸田さん（笑）、テレビで見ても分かりませんね。70ミリの大画面であればこそ、「あッ、山の麓を糸みたいに動いているのは、アラブの戦士たちの行列や」と分かるんですがね。

戸田　当時、70ミリのフィルムを砂漠へ実際に持っていって撮影していますもんね。ですから、オ

『アラビアのロレンス』チラシ

マー・シャリフとピーター・オトゥールのロレンスが最初に出逢うシーンなんか、初めは点のようなオマー・シャリフが画面奥からこちらへ向かってどんどん、どんどん近づいてくるじゃないですか。

浜村 向こうからね。ちょうど陽炎で揺らめきながら近づいてくるでしょ。

戸田 それからその前のシーンで、オアシス――水のある井戸へ行く場面では、見ているこちらも咽喉が渇いてくるような映像でしたね。

浜村 そうですね。「なぜ、砂漠へ出かけるんだ?」って、イギリス軍の上官に言われて、「砂漠はクリーンだ。清潔です。だから行くんです」って、お供ひとりだけ連れて砂漠へ乗り出す。そうすると、あのバラバラになって対立ばっかりしているアラブの民族をひとつにまとめて、「君たちのために統一国家を作るから、俺たちに味方して、ドイツ……」って、あの映画ではトルコですね。ドイツとトルコは連合軍になっていましたから、「トルコを攻めるのを一緒に味方せよ」と言うてね。ロレンスはものすごく砂漠が好きなんですね。アラブが好きでしょ。そして乗り出してゆく。で、初めて彼がらくだから落ちて、太陽のかなとこと呼ばれる灼熱の砂漠へ少年ひとりを落としたまんま立ち去っていったのを、ロレンスが元へ戻って助けて帰ってくる。本隊へ連れて帰ってくる。その時、初めてアラブの衣装を着ますね。そうすると周りが拍手、歓声を上げて喜びますね。「エール、オレンス!」「エール、オレンス!」、「ロレンス、ばんざい!」って、言いながら、大喜びするでしょ。ああいう起承転結が上手くてね、キチッと計算されながら抒情味を持たせて、デヴィッド・リーンは撮りますね。

戸田　白い衣装が砂漠に映えるんですよね。

浜村　「エール、オレンス！」というあの歓声がいまだに忘れられないですね。

戸田　そのあとは『ドクトル・ジバゴ』で、今度は雪ですね。雪、雪、雪ですね。

浜村　あッ、そうですね。ソ連、ロシアが舞台ですからね。で、ジバゴというお医者さんは自分は真っ直ぐの道を歩いているけれど、時代の変化によって、社会情勢によって右寄りと見られたり、左寄りと見られたり。人間が生きてゆく難しさをね、またごっつい画面で撮っていますね。

戸田　そうですね（笑）。ロシアですからね。そのあと『ライアンの娘』でアイルランドの島での不倫が中心の物語ですけれども、あの大きな波しぶき、波頭……そういう作品によって全然違う自然の様子を描きますね。

浜村　断崖絶壁からパラソルがブワァ～ッと飛んでゆく場面がね。

戸田　なんというか、絵画みたいな映画でしたね。

浜村　ホントにそのとおりですよ。もう、絵を見ているような風景で、人間の動きは誠に生き生きとアクティブに撮ってゆくでしょ。

戸田　そしてなぜか、アレック・ギネスがいつも人種の違う役で扮装して出てきますね。

浜村　ハッハハハハ……！

戸田　アラブ人の酋長だったり、インド人だったり……。

浜村　『スター・ウォーズ』（七七）の騎士だけじゃなくてね、いろんな役を演りましたね。

戸田　まあ、サーの称号を持つ名優ですからね。いちばん普通なのは、『戦場にかける橋』のニコルソン中佐。

浜村　はい、そうです。イギリス軍の捕虜の隊長ですよね。いや〜、もう名監督というのは、本当に頭が下がりますね。よく撮れたなと思います。

アルフレッド・ヒッチコック監督

戸田　あと、そういう意味での職人ということでは、アルフレッド・ヒッチコックですね。

浜村　はい、もうヒッチコックの映画って、とにかく面白い、まあチョイチョイつまらないものもありますけど、ほとんどが名作ですね。で、『見知らぬ乗客』（五一）って、これ、パトリシア・ハイスミス、のちに『太陽がいっぱい』（六〇）が映画になりましたが、この人の書いた小説で初めて映画になったのが、『見知らぬ乗客』なんですってね。このアイディアは、両親と一緒に川の畔を散歩している時にフッと思いついたらしいです。交換殺人の話ですね。「あんたの嫁はんを殺してやるから、代わりにわしの親父を殺してくれ！」と、双方、今日会うまでまったく見知らぬ同士。しかもアリバイさえ作っておけば、その日現場にいなかった。その日、その時間、現場にいなかったから、警察も疑うはずがないと。だから交換殺人をやろう。その大方のプロット、筋立てを思いついて、小説に完成するまでに三年かかったって言いますね。でも、よくできてますよ。

戸田　ライターなんかの小道具の使い方の上手さですね。ヒッチコック映画は、だいたい小道具の出し入れが上手くて、しかもその小道具自体には意味を持たせない。マクガフィンとか言いますね。

浜村　『白い恐怖』（四五）でも、グレゴリー・ペックとイングリッド・バーグマンがレストランで食事をする時に、フォークで波のような形をテーブルカバーの上に書く。あの時のフォークの使い方とかね、上手いですよ。

戸田　グレゴリー・ペックは精神的に参っている男という役ですからね。

浜村　それから『フレンジー』（七二）という映画では、犯人がネクタイピンを刺していた。あのネクタイピンの使い方が上手いんですよ。もうどれを見ても面白かったですね。

戸田　初期の作品でイギリス時代の『バルカン超特急』（三八）というのがあって、これは浜村さんが昔、ラジオ大阪の『サタディ・バチョン』なんかで語ってはりました。

浜村　紹介しましたね。

戸田　その話もすごく良かったですね。走っている列車の外へマイケル・レッドグレイヴが出て、ブァ〜ッと対抗列車がやってくる迫力。

浜村　走ってる列車から婦人ひとりの姿が消えてしまうんですよね。

戸田　原題が「レディ・バニッシュ」、貴婦人失踪ですね。

浜村　そうです。何か途中で止まった駅から、担架に乗せられて、全身を包帯でグルグル巻きにされた病人が連れ出される。このあたりものすごいサスペンスを盛り上げますね。「あッ、この人やないやろか？」と思わせたりね。

戸田　のちに『フライト・プラン』（〇六）とか、あの趣向でいっぱい映画ができましたもんね。

浜村　それから、『海外特派員』（四〇）でね、ヒッチコックは飛行機が海へ突っ込む場面を撮ったでしょ。

戸田　操縦席からの映像でそのまま海へ入ってゆく。

浜村　これをどうやって撮ったのか、今でも分からないと言われるぐらいですから、当時としては、皆びっくりしたらしいですね。

戸田　最初に大使か誰かが、建物の階段の上で撃たれて殺されるじゃないですか。雨の日で、コウモリ傘がもう何十とあるところを犯人が逃げてゆくシーンとかね。

浜村　そうなんです。上手い撮り方をしますわ。

戸田　この作品の主演をゲーリー・クーパーが断って、あとで後悔したという作品でもありますね。

浜村　クーパーが断りましたか。クーパーはね、フランク・キャプラの名作『スミス都へ行く』（三九）もスケジュールがダブったので断ったんです。で、代わりに『暁の討伐隊』（三九）という映画に主演した。これがつまらなかった。

戸田　『スミス都へ行く』は、ジャームズ・スチュワートの名作になりましたね。

浜村　代わりにスチュワートが出たんですけれどね。あれはクーパーにとっては惜しかったですね。

戸田　あの作品は、いまだにアメリカの良心そのものみたいな映画ですもんね。

浜村　キャプラって、ああいう映画を撮る人なんですね。

戸田　ハート・ウォーミングの作品で知られています。

浜村　明るくね、ものをなんでも素直に信じるという、いわゆるアメリカ人の良い気質ですね。それをキャプラは歌い上げたんですね。

戸田　真珠湾攻撃が起こるまでに最後に日本の映画館でかかっていた外国映画が『スミス都へ行く』だったんですってね。

浜村　そうですか。フランク・キャプラは、たくさんアカデミー賞を獲っていますからね。終戦直後に日本に来ていますね。ワイラーも来てるでしょ。

戸田　ヒッチコックで言うと、『ダイヤルMを廻せ』（五四）という、グレース・ケリーが出た作品は、当初は3Dで撮られたんですってね。五〇年代にまず3Dのブームがありました。

浜村　はい、ありました。

戸田　グレース・ケリーが襲われて、首を絞められて、手を頭上に延ばすじゃないですか。あの場面の手が客席へと延びてくる。

浜村　ハッハハハ……！

戸田　で、ハサミを掴んで暴漢の背中へ刺す。

浜村　あの時代の3Dは随分と見てます。ビンセント・プライスが主演した『肉の蠟人形』（五三）とかね。よくありましたよ。

戸田　『大アマゾンの半魚人』（五四）とか、ああいう見世物映画が多かったですよね。

浜村　（笑）。『大アマゾンの半魚人』って、ありましたね。

戸田　でも、ヒッチコックが『ダイヤルMを廻せ』を撮り上げた時は、3Dのブームが終わっていたらしいんですよね。

浜村　特に客がいちいち3D眼鏡をかけるのが煩わしいと言うて嫌がった。これも廃れた原因と言いますが、今は3D眼鏡をかけるのは平気ですね。むしろ3D上映の日をよって行く人が多いじゃないですか。

戸田 一度、五〇年代に廃れて、七〇年代に『悪魔のはらわた』（七四）とか、『空飛ぶ十字剣』（七七）とか、まがいもの映画で作られましたが、これは定着しませんでしたね。

浜村 『空飛ぶ十字剣』って映画は面白かったですよ。香港映画でしたね。

戸田 カンフー映画でしたね。

浜村 『悪魔のはらわた』は、ウド・ギアが気持ち悪い役を演りましたけどね。

戸田 フランケンシュタインの映画ですからね。お腹が裂けるんですよね。

浜村 あんなもん3Dで見たらたまらんですよ。

戸田 二〇〇〇年代になってから『アバター』（〇九）とか、『ゼロ・グラビティ』（一三）などで一般的になりました。

浜村 だからなんとか、テレビに対抗しようと映画も、あの手この手と使うわけでしょ。例えば、『地上最大のショウ』（五二）っていうサーカス団を映画にしたセシル・D・デミルの映画はアカデミー賞作品賞を獲りました。が、今見たら、どう見ても作品賞というほどのものではないんですよ（笑）。ただ、セシル・D・デミルですから大スケールで撮っていますわ。『サムソンとデリラ』（四九）とか、スケールの大きな作品を撮っている監督です。

戸田 最後はサーカス団が乗った列車が事故に遭うんですね。

浜村 チャールトン・ヘストンがサーカス団の団長ですね。

戸田　ジャームズ・スチュワートが医者で妻を殺して、隠れるためにピエロの扮装をしているんですね。

浜村　そう。ピエロのメイクを絶対にとらないんですね。顔を知られたくないので。それから、コーネル・ワイルドが綱渡りの名人とかで出てくる。でも、デミルは面白い映画をいっぱい撮りましたね。『十戒』という映画を二度も撮ってますね。

戸田　『十戒』（五六）のモーゼもチャールトン・ヘストンですからね。

浜村　そうですね。ただね、『地上最大のショウ』がアカデミー賞作品賞を受けた頃からだんだんとテレビに押されて映画が衰退していったんですね。だから、テレビで見られないものを映画で見

『十戒』パンフレット

ようと、そういう趣旨があったから、まあ、意図的にアカデミー賞作品賞を『地上最大のショウ』に贈ったと。

戸田　なるほどね。アカデミー協会がね。あの作品は、パラマウント映画でしたよね。それでサーカスの観客が映った時に、『珍道中』（四〇〜五二）シリーズの……。

浜村　ビング・クロスビーと、ボブ・ホープ、それにドロシー・ラムーア。

戸田　ええ、その三人が、上を見ながらポップコーンを頬張っているシーンが映るんですよね（笑）。

浜村　（笑）。遊びがあったんですね。私はなんぼ映画に色がついてもね、画面が大きくなっても、３Ｄになっても、良い作品は良いし、悪い作品は悪い、要は内容次第ですよ。

戸田　今の作品は、カット数がやたらに多いじゃないですか。ポンポン、ポンポン……映像が変わってゆく。昔はわりとじっくり撮っているから、テンポが遅いとかって言うんですが、こういうのは読書と一緒で、いったんその世界へ誘われてしまうと、受け手の想像力を喚起させるような映画がいい映画だと思うんですがね。

浜村　そら、日本で言いますと、溝口健二監督ですよ。ワンカットが長い。『祇園の姉妹』（三六）なんか、名作中の名作で、昭和十一年頃の映画ですが、いきなり梅村容子扮する芸者の旦那が破産すると、その旦那が持っている美術品なんかが競売になるんですね。その場面が五分くらいありました。ワンカットでね、グゥ――ッと周りを回ってみたりね、下手な役者が悲鳴上げげったって言いますね。

戸田　『雨月物語』（五三）。これは有名ですが、廃屋の中をカメラがグルッーッと大きく一回転したら、その廃屋だった小屋の囲炉裏に火が入り、人がいるという場面なんか、スタッフがたいへんやったみたいですね。

浜村　とにかく、長回しで有名でした。その長回しが溝口健二の場合は退屈じゃないんですね。それはもう監督によって全部個性がありますけどね。

戸田　宮川一夫さんていう名カメラマンが撮ってますけど、この人も名カメラマンではあるけれども、いい監督の時ほど良くなりますね。

浜村　そうでしょ。小津安二郎の『浮草』（五九）とか、黒澤明の『羅生門』（五〇）とかね。志村喬の樵のおじさんがね、森の中へ入る。太陽から木漏れ陽が、チラチラ、チラチラ……と、志村さんの顔や肩に映りますね。ああいう撮り方って名カメラマンでないと撮れないですね。

戸田　それから三船敏郎の多襄丸が木の下で寝ている。その顔へ風が吹いてきて、木の葉の影がユラユラと揺れる。三船の身体をローマの彫像のように綺麗に撮るんですよね。

浜村　綺麗に撮りますね。見事に映像美術ですね。で、ヒッチコックの少年時代の面白い想い出話があるの知ってますか。玉子屋の息子で、お父さんが少年のヒッチコックに警察署長に玉子を届けるように言いつけた。それでヒッチコック少年が警察へ行ったら、いきなり留置場へ放り込まれたんですね。お父さんは、警察署長への玉子に手紙を添えているんですね。「この子を留置場へ入れてくれ」。いたずらなんですよ。しかし、その時に、ヒッチコックはスリラーに目覚めるんですね（笑）。

戸田　本人にとって、怖い怖い想い出ですね……ですから、ヒッチコックの作品ではだいたい警官が悪役ですよね。

浜村　ハッハハハ……！　チャップリンの映画みたいですね。

戸田　でも、年代的には、二人のイギリス時代はわりに近いですよね。ヒッチコックは、初めはサイレント映画の字幕書きなんですね。

浜村　そういう美術出身の人ってわりに多いんですね。俳優で言うと、ロバート・レッドフォードもそうですね。美術から映像の作り方を学ぶ人って、結構いるじゃないですか。

戸田　昔の撮影所システムって、編集から現像っていう風に、ズゥ――ッと各部署を経験させて、最後に助監督までなって、監督の才能があるかどうかの昇進試験があって、初めて監督になりますよね。

浜村　それも助監督は、サード、セカンド、チーフと上がってゆくでしょ。そして、やっと認められて第一作を撮らしてもらう。しかし、これがこけたら終いですよ。また助監督に逆戻り。で、良かったら、監督として二作、三作と撮れる。

戸田　ヒッチコックは、怖い怖い作品とユーモアとサスペンスを兼ねた二種類の作品系統がありましたね。

浜村　そうです。あの人の偉いところはユーモラスな場面を必ず入れるところですね。

戸田　『泥棒成金』（五五）なんて、半分コメディですよね。

浜村　（笑）。そうですね。ロマンチック・コメディですね。場所もモナコですから。

戸田　グレース・ケリーがのちにモナコの公妃になるのも、この作品がきっかけですよね。

浜村　面白いですよね。「猫」というね、不思議な泥棒が出てくる。これの正体が女の子なんですね。これは言うたらいかんのかな？

戸田　ケーリー・グラントがおしゃれでね。元盗賊のケーリー・グラントのやり口を真似た盗っ人が出てくるんですね。

浜村　だから、警察はケーリー・グラントが犯人やと思って、ズゥ――ッと見張っているでしょ。

戸田　あと反対に『サイコ』（六〇）や『鳥』（六三）みたいに、最初から最後まで怖い作品があります。

『サイコ』パンフレット

浜村 そうですね。『サイコ』なんて、ユーモアがまったくなかったですね。

戸田 当時、テレビで『ヒッチコック劇場』っていうテレビシリーズを撮っていまして、そのスタッフを使って、低予算で作られているんですね。

浜村 主役がアンソニー・パーキンスでしたっけ?

戸田 そうですね。ノーマン・ベイツというモーテルのね。

浜村 そこの息子ですね。お母さんが、まだ生きていると思いましてね。

戸田 あの作品は、殺しの場面の撮り方が怖いんですよ。シャワーのシーンとかね。『サイコ』までは、便器を映像に映すことってなかったんですってね。

浜村 ヒッチコックの上手いところは、Aという人物を殺そうとする奴がいる。Aという人が電車を駅で降りて家へ帰るのに、必ず同じ道を通る。殺そうと思う奴は、もの陰に隠れて刃物を振り上げるわけですね。そこへいよいよ殺そうとするAが通りかかる。渾身の力を込めて、「エイッ」と刃物を振り上げると、その刃物が軒下へ食い込んでしまう。Aは、そのことをまったく知らないで、帰り道をたどってゆくというね。この面白さ。グゥ――ッと緊張を高めておいて、ストンと落とすというね。こんなんヒッチコックは上手かったですね。

戸田 チャップリンもわりとそういうことをしますね。『チャップリンの黄金狂時代』(二五)の冒頭で、アラスカの山へあの放浪紳士が登ってゆく。平坦な崖の道を歩いていたら、後ろから熊が歩いてきて、そのチャーリーの後ろをついてゆく。熊が途中で道を曲がってしまって、はじめてチャーリーがふり返えると何もないというね(笑)。

浜村　そういうことですねえ。チャップリンは上手かったですね。

戸田　三木のり平さんのお話で、喜劇とシリアスな芝居の違いっていうのは、例えば、幽霊が出てくる芝居の場合、普通のシリアスな作品では、まず、幽霊を怖がる人を出す。そして、この場所がいかにただならぬ場所かを観客に知らせて、それから幽霊が出てくるので怖い。だけども、我々喜劇の場合は、幽霊のほうがまず出てくると言いますね（笑）。

浜村　で、怖がる人がなかなか怖がらない。で、いつ怖がるか。いつ幽霊を見るか。その面白さですね。ヒッチコックもチャップリンもそういうことやりましたね。

戸田　『鳥』という作品で、ティッピ・ヘドレンが、教会の外のベンチに座っていたら、最初、鳥が一羽、バタバタバタッ……と飛んできて電線に止まりますね。次に映ったら、その鳥が二羽なっている。次に見たら、五、六羽になっていて、今度見たら、教会の屋根から、電線、ブランコ、ジャングルジムまでびっしりと鳥が止まっている、というね。

浜村　やっぱり盛り上げていきますね。

戸田　『鳥』の冒頭のほうで、ティッピ・ヘドレンがボートで一羽の鳥に襲われて額に怪我を負う。あまり姿が見えない。だんだん、だんだん鳥の姿が見えてきて、数が多くなってゆく。のちにスピルバーグの『ジョーズ』（七五）という作品でも同じやり方をしていましたね。

浜村　『鳥』というのは、置物、剥製を随分と撮影に使っているようですね。ヒッチコックがね、ティッピ・ヘドレンを口説いて困ったって言うてましたですね（笑）。

戸田　のちにその話がテレビ映画にもなりましたね。

浜村　ティッピ・ヘドレンは、うちの番組へゲストに来ているんですよ。映画プロデューサーと結婚しましてね。どっかの谷間に大きな家を持っていてね。そして虎とかを飼っているんですよ。その子どもを連れてね、日本に来たんですよ。で、『ロアーズ』（八一）という映画を撮りましてね。吠えてる声という意味ですね。その映画のキャンペーンを兼ねて来たんですよ。うちの番組は、その映画の試写もやりました。そしたら、子ども連れで、試写の招待券一枚でね、親子連れで来るからね（笑）、会場の座席なんかはすぐに埋まりました。

戸田　客席がうるさいんじゃないですか。

浜村　うるさいしね、走り回るしね。定員以上に入るし、もう、嬉しいやら、困ったやらね、妙な経験をしましたね。

戸田　ティッピ・ヘドレンは、ズッ――ッと美貌は変わりませんでしたね。

浜村　変わらなかったですね。夫と一緒に来たんですがね。ティッピ・ヘドレンの娘がヒッチコックのことを証言したんです。

戸田　メラニー・グリフィスですか？

浜村　メラニー・グリフィスやったかな。「ママがね、『鳥』という映画の撮影時にヒッチコック監督に口説かれて困ったわってよく話してましたよ」って言ったんです。

戸田　ティッピ・ヘドレンの家に関西テレビの『ハイ！土曜日です』という番組で桑原征平アナウンサーが行って、ライオンに襲われて怪我をしたって話がありますね（笑）。

浜村　あッ（笑）、そうですか。へえ。

第七章　浜村淳がお勧めする古今東西の名画

この章は、浜村淳が皆さんにぜひとも見てほしいと願う、古今東西の名作について語っている。『旅情』『ローマの休日』『駅馬車』『風と共に去りぬ』『北北西に進路を取れ』『禁じられた遊び』『サウンド・オブ・ミュージック』といった洋画に、『二十四の瞳』『残菊物語』、成瀬巳喜男監督の諸作品から『小早川家の秋』『五辯の椿』『仁義なき戦い』『影武者』などの邦画が選ばれた。本書のまとめとして最後に浜村は映画の魅力について滔々と語る。

『旅情』

戸田　浜村さんは、長年映画をご紹介されてこられましたが、ぜひこの作品だけは見ていただきたいというお勧めの映画があればお話し願いたいのですが……。

浜村　う～ん、難しいですね。デヴィッド・リーンで言いますと、やっぱり『旅情』（五五）、『戦場にかける橋』（五七）、『アラビアのロレンス』（六二）、『ドクトル・ジバゴ』（六五）……どうしても、これらの作品は出てきますね。

戸田　『旅情』は、特にお勧めの映画ですか。

浜村　とにかくね、ジェーンというOLさん、これ、キャサリン・ヘップバーンですね。名女優ですわ。三十八歳で結婚の経験もないし、恋愛の経験もない。やっと休暇をとってヴェニスへ遊びに来る。その時に彼女が持ってきたのは、8ミリ映画のカメラです。あの頃、ブームやったんですね。

戸田　あの時代はそうなんですか。

浜村　日本でも、「私にも写せます」という扇千景さんがフジカシングル8のコマーシャルをテレビでやっていましたね。まだ、ビデオの時代がきてなかったんです。動画が撮れるというので、ものすごいブームになった。サマータイム・イン・ヴェニス、『旅情』の時も、キャサリン・ヘップバーン扮するジェーンは、それを持ってくるんですよ。そしてヴェニスへ着いた。水の都でしょ。するとタクシーも船、消防自動車とは言わない、消防船ですね。これも船でしょ。

戸田 移動は船でするんですね。

浜村 そうです。パトカーも船。見るものすべてが珍しい。さかんに8ミリカメラを回すんですよ。これが、可愛い、可愛い、可愛いですね。で、三十八歳になって恋愛も結婚も経験していない。そういう女性の切なさがよく出ていますよ。せめてヴェニスへひとり旅して心を慰められたい。民宿に泊まる。そこに一緒に泊まってる人々が、皆、屋上に集まって雑談しますね。そして、キャサリン・ヘップバーンが、「私、ワインを奢りますから、ご一緒にどうぞ」と言って「プレイゴー、プレイゴー……プリーズ、プリーズ……」って言うと、皆理由をつけて立ち去ってゆく。あとにポツンと猫一匹が屋上のベランダに残りますね。もうなんとも言えない。切ないですね。この切ない人がお土産物屋の主人＝ロッサノ・ブラッツィに恋をしてしまうんですね。このあたりの段取りの上手ですね。そしてついに彼の家へ招待される。招待された時に思いっきりおしゃれをする。服も買います。それからウサギの形をした赤いハイヒールを買ってそれを履いていくじゃないですか。で、彼女はくちなしの花が好きですね。白いくちなしの花を手に持って、暗い運河の畔を一緒に歩いていると、ポトンとくちなしの花が川へ落ちるんですね。それを彼がしゃがんで拾おうとしたけど、拾うことができない。やがて、彼の部屋へ行った。ちょうど花火の上がる晩なんですね。さかんに遠い夜空に花火が上がってます。その時に、初めて男女の仲になるわけでしょ。彼女にとって、三十八歳になって初体験ですよ。本来なら、そこでね、もう彼女は心がホロホロホロ……と崩れるだろうと思うんですが、「私、明日、アメリカへ帰ります」と。このあたりの切なさね。「送りに来ないでね」って言った、あの一言が泣かせるんですよ。

戸田　でも、待っているんですよね。

浜村　そうです。なまじ未練が残ったらいけないから、「私、明日、ヴェニス駅から列車に乗ります。送りに来ないでくださいね」って言うじゃないですか。ところが、そのロッサノ・ブラッツィ、相手の男には、奥さんがいて、病気で療養所にいるということが分かって、いつまでもこんな不倫

『旅情』パンフレット

……道ならぬ恋に引きずられていては、自分の人生がダメになる。寂しいけども、やっぱり、アメリカへ帰ってOLのひとり暮らしでまた生涯を過ごそうと、一瞬のうちに心に決めるでしょ。でも、ヴェニスの駅で列車に乗って、「彼がひょっとしたら送りに来るんじゃないか」と窓から顔を出して伸び上がるようにして、改札のほうを見てます。と、プラットホームにいっぱい人がおりますね。でも、彼は来ない。諦めかけた時に、人混みの向こうから彼が人をかき分けて走ってくるじゃないですか。手には小さな白い箱を持っている。列車がブァッ、ブァッ、ブァッ……と動きだした。彼が走ってくる。走って、走って、走って……列車に追いつく。列車の窓からジェーンが手を出して受け取ろうとする。プラットホームを走りながら、彼がその白い小さな箱を渡そうとする。もうちょっとのところで届かないんですよね。彼が立ち止まって、白い箱、小さな箱をバリッと破りますね。白いくちなしの花一輪……夕べ、暗い運河に落ちて流れていった。あれと同じ白いくちなしの花一輪が出てくるでしょ。これを手に持って振りますね。「これを君にプレゼントしようと走ってきたんだよ。でも渡せなかった。残念だけど、これなんだ」と言うて振って見せたら、列車の窓からほとんど上半身を乗り出しているヘップバーンは、「分かった……」。頷きますね。手を振りながら、「分かった……あなたの気持ちはよく分かった。でも、この恋に囚われていたら私、中途半端な一生になってしまう。もしかしたら、ヴェニスを立ち去ることができないかも知れない。でも、あなたには病気とはいえ、奥さまがいる。では、私はどうなるの？　この際、アメリカへ帰る。また、ひとり暮らしに戻る。これがいちばん賢明だと思って、この道を選んだのよ」って、そんなセリフは一言もない。表情と仕ぐさに全部現れてますね。そうして、ブゥワ～ッと涙が吹きこぼれます。そのジェーンを乗せて列車は本土とヴェニスをつないでいる白い鉄橋をポポポポポポッ……と走ってゆく。それを俯瞰で撮ってますね。ロングにカメラを引いて。このあたりの作り方の上手さって（笑）、名人芸ですね。

戸田　あと、くちなしの花の小道具としての上手さですね。これは恋が叶わないっていうことで二つの場面で使われますね。

浜村　そうですね。で、面白い少年がひとり出てきたりね。

戸田　物を買わそうとして、キャサリン・ヘップバーンの子分みたいになるんですよね。

浜村　そういうことですね。そしてお土産物屋さんへ行って、赤い色のヴェネチアングラスをお土産にふっかけられる。ところが同じ民宿に泊まっている夫婦がもっと安い値段で買うて帰ってくる。ああいうエピソードを上手いこと作り込んでいますねえ。

『ローマの休日』

戸田　同じヘップバーンつながりで、浜村さんは、オードリー・ヘップバーンのアメリカのデビュー作ですね、『ローマの休日』がお好きですよね。

浜村　いや、そらもう、名作中の名作ですよ。ところが、たったひとつ残念なことは、『ローマの休日』には、世界的にヒットしたテーマ曲がないんですね。

戸田　あ～、そうですねえ。

浜村　『旅情』の場合、「サーマタイム・イン・ヴェニス」という曲は、映画以前からあった曲らしいですけど、それから例えば、『禁じられた遊び』（五二）。これはもともと「ロマンス・デ・アモーレ」という民謡でしょ。それから、ゲーリー・クーパーとオードリー・ヘップバーンが主演した『昼下りの情事』（五七）は、「魅惑のワルツ」というテーマ曲。これももともとヨーロッパにあった曲です。でも、それを上手く映画に取り入れて世界的にヒットさせていますね。『ローマの休日』で、なんでこの手を使わなかったのか。これがたったひとつ残念な点ですね。

戸田　まあ、特に期待して作った作品でもないようですね。小品みたいな作り方のモノクロ映画ですしね。

浜村　そうですかねえ？　で、ワイラーは、肩の力を抜いて気楽に作ってるでしょ。溝口健二監督が肩の力を抜いて、気楽に撮ったのが、『祇園囃子』（五三）でしょ。肩の力を抜いてるから、面白い。どっちもそう！　『ローマの休日』もそうですし、『祇園囃子』も面白いんですね。

戸田　ただ、『祇園囃子』は、悲惨さがありますけどね（笑）。

浜村　（笑）

戸田　『ローマの休日』は、やっぱりロマンスですね。悲恋といえどもロマンスです。

浜村　『祇園囃子』は、姉さん芸者の木暮実千代が、人身御供みたいになるじゃないですか。まあ、それはかわいそうですね。建設業者が市役所のお役人に取り入るために木暮実千代を提供するという、そういう悲惨さはありますね。

戸田　『ローマの休日』のオードリー・ヘップバーン。オードリーは、このあと『麗しのサブリナ』

（五四）っていうビリー・ワイルダーの作品にも出ますけれども、この一～二作でコメディエンヌの地位を獲得しますね。

浜村　そうですね。可愛いですからね。何をやっても、可愛いし、面白い妖精みたいにね。

戸田　『ローマの休日』の冒頭の舞踏会のシーンで、各国の大使らが挨拶に来るシーンで、靴がね。

浜村　ロングドレスの隠れている中で靴を脱いだりするでしょ。

戸田　それがコトンと倒れて、前にこぼれるというようなね。

浜村　これをね、この間、梅田芸術劇場で宝塚がやったんです。早霧せいながグレゴリー・ペックの新聞記者の役ですね。そうして、相手の娘役が咲妃みゆでした。これが可愛いアン王女を演った

『ローマの休日』パンフレット

んです。で、あの靴の場面をどうしたか、と言うとね。壇上へ上がっていって椅子に座る。その壇上へ上がる途中で片一方の靴を脱げたことに気がつかないはずはない。大勢の人が見てる前ですから、戻って履きなおすなんて無様でしょ、そのまんまにして椅子に座っているという風に変えてありましたですね。

戸田　映画のようにクローズアップはできませんもんね。

浜村　でね、映画と同じやと驚いたのは、舞台でもローマの街を本物のスクーターで走り回るんですよ。背景がどんどん、どんどん変わってゆくんです。ローマのコロセウムとか、いろんな場面を見せてね。

戸田　あのエディ・アルバートの車がスクーターの前を走ってカメラで二人を撮影するシーンは、どうしていたんですか？

浜村　あのね、そういう舞台ではとてもできない場面はやってない（笑）。でも、カメラマンも上手く、映画そのまんまでやりましたね。私、アン王女たちが宿泊した、あの場所へ行ってるんです。

戸田　お城みたいな場所ですよね。

浜村　そうですね。あれは大使館か何かでしょ。今ね、なんぼでも入らせてくれますよ。そらね、私が行った時は、ローマ在住の日本の会社がパーティを開いていました。料金さえ払えば、パーティにも貸してくれます。

戸田　クライマックスに川沿いのパーティシーンがありますね。

浜村　船の上ででしょ。あの場面も宝塚がそのままやりましたね。いちばん難しいのは、最後の記者会見の場面ですよね。で、その前に大使館の前で車で送っていって別れる時に初めてキスするでしょ。それも淡いキスですね。すぐヘップバーン＝アン王女は車から降りて大使館へ帰ってゆく。

戸田　ずぶ濡れでね。

浜村　そうなんです。川へ飛び込んだから。もうとにかくたった一度のキスですね。グレゴリー・ペックの新聞記者も、もう会うことはない。切ない思いで後ろ姿を見送りながら、あくる日、記者会見で、もういっぺん会うじゃないですか。その時に、有名なセリフ、「王女様、方々の国を訪問されましたが、どこがいちばん想い出に残りましたか」と訊かれた時にアン王女が、「はい、どこの国にもそれぞれいいところはありますが……ローマです」というあたりからね、舞台でも泣かせましたですね。

戸田　オードリーは、「ローマ……」って言うんですけれどね。吹き替えの池田昌子さんは「ローマです」って、はっきり言いましたけどね（笑）。

浜村　（笑）

戸田　最後に記念写真を撮る時に、エディ・アルバートがライターに仕込んであるカメラ――ずっとローマの街でアン王女を隠し撮りしていた――それで撮って、オードリーが、目をパッと見開くシーンなんか面白かった。

浜村　船上パーティで、アン王女が秘密警察を相手に、あばれる場面では、「はいッ、もう一度ギターを振り上げて！」なんてシーンがありましたね。

戸田　最後に「ローマの想い出です」と、その写真を見せられて、オードリーが慌ててしまう。

浜村　だから、あの記事と写真をそのままアメリカの新聞社の本社へ送っていれば、ごっついボーナスをもらえるところやったんですが、アン王女のためを思って、記事は書かないし、写真はアン王女に渡してしまう、あのへんは泣かせますね。

戸田　結局、最後はグレゴリー・ペックだけがひとり残って余韻を持って後ろ姿で去ってゆくんですよね。

浜村　そうですねえ。

戸田　ペックって、後ろ姿で余韻を持って去ってゆく場面が多いですね。『アラバマ物語』（六二）の最後もそうでした。

浜村　弁護士の役ですね。

戸田　裁判所から去っていきますもんね。二階席では、黒人たちが立ち上がって見送っている。

浜村　そうです。実は、あの『アラバマ物語』で、母を亡くした二人の坊やとお嬢ちゃん、父親がグレゴリー・ペックの弁護士でしょ。あの家の裏に住んでる何か怖い怖い男がいますね。

戸田　ボーと言いますね。

浜村　そうですね。あれがこの前も言いましたが、ロバート・デュバルのデビューでしょ。ホントはいい人なんです。そういうグレゴリー・ペックみたいに後ろ姿が画になる俳優がスターやと思いますね。

戸田　高倉健さんみたいなね。

浜村　健さん……（笑）。そうですね。哀愁の高倉健ですね。

『駅馬車』

戸田　ジョン・ウェインは、アメリカのヒーローみたいな存在ですけれども、浜村さんは、お好きですか。

浜村　やっぱり『黄色いリボン』（四九）のジョン・ウェインが好きですね。だいたいタイプから言うと粗削りな人でしょ。

戸田　『駅馬車』（三九）では、リンゴー・キッドですよね。最初に駅馬車が走りだして、走りだして……途中で銃声がなると、ライフルをクルクルッと回したジョン・ウェインが立っていますね。

『駅馬車』パンフレット

浜村　途中から駅馬車に乗りこんでくるんですよね。

戸田　その時にカメラがスゥ――ッと、ジョン・ウェインに寄ってゆくじゃないですか。あれは歌舞伎の見得ですね。

浜村　はー、なるほどねえ。それで江戸時代、歌舞伎の世界では、上方――京・大阪は細かい、いわゆる優男の仕ぐさ、それに対する女性の恋心――それは上方風でとても人気があったけれども、江戸では受けつけないですね。

戸田　荒事と言いますね。

浜村　荒事！　諸国から働き、仕事を見つけて、いろんな土地から、いろんな人が集まってくる。そういう街ですからね。感情細かい表現、情緒的なものは、あんまり受けつけない。例えば、『吉田屋』の夕霧・伊左衛門とか、あんなんは受けない。で、思いっきり荒事が受けたんですね。

戸田　伊左衛門なんて、江戸から見たら舐めとんのかい！というような話ですもんね（笑）。

浜村　（笑）。私はね、二代目中村鴈治郎さんの舞台を見た。出し物は忘れましたがね。ひとりの若旦那が、遊女に逢いに行こうかどうかと歩きながら、柳の下まで来るんですよね。そこでまた迷うんですね。

戸田　『河庄』なんかそうですよね。

浜村　『河庄』もそうですね。迷いながらね、羽織がスポッと下へ落ちるんです。そういう繊細な演技、繊細な感情表現です。江戸は、もう空っ風の街で、諸国から人が集まってくる街ですからそんな芝居は受けつけない。そんな時に、「暫く……暫く、暫く、暫く……」というような荒事、これが受けるわけでしょ。

戸田　関西は和事って言いますわね。

浜村　こっちは和事、そうなんです。これが、東京――江戸では荒事で、こっちが遥かに拍手喝采を受けたと言いますよ。

戸田　淀川長治さんにお聞きした話ですが、淀川さんは神戸の出身ですよね。のちに東京に住まれて、ご両親を呼び寄せられた。で、歌舞伎座へ連れて行った。当時は、六代目尾上菊五郎っていうね。

浜村　名優ですよ。

戸田　その名優を「お父さん、お母さんに見せたのね。喜ぶかと思ったらね、ちっとも喜ばないのね。やっぱり関西人だから、（初代中村）鴈治郎がいいのね。あのねっとりとしたのがいいんですね」っておっしゃっておられました。

浜村　江戸は、あっさりしてますからねえ。

戸田　今の浜村さんのお話の反対のエピソードですね。

浜村　それは分かりますわ。

『風と共に去りぬ』

戸田　『風と共に去りぬ』（三九）。この作品も『駅馬車』と同じ一九三九年の作品ですけれども、この映画は浜村さんも大好きなんですよね。

浜村 大好きですよ。なかなか日本では上映しなかったですね。もともと昭和十四年の作品でしょ。戦争があったため、日本では上映されたのは、最初、何年でしたっけ？

戸田 もちろん戦後ですね。

浜村 戦後です。それも何年か経ってからですよ。

戸田 戦争中に兵隊さんで上海で見た人で、「こら、アメリカに勝てんで」と思った人が何人もいたらしいですね。

浜村 それは、小津安二郎監督とか、マキノ雅弘監督とか、上海で見た、香港で見たという人たちですね。なぜ見られたかと言うとアメリカ映画も名作は、アメリカ軍が上海や香港に貯蔵していて、折を見ては兵隊に見せていた。それ、まだ日本が戦争に勝っていた時代にね、飛行機に乗って見に行く機会があったそうで、マキノさんも小津さんも見て仰天した。『白雪姫』（三七）でしょ。『風と共に去りぬ』でしょ。そういったものを「へー、こんなものを作る国と戦争しても太刀打ちできん」と思たんですね。

戸田 『オズの魔法使』（三九）も同じ年ですね。で、これらはカラーなんですよね。

浜村 『白雪姫』なんて、昭和十二年に作ってるんですよ。この時代の日本の映画で、大大大ヒットして、三部作、四部作と作られたのは、『愛染かつら』（三八）でしょ。それに比べてみなさい。決して日本映画の悪口を言うわけやない。昭和十年前後でも山中貞雄とか、もう名作ばっかり撮りました。でもね、『白雪姫』と『愛染かつら』を比べるとね、どうしてもね（笑）。

戸田　今、『愛染かつら』を見るとつらいものがありますね。

浜村　軍配は『白雪姫』に上がります（笑）。それから二年経って『風と共に去りぬ』でしょ。だから、映画を見ただけでね、「こら、日本はムチャな戦争をやってるな」「勝てんで」と、まだ戦争に入る少し前ですけれどね。戦争をやろうとしている。「それは無理やで！」という気持ちが強かったんですねえ。

戸田　のちに『風と共に去りぬ』は、何十回とリバイバル公開されました。「16回目のリバイバル公開」なんていうのが、キャッチコピーになってました。この映画のレッド・バトラーとスカーレット・オハラ役は、ほかには考えられない配役ですね。

『風と共に去りぬ』パンフレット

浜村　もともと原作者のマーガレット・ミッチェルは、「レッド・バトラーは、クラーク・ゲーブルでないとダメ」って、初めからイメージをして書いてますからね。

戸田　スカーレット・オハラ役もいろんな人がオーディションを受けてますけれど、ヴィヴィアン・リーを見ると、他の人ではちょっと見れないですね。

浜村　まあ、適役ですね。あのオーディションを、当時のスターは全部受けているんですね。そのフィルムを見たんですけど、そしたら、グリア・ガースンからスーザン・ヘイワード……。

戸田　ベティ・ディビス、ポーレット・ゴダード……。

浜村　そうです。ポーレット・ゴダードなんて、チャップリンの元奥さんなんですね。

戸田　ポーレット・ゴダードは、オーディションで残ったんですね。

浜村　残ったらしいですよ。野性的でしたからね、ゲーリー・クーパーと共演した『北西騎馬警官隊』（四〇）、『征服されざる人々』（四七）とか、野性的な役がポーレット・ゴダードは上手かったですね。彼女が十五歳の時にチャップリンは『モダンタイムス』（三六）という映画で使って、のち嫁にして、新婚旅行で日本まで来ますよね。

戸田　『モダンタイムス』の時も少し野性的ですね。

浜村　そうですね。ヤンチャな女の子。

戸田　盗んだバナナを波止場で立ったまま大股開きで食べるシーンがありますもんね。

浜村　そのポーレット・ゴダードも受けたけれども、結局は選ばれなかった。結局、スカーレット・オハラの役が決まらないままに撮影が始まったらしいですね。

戸田　そうなんですよね。ですから有名な火事のシーンがあるじゃないですか。

浜村　アトランタの街がね、南北戦争で焼け落ちる場面は、他の映画で使ったセットがそのまま残っていたんで（笑）、「これに火をつけたら」と言うて、セットを燃やしてあのシーンを撮ったんですね。

戸田　その場面では、役が決まっていないのでスカーレットの顔が映らないようにしてるんですよね。

浜村　大勢の人が「おもろい場面を撮影するらしいで。見に行こう、見に行こう！」って、現場を見に来たんですよね。ヴィヴィアン・リーは、当時、イギリスの国宝と言われた、ローレンス・オリヴィエとW不倫の関係だったんですね。オリヴィエは、度々アメリカで映画に出ています。

戸田　『レベッカ』（四〇）の撮影に来ていたんだという説がありますね。プロデューサーは、デヴィッド・O・セルズニックです。

浜村　なるほど、『風と共に去りぬ』と一緒のプロデューサーやったんですね。

戸田　ヒッチコックのアメリカ第一作の『レベッカ』のほうがあとに公開されていますけども。

浜村　『リトルロマンス』（七九）にもオリヴィエが出てますけどね。

戸田　もう、お爺ちゃんになってましたね。

浜村　そうです。まあ、ローレンス・オリヴィエがアメリカへ撮影に行ったのを追いかけて、ヴィヴィアン・リーが来たわけですね。そしていよいよアトランタの街が燃える場面をクレーンにカメラを乗せて、グゥ――ッと上へ上がるんですよ。そうするとエージェントの社長が一緒に乗っててね。プロデューサーのセルズニックに「おい、君のスカーレットがあそこにいるじゃないか」と言ったら、見物している連中の中にヴィヴィアン・リーがいた、というのはウソでね。見事に宣伝の材料として作り上げた話ですよ。あの作品は、監督を途中で替えてるでしょ。

戸田 そうですね。ジョージ・キューカーが初め撮ってました。

浜村 撮ってます。やっぱりダメでヴィクター・フレミングになった。今、映画を見ると、監督＝ヴィクター・フレミングになってますね。

戸田 ただ、ジョージ・キューカーのところへ演技指導を受けに、ヴィヴィアン・リーは通っていたらしいですね。

浜村 ジョージ・キューカーの名前がタイトルのどっかに出てませんか。

戸田 出てないですね。

浜村 かわいそうですよね。

戸田 『マイ・フェア・レディ』（六四）とか、有名な監督ですもんね。

浜村 『スタア誕生』なんて、二回も撮ってますもんね。

戸田 特にジュディ・ガーランドの『スタア誕生』（五四）は、良かったです。三時間ぐらいありましたね。

浜村 ジェームズ・メイソンと一緒に出てました。あの映画も良かったですね。

結局、『風と共に去りぬ』は伝説をつくり上げました。プロデューサーのセルズニックは、家まで抵当に入れて資金を作った。コケたらもう借金が膨大な金額になって返せないから、自殺する覚悟やったんですね。でも、撮りました。

戸田　映像がすごいですよね。メラニーに子どもが生まれるというので、スカーレットがお医者さんを訪ねて、アトランタの街へ行くと、見渡す限り南北戦争の負傷兵がズラッ――ッと横たわって並んでいるという場面を俯瞰で見せますね。

浜村　駅前の広場ですね。あれはね、本物は手前に並べて、向こうのほうはマネキン人形を使ってます（笑）。今ならCGで作るんですがね。ただね、この映画で成功したのは、まずメーキャップですね。埃と煙にまかれても落ちないメーキャップは、その頃にはなかったんですって。それをマックスファクターが開発したんです。だから避難する場面でも、炎や煙や埃にまみれてもメーキャップが落ちなかった。それ以後、日本でも舞台、映画のメーキャップは、マックスファクターを使っていました。今はそうじゃなくなってきましたけどね。

で、主役はヴィヴィアン・リーで決まった。これはホントは、随分と売り込んでたんだそうですね。

戸田　イギリスにいてる時からエージェントにお願いしていたんですってね。

浜村　（笑）。そうなんですよ。だから、そんな伝説を作るんですよね。でも、映画は結果的に大ヒットですね。

戸田　もう今や古典ということになっています。

浜村　歌舞伎みたいなもんですね。

戸田　その後、舞台にもなったりとかしてますもんね。

浜村　長くても退屈させない。

『北北西に進路を取れ』

戸田　ヒッチコックの作品では『北北西に進路を取れ』(五九)がお勧めだそうですね。
浜村　私はいちばん好きですけどねえ。
戸田　あの作品は、ヒッチコックの集大成みたいな映画ですね。
浜村　そうですね。『モダンタイムス』(三六)がチャップリンの映画の集大成であるようにですね、ヒッチコックの集大成は『北北西に進路を取れ』ですね。
戸田　巻き込まれ型の代表作ですね。
浜村　犯罪に巻き込まれる。ほかには『めまい』(五八)という映画も好きなんです。
戸田　この作品は『北北西に進路を取れ』と違って、ユーモアが少ないほうの作品ですね。
浜村　そうですね。ほかにも『裏窓』(五四)、『泥棒成金』(五五)も好きですね。『ハリーの災難』(五五)って、あんまり面白いと思わなかった。
戸田　この映画は、桂米朝師匠の十八番『算段の平兵衛』という上方落語がありますでしょ。死体を方々に動かすという趣向は一緒ですね。
浜村　はいはい……で、『知りすぎていた男』(五六)も面白いでしょ。
戸田　元は『暗殺者の家』(三四)ですね。

浜村 ええ、それの二回目、リメイクですね。ただ、ドリス・ディが歌う「ケ・セラ・セラ」という大ヒットソングを生んだんでね、やっぱりこっちのほうがいいですね。

戸田 「ケ・セラ・セラ」が劇中のひとつの鍵となる。

浜村 もう、重大な要素ですよ。初めにお医者さんが学会でパリへ来て、帰りに妻と子どもを連れてアフリカへ遊びに行く。そこから事件に巻き込まれてゆく。ママは、元歌手でしたからね。さかんに子どもに、♪なるようになる…って、「ケ・セラ・セラ」を教えるでしょ。それが最後に誘拐された坊やを探してですね、外国の大使館へ入り込むと、広すぎてそこに坊やがいるのかまったく分からない。そんな時にママのドリス・ディが「ケ・セラ・セラ」を歌うんですね。するとどっか

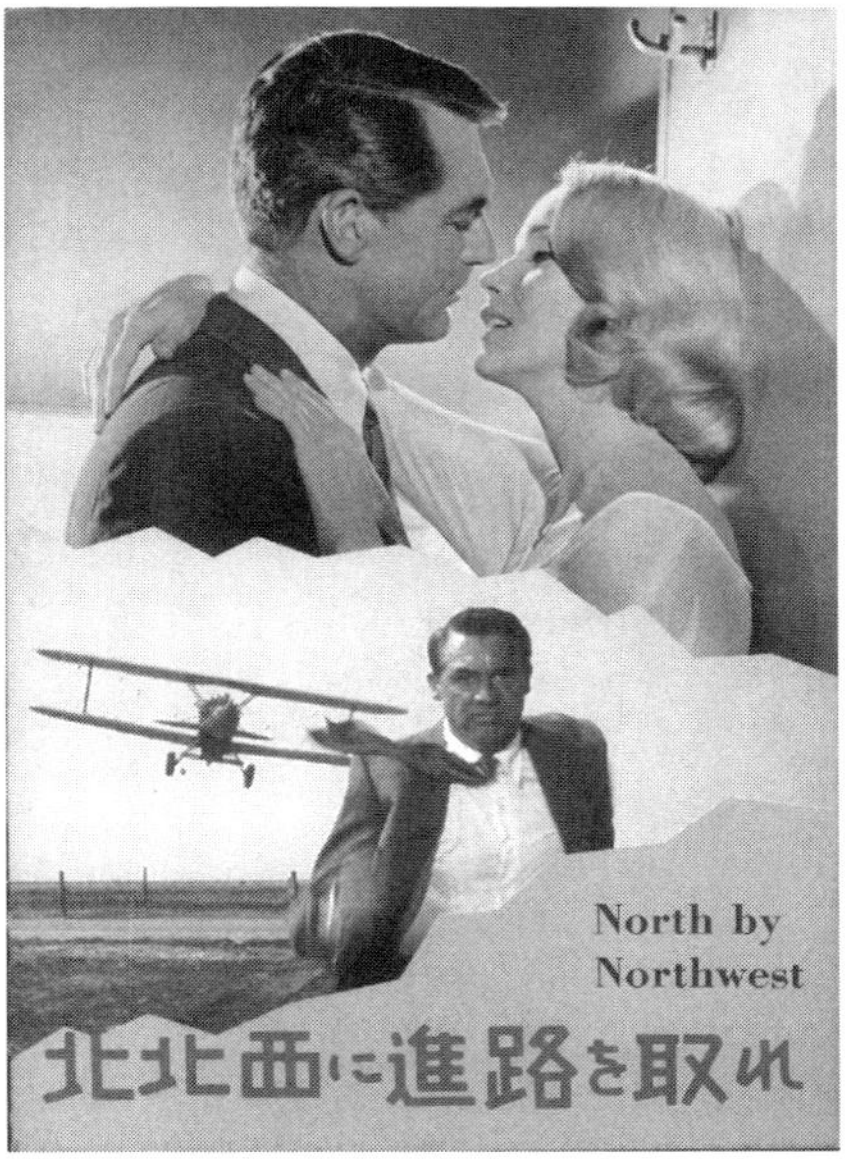

『北北西に進路を取れ』パンフレット

遠くから小さく坊やがママの声に合わせて、♪ケ・セラ・セラ…って、歌う声が聞こえてくる。これで坊やのいる場所を発見するというね。まあ、ヒッチコックらしい作品、上手い演出なんですよね。これも好きですね。

戸田　映像は、カラーでワイド画面ですね。『北北西に進路を取れ』は、もう最初からユーモア、ユーモア、ユーモア……ですよね。

浜村　ハッハハハハ……！

戸田　ゲーリー・グランドがだいたいおかしい人ですよね。

浜村　そうです。

戸田　彼にお母さんがいて、彼女に頭が上がらない。複葉飛行機に追跡されたり、ラシュモア山での追っかけとか見どころが多いですね。

浜村　待ち合わせ場所の野っ原の真ん中に国道が一本走っているだけのバス停で待っていると、消毒薬を散布する飛行機が飛んできて、襲いかかってくるんですね。

戸田　その前にバス停で待ってる農家のおっさんみたいな人が「あのへんに畑はなかったがのォ」と言って、バスに乗って行ってしまう。あれが怖い。

浜村　「なんで飛行機が来て、薬を撒きよんじゃ」（笑）と。あれは名場面ですよ。最後のラシュモア山、歴代の大統領の顔を刻んだ山での追っかけです。エバァ・マリー・セイントが敵か味方か分からん女で出てくるでしょ。

戸田　イブ・ケンドールっていう名前でしたね。

浜村　あ〜、そうです。あのへんの上手さですね。組み立て、筋立ての上手さ。

戸田　敵が追いかけているマイクロフィルム――マイクロフィルム自体には意味はないんですよね。それをどう重要に見せてゆくかですね。

浜村　私は『北北西に進路を取れ』は、いちばん好きですよね。

『禁じられた遊び』

戸田　先ほど少しお話が出ましたが、ルネ・クレマン監督の『禁じられた遊び』は、どこが見どころだと思われますか。

浜村　あれはラストシーンでしょうね。「ミッシェール！」って言いながら、少女時代のブリジット・フォッセーが追いかけてゆく。

戸田　五歳ぐらいですよね。

浜村　人混みの中へ消えてゆく。自分に優しくしてくれた農家の少年ミッシェルを追う。施設に連れて行かれる駅の待合室でね。誰かが同じ名前の「ミッシェル！」って叫ぶんですよね。と、少女が「あのミッシェル少年が近くにいるんじゃないか」と「ミッシェル……ミッシェル……」と叫びながら人混みの中へ紛れ込んでゆく。だから、そこで終わるんですが、少女は結局、施設へ連れて行ってもらえないわけでしょ。勝手に離れていったから。

戸田　カメラが俯瞰になって、あのテーマ曲が高らかに響いて終わりますからね。

浜村　戦争反対なんて一言もあの映画は叫んでない。それでいながら、戦争の悲しさを描いてますね。まず冒頭で見せるでしょ。街を逃げる人々の行列、その頭の上を飛行機が襲いかかってきますね。人々が倒れてゆく。あの少女の両親もやられますね。

戸田　橋の上のところですね。

浜村　そうなんです。それでも死んだ仔犬を抱いたまま彷徨っているとほかの人が「いつまでこんなもん抱いてんねん!」って言うて、橋の上から犬を川へ捨てる。その犬ちゃんを追いかけて、少女は橋から川岸へ降りていって、やがてミッシェル少年とめぐり逢う……あのあたりの悲しさですね。

戸田　それが禁じられた遊び——十字架を集めるということになっていくんですね。

浜村　そうですね。あの「ロマンス・デ・アモーレ」というテーマ曲が大成功ですね。

『サウンド・オブ・ミュージック』

戸田　浜村さんが選んでくださった作品の中で『サウンド・オブ・ミュージック』(六五)は、ブロードウェイで大ヒットしたミュージカルの映画化ですね。

浜村　あの作品は家族揃って皆で見て楽しい映画ですよね。

戸田　ジュリー・アンドリュースの声は耳に残るいい声ですよねえ。

浜村　上手いですしね。

戸田　一時、手術で声を失った時期がありましたね。

浜村　『マイ・フェア・レディ』（六四）が舞台では、ジュリー・アンドリュースでしょ。

戸田　ですから、アカデミー賞の時に、『マイ・フェア・レディ』の出演者の中で主演したオードリー・ヘップバーンだけがノミネートされてなかった。

浜村　歌は吹き替えでしたしね。

戸田　吹き替えたマーニー・ニクソンって、この前、亡くなりましたね。

浜村　ええ。マーニー・ニクソンって、『サウンド・オブ・ミュージック』では尼僧のひとりです。トラップさん一家が歌祭りに紛れて脱走して、ドイツ軍の追っ手から逃れるために教会へ走りこむ

『サウンド・オブ・ミュージック』パンフレット

んですね。そして隠してもらうでしょ。と、ドイツ軍が追いかけて、「この教会にトラップ一家が隠れてるやろう?」「いや、そんな人は来ておりません」と言いながら、ドイツ軍が乗ってきた車とか、オートバイのプラグと言うんですか、あれを尼さんたちが引き抜いてしまうんですよ。その一本を手に持って、「ああ、神様、私たちはまた罪を犯しました」と言うのが、マーニー・ニクソンですね。

戸田 あ、そうですか。歌を歌うシーンもありましたですね。

浜村 確かあったと思いますね。

戸田 『王様と私』(五六)のデボラ・カー、『ウエストサイド物語』(六一)のナタリー・ウッドもマーニー・ニクソンの吹き替えですね。「トゥナイト」を歌っています。

浜村 随分、大スターなんですね。

戸田 吹き替えではそうですね。

浜村 ただ、大スターではありますが、舞台の人ですから、『マイ・フェア・レディ』を映画にする時は、この人を主役にしても集客力は望めない。

戸田 ジュリー・アンドリュースでは、無理ってことですね。

浜村 ジュリー・アンドリュースもそうです。マーニー・ニクソンもそうですね。だから、オードリー・ヘップバーンに変えて、歌は全部吹き替えでしょ。

戸田 ただ、その年は、オードリー・ヘップバーンにアカデミー賞主演女優賞が再びこなくて、『メリーポピンズ』(六四)のジュリー・アンドリュースにきたのが、これは同情票じゃないかと長いこと言われるんですよね。

浜村 う〜ん。そうでもないんですけどね。ジュリー・アンドリュースは上手かったですよ。で、結局やっと、『メリーポピンズ』で顔を出すことができたわけですがね。

戸田 まあ、『サウンド・オブ・ミュージック』とね。

浜村 そうですね。だから、そういう意味では、ジュリー・アンドリュースにとっては忘れることのできない名作ですよね。

戸田 二〇一五年のアカデミー賞は、『サウンド・オブ・ミュージック』五十周年というので、レディ・ガガが中で歌われた曲をメドレーで歌いましたね。最後にジュリー・アンドリュースを紹介すると、場内がスタンディング・オベーションになりました。

浜村 今年（二〇一六年）のゴールデン・グローブ賞もレディ・ガガが受賞したんです。やっぱり歌は、ジュリー・アンドリュースほどね、上手くないですよ。上手い下手じゃなくて、心に沁みる、魂揺り動かされるような歌い方、ジュリー・アンドリュースはやっぱり上手いでしょ。レディ・ガガは、そこまでは行ってないですね。

戸田 ただ、『サウンド・オブ・ミュージック』の時は、やっぱり感動的でしたよ。あの映画に出てくる有名な曲を全部歌いました。「ドレミの歌」っていうのは、ペギー葉山さんが日本語に訳しましたね。

浜村 そうです。舞台を見てね、ホテルへ帰ってきて、すぐ日本語で作った。ちょっと原詩とは違うでしょ。

戸田　違いますね。

『二十四の瞳』

戸田　さて、今までは洋画のお話をお伺いいたしましたが、邦画で浜村さんが皆さんに見ていただきたい映画っていうことになってくると、どんな作品を選ばれますか。

浜村　やっぱり木下恵介監督の『二十四の瞳』（五四）ですね。

戸田　昭和二十九年の作品です。

浜村　あの年は『ゴジラ』も『七人の侍』も同じ年、この三本が揃ったんですよ。

戸田　『女の園』っていう木下さんの作品もそうですね。

浜村　これも良かったですね。京都の京女という学校をモデルにしたんですね。『人工庭園』という阿部知二さんの小説を原作にしています。ただ、前にも言いましたが、姫路の駅を出発する列車のデッキに田村高廣さんが乗るんですね。田村さんの映画デビューですよ。同志社大学を出て、サンヨー電機に勤めておりましたけれども、お父さんの阪東妻三郎さん、バンツマさんが亡くなったんで、よく似ているというので、跡継ぎにさせられたわけでしょ。で、デッキに立ってる。そうすると姫路城の天守閣に登った高峰秀子がハンカチを振りますね。実際に行ってみると、見えないんです。

戸田　（笑）。ハンカチどころか人も見えないぐらい距離が離れている。

浜村　いや（笑）、なんかゴマ粒ぐらいには見えますけれど、ハンカチを振ってんのやらね、帯を振ってんのやら分からんですよ。

戸田　田村高廣さんは、『二十四の瞳』も、のちに成人した生徒の役で出ていますね。戦争で目が見えなくなった卒業生です。

浜村　そのとおりです。

戸田　『二十四の瞳』は、もう二番がないぐらい日本映画としては極め付けです。高峰秀子が小豆島の小学校分校の大石先生ですね。

浜村　他の監督がリメイクしましたけどね、あんまり感心しなかったですね。

『二十四の瞳』チラシ

戸田　木下映画の時は、小学生の低学年と高学年でよく似た兄弟姉妹ということで十二人集められました。

浜村　だから十二人ですから、二十四の瞳で、それが少年時代と、少し大きくなってからと、大人になってからと三世代を撮りますが、三世代目は、もうプロの俳優、女優ですね。

戸田　映画をズッと見ていますと、少しここでゲンナリするんですがね。

浜村　ハッハハハハ……！　まあ、似てる人を使いましたけどね。もう童謡の使い方の上手さね、泣かずにはいられないというね。木下監督って、そういう点が上手いでしょ。

戸田　それからエピソードで、ユリの花の弁当箱を欲しがるマッちゃんっていう女の子がね、のちに金毘羅さんの門前の食堂で働かされているんですよね。

浜村　そこへ修学旅行でお友だち、同級生が皆来るわけですよね。で、皆が立ち去ってから、船に乗るために港へ向かった。大石先生も来てた。マッちゃんが皆を追いかけて裏路地を伝ってよろけながら走るじゃないですか。

戸田　マッちゃんが歩いてゆくのと、船の移動してゆく速度がシンクロされているんですよね。

浜村　もう波止場へ着いた時は、同級生たちを乗せた船は、もうズゥ――ッと沖合へ出ている。

戸田　♪カラス　なぜ鳴くの…と。

浜村　さかんに童謡をを上手く使っていますね。

戸田　あの時の丼屋のおばはんが浪花千栄子で、「松江、井上がってるえ！」なんていうセリフ一言でキツさを出す。

浜村　二言目には、ハエ叩きでテーブルをバシッと叩くでしょ。浪花千栄子さんって、やっぱり舞台で鍛えたからあんなに上手いんですかね。でも舞台で鍛えた人ってなんぼでもいますもんね。

戸田　舞台で鍛えて、映画へフッと出るといわゆるくさ味が出る芝居になるんですけれど、そうでもないですよね。

浜村　もうひとり杉村春子という人が上手かったですね。

戸田　大阪弁と標準語――東京弁との違いぐらいで二人はよく似たキャラクターですね。

浜村　あのシャキシャキッと歯切れの良いセリフ回しと演技ねえ。

戸田　色街の女将なんか、二人ともよく似合いますよね。

浜村　そうです。でね、浪花さんは、生涯、杉村春子さん、それから新生新派の初代水谷八重子さん、この二人を意識していますね。

戸田　そうですか。まあ、ここに山田五十鈴が入って三大舞台女優と言われましたね。

浜村　そうですねえ。五十鈴さんも上手いし、柔らかいタイプで田中絹代さんも上手かったでしょ。

『残菊物語』

戸田　舞台ものということでは、溝口健二監督の『残菊物語』（三九）、この作品も浜村さんはお好きですよね。

浜村　これはもう大好きですね。特に主役のお徳を演った森赫子がねえ……これがまた先ほどの浪花さん、杉村さんと同じような歯切れの良い演技とセリフ回しでね、もう息をのむほど上手かったですね。

戸田　花柳章太郎が尾上菊之助ですね。

浜村　そうです。五代目尾上菊五郎に実子がなくて養子を迎えた。これが菊之助なんですね。ところが、それから実子が生まれた。これが六代目菊五郎になってゆくんです。そうすると実子が生まれたために養子の菊之助は、「俺はもう粗末に扱われる」と、だんだん荒れてゆくじゃないですか。最で、ついに旅回りの役者にまでなってしまうんですが、ズゥ――ッとお徳はつき添いますよね。最後にまた元へ戻って、一流の歌舞伎役者になって、船乗り込みをやるんですね。それを二人が同棲していた頃の下宿、どっかの家の二階でお徳が病気で伏せっている。そのお徳の耳に船乗り込みのお囃子と威勢の良い声が聞こえてくる。それを耳にしながら、コトンと息絶えてゆくんですよね。これをリメイクでは、淡島千景が演る。菊之助を長谷川一夫が演った。

戸田　その次のリメイクでは、お徳を岡田茉莉子が演っていますね。『残菊物語』は、溝口健二の〝芸道三部作〟の一本ですよね。あと、『浪花女』（四〇）、『芸道一代男』（四一）って、初代中村鴈治郎の物語ですね。この二本は、フィルムが現存してないんですよね。

浜村　ないですか？

戸田　噂だけ聞いて、見たくて仕方ないんですね。

浜村　子どもの頃に見てますけれどね。

戸田　二本ともですか。

浜村　ええ。

戸田　どんな感じの映画でした？

浜村　やっぱり、そら、溝口ですからね。ただ、子どもが見ても分かる映画じゃないです。

戸田　『浪花女』って、田中絹代が出た、文楽の世界の話ですしね。

浜村　『鶴八鶴次郎』（三八）は、成瀬巳喜男ですね。

戸田　これは良かったですねえ（笑）。

浜村　これなんかでも子どもが見てもね（笑）。タダやったから見に行っただけでね。

戸田　『鶴八鶴次郎』の頃の山田五十鈴って、やっぱり綺麗でしたねえ。

浜村　綺麗ですよ。また見事ですよね。後年の成瀬さんを見て、これらの映画を見たら、「ああ、あんな映画を撮る人か」と思いました。いわゆる芸道ものですね。確か『歌行燈』（四三）というのもありました。

戸田　花柳章太郎主演ですね。

浜村　そういう芸道物を撮ってたんかと驚きました。

戸田　『芝居道』（四四）っていう作品もありますね。

浜村　それは私は見てないですね。

戸田　これは、昭和十九年の作品ですね。

浜村　そうですか。戦争激しい頃ですね。

戸田　長谷川一夫と山田五十鈴という『鶴八鶴次郎』のコンビなんですけど、道頓堀角座の前の太左衛門橋の、あのあたりをセットで作っているんですよ。これにはびっくりしました。

浜村　ああ、そうですか。でも、よくやりましたね。私は、子どもの頃は、例えばマキノ雅弘監督が、長谷川一夫、山田五十鈴で撮った、『昨日消えた男』（四一）とかね、ああいう映画は、ほら、子どもでも面白い。

戸田　お裁きものですからね。

浜村　そうなんです。初め遠山の金さんって、ヤクザやったでしょ。それで長屋に住んでいた。その頃、山田五十鈴とほのかな恋心を抱いている。のちに遠山左衛門景元、江戸町奉行になるでしょ。で、悪人たちを裁く。あくまでシラを切っている悪人たちを目の前にして、上下の長袴の片方をバァ――ッとお白州へ降りる階段のほうに投げ出して、片袖を脱ぐと桜吹雪の入れ墨でしょ。子どもでも喜びますよ。そしたらお白州でそれを眺めていた山田五十鈴が「あ、金さん……！」と叫んでアップになる。と、長谷川がポロッと舌を出すでしょ。ああいうところは、マキノ雅弘の職人芸ですわ。

戸田　デコちゃん――高峰秀子もお嬢ちゃんみたいな役で出てきますね。

浜村　はいはい……あの頃は本当に皆、楽しい映画を撮りました。でも、芸道ものは、子どもにはちょっと難しいですねえ。

成瀬巳喜男監督諸作品〜小津安二郎『小早川家の秋』

戸田　成瀬巳喜男監督の作品では、何がお好きですか。やはり『浮雲』（五五）ですか。

浜村　いや、そら『浮雲』は最高ですね。最高に好きですが、『放浪記』（六二）も上手いでしょ。

戸田　『放浪記』はすごいですね。

浜村　すごいでしょ。『放浪記』と言えば、森光子さんと皆、言いますけどね（笑）。

戸田　映画は菊田一夫さんが書いた森光子さんの舞台戯曲から映画台本にしているんですよね。

浜村　映画は、高峰秀子が演りました。

戸田　林芙美子がカフェで働いている時に、両目を左右に散らして、踊っているような感じ。ちょっとアホウみたいな顔をして。あのへんの高峰さんの鬼気迫る芝居というのがすごいですね。

浜村　高峰さん自身は、もう、映画や芸能界が大嫌いやったといつも言うてるでしょ。私がテレビのワイドショーに一緒に出た時もそんなことを言うてましたもんね。

戸田　『流れる』（五六）なんかはどうですか。

浜村　『流れる』、好きですねえ。東京の色街ね。イチャもんをつけるおっさんを宮口精二が演った。黒澤さんは『七人の侍』（五四）で、あんな温厚な人に剣豪の役をさせた。宮口精二さんは、文学座という劇団の人ですね。文学座が団員同士で野球の試合をやる時に、いつもアンパイヤの役を買うて出るんですって。いつも小さな箒と塵取りを自分で用意してくるんですって。で、ベースの上に砂がかぶると、「ちょっと待ちなさい。今、綺麗にします」と言うて、持ってきた箒と塵取りで砂を払ったりするという穏やかな人ですよ。その穏やかな人を久蔵という剣豪にした。山賊を斬って帰ってても、普通の顔で戻ってくるから、木村功さんの若侍・勝四郎がものすごく憧れるじゃないですか。

戸田　「あなたは、素晴らしい人です」。

浜村　そうです、そうです。その宮口精二さんを同じようなタイプに起用した映画もあるんですよ。

戸田　『生きる』（五二）では、顔に傷のある役でしたよね。

浜村　ヤクザの親分でしょ。『流れる』という映画の宮口精二は、鋸山でね、なんか石切職人か何かやっている。そやけどちょっとこわもてでね。文句をつけに来る役を演らせてる、ってこういう配役は面白いけれども、黒澤さんは『生きる』でもヤクザとして使っていますよね。

戸田　成瀬映画では、『乱れる』（六四）という映画もありました。

浜村　『乱れる』は、加山雄三と高峰秀子ですね。高峰が兄嫁ですよね。

戸田　途中、電車に乗って気持ちが高まる。

浜村　最後に悲劇に終わりますけどね。

戸田　この作品も名作ですね。

浜村　成瀬さんの映画って、きめ細かいんですよね。

戸田　監督って、何割打者みたいなところで分けることができますよね。黒澤さんは、九～十割に近いんですよね。ダメと言われる作品でもいいですよ。

浜村　ダメと言われた映画でも、今見ても面白いですよ。『悪い奴ほどよく眠る』（六〇）、『生きもの記録』（五五）、『どん底』（五七）は、ダメと言われるけれども、面白いですよね。

戸田 私は『どん底』は大好きです。成瀬巳喜男監督も、ほとんど十割打者に近い監督ですよね。

浜村 でも派手な作風ではないので、長いこと認められなかった。

戸田 松竹にいてた時は、「小津は二人いらん」と言われて東宝へ行った方ですからね。

浜村 （笑）。小津さん風の作り方ですよね。きめが細かくてね。

戸田 川本三郎さんって評論家の方がいてますね。その人が、淀川長治さんに「あんたは誰が好きなの？」「成瀬が好きです」「まあ、どこがいいの、あんな貧乏くさい映画？」って言われたそうですね。

浜村 ハッハハハハ……！　誰が言うたの？

戸田 淀川さんが…。

浜村 ホンマに………（笑）。

戸田 考えたら『めし』（五一）とかね。まあ、『めし』は、大阪・帝塚山の住宅街の映画でしたけどね。

浜村 でも、原節子が夫婦で住んでいるところは、通天閣の下じゃなかったですか。

戸田 いえいえ、帝塚山の住宅街です。

浜村 そんなええ家やなかったでしょ。サラリーマンが転勤してくる家ですから。

戸田 でも帝塚山ですからね。

浜村 そうかあ。私は貧乏くさいという感じはしなかったです。

戸田　『おかあさん』（五二）なんかは、貧しいクリーニング屋の家です。

浜村　でも、『山の音』（五四）なんか、わりにブルジョア一家ですしね。

戸田　そうですね。小津さん的な、鎌倉ですからね。

浜村　そうです。いい映画がたくさんありましたね。逆に小津さんは、貧乏くさいなんて言われる映画は撮らないですよね。もう上流階級、高級住宅地、そういう人たちばっかりが登場します。同窓会を開いても、一杯飲みに行って集まる、かつての同級生の連中は、皆、社長か、専務かといった重役、そういった人たちですね。

戸田　高橋とよの料理屋のおばはんをからかうんですよね。あれは、毎回、型みたいになっていましたね（笑）。

浜村　そうですね。「嫁さんが強い家は男の子がようけ生まれる」と。で、「女将さん家《ち》は、さぞかし男の子が多いだろう？」なんていう場面があります。

戸田　「なんですのォ？」「いやですよォ」とかいうパターンですよね。

浜村　高橋とよさんも文学座の人なんです。新劇出ですよ。上手いんですね。まあ、小津さんでは私は最後の作品になった『秋刀魚の味』（六二）がいちばん好きですね。

戸田　カラーですしね。

浜村　カラーです。まあ、それ以前にも『秋日和』（六〇）とか、カラー作品がありましたけどね。もうひとつ二番目に好きなのが、『小早川家の秋』（六一）。

戸田　これは東宝の作品ですよね。

浜村　宝塚映画で撮ったんですね。小津さんがね、「俺は松竹の監督で、東宝で撮ったから、なるべく客が来ないようにつまらなく撮ったんだ」と言いますけど、つまらないどころか、実に面白かったですね。

戸田　小洒落た作品です。

浜村　そうです。

戸田　やっぱり二代目中村鴈治郎さんがいいですね。

浜村　鴈治郎さんが良かったですね。造り酒屋の、まあ隠居やけど、ちょいちょい京都の祇園あたりにいる浪花千栄子にね。

戸田　伏見に住んでいるんですね。団令子が娘でね。

浜村　伏見でしたっけ、あれ？　団令子の娘は、当時の言葉で言えば、アプレゲールと言いますね。今で言うと、まあ、ヤンキーが近いかな。

戸田　鴈治郎の娘かどうか分からないんですけれども、なんか物を買わそうとするんですね。

浜村　そうです。伊丹の造り酒屋の隠居が鴈治郎さんで、そこで働いている番頭たち、例えば山茶花究さん、藤木悠さんとか、これが面白いんですよ。

戸田　藤木悠が鴈治郎のあとをつけてゆくんですよね。

浜村　あとをつけてね、家の陰から陰へ隠れるところが実に面白い。

戸田　ところが、鴈治郎が見つけて、「おいッ！」と言って、手招きされるんですよね。

浜村　（笑）。そうですね。で、藤木悠さんが山茶花究さんに向かって、「旦那、昔のコレに逢いに行くんですか」「ちゃう、ちゃう！（違う、違う）」って、山茶花究が言うでしょ。何回かこのやりとりを繰り返すんですね。

戸田　あのセリフがリズムになっているんですよね。

浜村　そうなんです。あれが上手かったですね。

戸田　関西弁の面白さですね。言葉の面白さ。

浜村　そうですね。「ちゃう、ちゃう！」というところがね。最近の『後妻業の女』（一六）も、あれ、えげつない関西弁でやるから面白いんでね。あの芝居は東京弁ではやれんですよ。

戸田　最後はどないやねんな？というような結末でしたがね（笑）。

『五辯の椿』

戸田　『五辯の椿』（六四）。これは野村芳太郎監督ですね。この作品も浜村さんがお好きな映画ですよね。

浜村　大好きですね。まず原作がすごいですね。

戸田　山本周五郎ですね。

浜村　もう原作で興奮しますよ。周五郎さんって、時代小説が多いですけれども、西洋文学の影響がはっきりと出てますけどね。もう、『樅ノ木は残った』とか、『赤ひげ診療譚』もそうですね。短篇になると、もう実に良いものがたくさん、たくさんありますよ。『こんち午の日』とかね。

戸田　映画になったものでは、『冷や飯とおさんとちゃん』（六五）とかね、これは中村錦之助主演ですね。

浜村　そうですね。田坂具隆監督で撮りましたですね。あれも宝塚映画で撮影したんです。

戸田　そうなんですか。お客さんが入らなかったらしいですね。

浜村　映画としてはね。江利チエミが出ていました。それに錦之助ですね。なんで入らなかったのか。映画会社の作った姿勢が中途半端やったんですね。

戸田　これは、東映ですね。松竹映画『五辯の椿』の見どころって、どのあたりですか。主演は、岩下志麻ですね。

浜村　これは、岩下志麻のお父っつあんが大きな商店の店主ですが、ご養子なんですよね。加藤嘉さんが演りましたね。で、おっ母さんが実は左幸子で、これが本当に男にだらしのない女でね。産んだ娘の岩下志麻がその男の子かどうか分からない。でもお父っつあんは、血のつながらない岩下志麻を可愛がって、可愛がってですね……ところが、左幸子の嫁なんか、家付きの娘ですが、ロクに家にいない。もういろんな男と遊び回ってます。まあ、先代が自分を見込んで婿養子にしてくれたから、その責任を重く感じて、商売、商売、商売……実に熱心に商売をやりますね。で、岩下志麻は、おしのという役名で、おしのは、その血のつながらないお父っつあんのことを大好きなんですよね。そして、お父っつあんは、自分と血がつながらない人やということを長いこと知らなんだんですね。おっ母さんは男道楽が派手でね、役者と遊んだり、いろいろです。そのうちお父っつあんが亡くなってしまうわけです。そんな時もおっ母さんは帰ってこない。若い少年じみた歌舞伎役者と遊んでいる。その二人が別荘で寝ているところへおしのは火をつけてしまうんですね。
焼け跡から発見されたのは、これはおしのの母親って分かるんですが、もうひとつの遺体は、少年の歌舞伎役者ですから、骨が細い。当時は江戸時代ですから、DNA鑑定なんてありませんので、これをおしのだと検視の役人が勘違いするんですよね。母親とおしのとが焼け死んだと決めてしまうわけです。おしのは生きておりますよね。そして紫頭巾、御高祖頭巾で顔を包んで、おっ母さんと遊び歩いた男を初めは誘惑するんですね。誘惑して、料亭の離れあたりへ呼んで隙を見て、刃物で殺してゆく。殺したあとに「お父っつあん……殺ってしまったわ」と言って、赤い椿の花一輪を置いて消えてゆく。これを疑ったのが、加藤剛です。青木千之助という同心でね。ズッ――ッとつけ回しますね。なかなか証拠を掴めない。そのうち亡くなったおっ母さんの関係のあった男が、一人、二人、三人……と、岡田英二をはじめ、田村高廣とか何人も殺されてゆく。でも、青木千之助――加藤剛さんが逮捕をする前におしのは胸の病で死んだんです。だからああいうことをやれたんです。自分の人生も諦めてね。で、お父っつあんの跡を追いたい、そういう気持ちが強かった。これを野村芳太郎がいい演出をしましたね。

戸田　これは長い映画でした。三時間近く（百六十三分）あったと思いますね。私は十朱幸代さん主演の舞台も見たことがあります。お父っつあんを松村達雄さんが演っていました。

浜村　なるほど……むしろおかしいですね（笑）……そんなことはないか。松村さんと言うと寅さんのおいちゃんを思い出しますねえ。

『仁義なき戦い』

戸田 もう少しあとの時代の作品では『仁義なき戦い』（七三）も浜村さんのお勧めですね。

浜村 これはもう深作欣二監督の名作、快作ですね。

戸田 東映任侠路線から実録路線に変わった作品ですね。

浜村 任侠路線で、あまりヒットが出なくなった。そんな時代に深作がカメラを手持ちにして撮ってますよね。またクセのある役者ばっかり使ってね。

戸田 東映大部屋俳優で、のちに「ピラニア軍団」なんて言われた、川谷拓三さんとか、室田日出男さんなんかが活躍した。

浜村 そうですね。そんな中に加藤武さんって、新劇の役者を混ぜたりね。

戸田 この人も文学座ですね。

浜村 特に上手かったのが、卑怯未練な親分ですよ。金子信雄。鼻の頭が赤いんで、いつもコンパクトで白粉で鼻の頭をパンパンッと叩く。「お父ちゃんは、心配しとるんじゃけんのお。あの腐れ外道め！」てなことを言うてね。本人は別に笑わせるつもりやなしに、笑わせてゆくでしょ。卑怯未練な山守組の親分ですよ。

戸田 菅原文太が「山守のおやっさんよォ……」というヤツですね（笑）。

浜村 （笑）。金子信雄さんは、昔から上手い人ですけどね。あの映画では良かったですね。

戸田 『生きる』（五二）の時なんか、志村喬の息子の役でしたからね。

浜村　そうなんです。若い頃は、たいへんな二枚目やったんです。『生きる』では、結婚して、お父っつあんと同じ家の二階に住んでいるんですね。で、お父っつあんは胃がんで苦しんで、階段の下から、「光男……光男……」って呼びますが、息子は見向きもしませんね。息子の部屋を見ると、ゴルフクラブとかね、最新のステレオ装置とかいっぱい置いてあってね。子どもの頃からどんなに可愛がって育てられましたか。中学生ぐらいの時に野球の試合に出たら、応援に行ってやる。ヒットを打ったりすると、隣の客に「あれ、うちの息子なんですよ」って、自慢したりする。

戸田　で、盗塁に失敗してアウトになって、「何やってんだ！」って隣の客に怒鳴られたりする。

浜村　その息子が大人になってね。

戸田　奥さんの言いなりになっている。

浜村　誰のお陰で大きしてもろうたんやと、見ているこっちが腹立つぐらいの人間になってゆきますよね。でも、あの頃は二枚目でね、しかも悪い役なんで、歌舞伎で言うと色悪と言うんですよ。金子さんは、上手かったですね。

戸田　『生きる』には、奥さんの丹阿弥谷津子さんもバーの女みたいな役で出てきました。菅原文太さんの魅力って、どのへんにあると思われますか。粗削りですよね。松竹映画に二枚目で出てくる時は、不器用な感じがしましたね。

浜村　（笑）。まあ、『トラック野郎』シリーズ（七五〜七九）の一番星桃次郎は面白かったですね。確かに藤純子の『緋牡丹博徒　お竜参上』（七〇）の菅原文太は、二枚目で身体が引き締まっててね、良かった。隅田川のあたり、川の畔に立って、「川があるんですよ」って、ヘンな訛りでしょ。

「川があるんですよ。俺の故郷には……」って言うて、妹がさらわれて、遊女に売られて、いじめ殺された。その敵をとった帰りにお竜とめぐり逢うわけでしょ。そうすると、お竜がね、東北へ帰る、その菅原文太のために、お弁当を作ってやって、風呂敷に包んで、「汽車の中でこれを食べてください」って渡そうとしたら、風呂敷包から蜜柑が一個、降り積もった雪の上にポトンと落ちて、コロコロコロッと転がると、小さな雪煙がパァッと立つでしょ。加藤泰監督のあれが美学です。「もう加藤泰らしい撮り方してるなあ」って見た人は唸ったですね。

戸田 『緋牡丹博徒』シリーズ（六八〜七二）は、シリアスで、若山富三郎さんがコメディ・リリーフで登場しますが、『仁義なき戦い』シリーズ（七三〜七四）って、基本的にシリアスぽくはあるんですが、人間コメディですよね。

浜村 つまりね、ああいう連中が真剣に側から見てたら、馬鹿なことをやってるでしょ。愚行と言うんですね。あれが面白いんですね。大真面目にね。

戸田 田中邦衛が自分が出来もせんことを偉そうに言ったりね。

浜村 そうですね。そして、親分や組のために命を懸けて、対立する相手の親分を殺したりするでしょ。ああいう愚行を真剣にやってる。何を真面目な顔で、真面目な態度で、アホなことをやっとるんじゃと。

戸田 第一作で菅原文太が指を詰めるシーンがあって、それが痛くて大騒ぎして、また、その指がどこへ飛んだか分からないというような、馬鹿馬鹿しい場面がありますよね。

浜村 そうですね。第一作は、『昭和残侠伝』でも『仁義なき戦い』でも、あとほど良くないんですよ。つまりあとになるほど良くなっていってね、第一作はもうひとつのめり込めないですね。

戸田 ただ、ラストシーンがあまりにも有名ですよね。松方弘樹のお葬式に行って、菅原文太が祭壇に向かって拳銃をブッ放して、「山守さん、弾はまだ残っとるがよう」なんていうシーンがね。ああいうのがひとつあって、伝説になって次に続けられてゆくんでしょうね。

浜村 とにかく歯切れの良いというか、テンポの速い、迫力のある、ああいう映画って、もう出ないですね。

戸田 カメラが回転して、あのテーマ曲が流れて、字幕がカシャカシャカシャッ……と出ますね。

浜村 テーマ曲がまたいいでしょ。津島利章さんが書いた、あのギターの音を活かしたね。

『影武者』

戸田 黒澤さんの映画は、度々これまでも話に出てきましたが、浜村さんは『影武者』（八〇）が特にお好きなんですね。

浜村 私は好きですねえ。

戸田 『影武者』のどのあたりがいいですか。

浜村 もうすべて。隙のない映画でね。全部魅せるじゃないですか。

戸田 冒頭は脚本でもあるように同じ人間が三人いるっていうシーンですよね。

浜村 そうです。あれがね、私はお客が見ていて戸惑いますんでね。あそこをもうちょっと処理してほしかったと思います。つまり、武田信玄とそれから弟の信廉、山崎努さん、この人がズゥ——ッと信玄の、兄貴の影武者をやっていたんですよ。ところがコソ泥が捕まったら、信玄にそっくりなんですね。同じ衣装で三人が映ってるでしょ。初め、誰が誰やら、さっぱり分からない。セリフも低い声でつぶやきますからね。あそこだけなんとかしてほしかったと思います。あとはガラッと場面が変わると、ひとりの武者が伝令として、城へ走りこんでくる。その場面が長いんです。他の侍、武士たちが、もう戦い終わって、旗差しものを背中に立てたまま、あっちで三人、こっちで五人とゴロゴロ転がって休んでいる。そこを飛び越え、かき分けてね、もう、ダダダダダダダダッ……と走ってくる。場面が長くても、ちっとも退屈させない。溝口健二監督は、静か、「静」の場

『影武者』パンフレット

ね。

面で長回しをしても退屈させない。黒澤明監督は「動」の場面で長回ししても退屈させないですよ

戸田 私は『影武者』で好きな場面は、武田信玄が死んだという噂が流れて、武士のひとりが、「いや、親方様はあれにござるわ！」って言ったら、丘みたいなところを夕陽をバックにシルエットでスゥ――ッと武田信玄が馬に乗って上がってくる。あの場面は絵画的ですね。

浜村 それと武田勢が引き上げる時に延々と行列が続くでしょ。あれ、ひょっとしてそのへんで回れ右してね。

戸田 グルグルと回っている（笑）。

浜村 （笑）。グルグル回っているように見えるんですよ。でも、まあダイナミックな映画で、話は面白いし、あとに続く『乱』（八五）とかは、私は『影武者』ほど面白くはなかったですね。

戸田 『乱』はシェイクスピアの『リア王』でしたね。

浜村 その他にも黒澤さんは、『どですかでん』（七〇）とか、『八月の狂詩曲』（九一）とかね。

戸田 『八月の狂詩曲』は、私は名作だと思いますがね。

浜村 リチャード・ギアが出ましたね。アメリカから来てね。

戸田 日系人の従弟かなんかの役ですね。

浜村 私はあんまりいいとは思いませんでした。

戸田 私も最初に見た時は、あまりいいとは思いませんでしたが、先日、映画館で見なおしましたら、前後の作品の中でもいいなあと思いました。『夢』（九〇）が好きだったんですがね。当時のハ

イビジョン処理が今となっては、逆に古い感じを与えてしまいます。

浜村　私は『どですかでん』も面白いとは思わなかったし、『夢』もそれほどのめり込まなかったですね。ただ、お雛様がたくさん出てくる場面（「桃畑」）とか、最後の笠智衆さんが出てくる……。

戸田　「水車のある村」ですね。あと狐の嫁入りの「日照り雨」が良かったです。

浜村　ああ、面白かったですね。あの踊りが奇怪なジェスチャーでしたね。

戸田　狐の行列が一斉に同じ動きをするというヤツですね。

浜村淳が語る映画の魅力

戸田　さて、これまで浜村さんにいろいろと映画のお話をお伺いしてきましたが、唐突な言い方でお尋ねいたしますが、浜村さんにとって「映画」というものは、どういうものでありますか。

浜村　これはね、人生の夢であり、知識であり、情報でありますね。人間って、一生かかって体験できることって、知れてるじゃないですか。ところが映画は疑似体験ではありますが、ヒマラヤ山脈のてっぺんまで登らせてくれるし、海底深く潜らせてくれるし、甚だしきは人間の身体の中まで入らせてくれるでしょ。もう、絶対に行くことのできない、過去へも未来へも連れて行ってくれる。その疑似体験がすごく人間の心を楽しく、夢を見させますね。

戸田　人間を豊かにする？

浜村　「豊かにする」と本当はそう言いたいんですがね、そうしたら、「お前は豊かになっているのか?」って言われたら(笑)、まあ、そうでもないでしょうね。

戸田 (笑)。金銭の豊かさよりも心の豊かさですね。

浜村 私はそうだと思うんですね。それで我々が放送する時も、ひとつの話題、あるいは事件を語る時に、「そう言うと映画でこういう作品がありました」「映画では、こうなっていましたね」。そういう風に例として引くことがたくさん、たくさんできるじゃないですか。例えば『ニュースの真相』(一五)なんて映画を見てもそうでしょ。ブッシュ大統領の過去の良くない話を暴いているじゃないですか。あんなことをよくできるなあと思いますね。

戸田 日本では、なぜかそういうことはできませんね。

浜村 この間、NHKがロッキード事件の真相を暴くような見事な作品『NHKスペシャル 未解決事件 File05 ロッキード事件』(二〇一六年七月二十三日放送)を撮りましたですね。ただし、これも一体、田中角栄を追い落とすために誰がやったのか。どこまでが真相で、どこまでがでっち上げなのか。実はそこまで突っ込んでいなかったですね。

戸田 関係者にお訊きすると、NHKですからバイアスがかかっていたと言いますね。

浜村 そら、あるでしょうね。さらにですね、NHKのドラマは検察を中心にしていましたからね。

戸田 当時の検察は、また少し独特ですからね。

浜村 『ニュースの真相』以前に、新聞記者がウォーターゲート事件を暴いた『大統領の陰謀』(七六)という映画がありましたが、よくあそこまで突っ込むことができたなあと思いますね。

戸田 オリバー・ストーン監督の映画で、『ブッシュ』(〇八)というブッシュ大統領を笑う映画があったじゃないですか。日本で例えば、小泉純一郎首相で同じような映画を描けるかと言えば、ちょっと無理ですよね。

浜村　しかも映画で実名を出しているでしょ。だから、「映画では、こういう作品がありましたね」「映画では、こうなりましたが、現実はどうなるでしょうか」とか、そういう風に例として引くこともできますし、話題が豊富になりますね。そういう意味で、私はたくさんの人に映画を見ていただきたい。そしたら、「テレビがあるやないか」って、必ず反論が返ってきます。でも、戸田さん、テレビと映画って、本質は違うんじゃないかと思いませんか？　まず、テレビは家庭で見ますよね。と、日常の生活と同じことですね。同じ場所に、電話があって、時計があって、テーブルがある。そして、ちょいちょい夫がテレビを見ながら、「お〜い、茶を入れてくれ」とか言うでしょ。電話が鳴ったりする、客が来たりもするでしょ。それと映画とは、やっぱり別物ですね。映画は、映画の世界にのめり込んで、溶け込んでしまうじゃないですか。

戸田　限られた時間に、その空間にいるということですね。それに画面の大きさが違いますよね。

浜村　よく学校から、団体鑑賞で映画を見に行ったんですよ。全校生徒が行きますね。初め喧しくて、しゃーないんです。ベチャクチャ、ベチャクチャ……としゃべってね。映画が始まってもまだしゃべってよんです。ところがね、物語が進むにつれて、シーンとなってしもてね。ひとりひとりが別々にひとりで来たような、そういう態度、姿勢になってゆくんですよ。これは映画の面白いところですね。

戸田　催眠術にかけられるようなところがありますね。

浜村　そのとおりです。その世界に入り込んでしまうでしょ。するとね、これは私の勝手な持論ですがね……いや、勝手な持論と言いますが、徳島大学のある先生が新聞にお書きになったことがあるんです。例えば、ノイローゼとかストレス解消とかね、そういう症状が出たら、映画を見なさい。良い映画を見なさい。良いお薬になりますよって書いてあった。こら、私の考えと同じ方がいらっしゃるんだなあとそう思いましたね。

戸田　一時、「笑い」というのはよく言われました。

浜村　「笑い」は、いつの時代でもそう言いますよね。認知症の方に「笑い」、例えば寄席へ連れて行く。まあ、治りはしませんが、喰い止めることができるとか言いますけどね。私は映画にも……まあ、種類にもよりますけどね。

戸田　まあ、『悪魔のはらわた』（七三）とか見せてたらダメでしょうからね。

浜村　ハッハハハハ……！　そんなん見た帰り、明太子を食べたなるじゃないですか。いい映画はね、優れた作品はいいお薬になると思うんですね。別の効用と言いますか。プラス面ですけれどね。そういうことが言えると思いますね。

戸田　まあ、これからも語り続けていただきたいと思います。

浜村　難しい話ですけどね。

戸田　画面の流れが変わってきましたからね。説明しにくい映画もたくさんありますでしょうからね。

浜村　この間、クロード・ルルーシュの映画を見ましたけどね。『男と女』（六六）って、五十年前

の映画でしょ。今度、デジタルリマスターしてね、すっかり画面が綺麗になってね、また公開されるんです。そして、それとは別にクロード・ルルーシュが、同じようなタイトルの映画を新作として撮ったんです。インドを舞台にした、『アンナとアントワーヌ　愛の前奏曲』（一五）。監督の腕が全然衰えてない。ルルーシュの映画って、語り難いのは、いきなり物語の中途から始まるでしょ。で、元へ戻ったり、先へ飛んだりするじゃないですか。それでも面白いんですよね。ただ、話としては語り難いですね。

戸田　浜村さんの場合は、時間に制限がある場合は、この映画は、ここッっていうシーンを中心にお話になりますもんね。

浜村　そうせざるを得ませんですからね。

戸田　まあ、全部語っていたら、映画と同じ時間になりますからね。

浜村　でもね、「映画を一本見た気持ちになりました」とおっしゃってもらうと嬉しいですね。

戸田　あとは、「だから映画を見に行きたい」ということですね。

浜村　確かにそうです。「あんたの話を聞いたから、もうええわ」じゃなくてね。

戸田　結構、そういう人が多いんですよ。

浜村　でも、そうじゃない。映像を目の前に見たい。役者がどういう演技をするか、表情をするか、それを話を聞いて見たくなったという気持ちになってもらえれば有り難いですね。

戸田　よく浜村さんの話のほうが、映画より面白いという意見がありますね（笑）。

浜村　（笑）。ええところを摘まんでしゃべるからでしょ。

戸田　本を読むのと一緒で、配役や画面の構図は聴く人が想像しているから、そのイメージのままで見に行かれたら、違和感があるんでしょうね。

浜村　そら、そうですね。いや、もう面白い映画、良い映画って、山ほどありますからね。

戸田　だから、先ほどから浜村さんに見ていただきたい映画として、何本かご推薦いただきましたが、この程度ではないんですよね。

浜村　そうですね。皆さんに見ていただきたい映画は、この百倍ぐらいありますよね。映画って不思議なもんでね、見て一年も経つと細かいことを忘れてしまうんです。だから改めて見る、改めて話を聞くと、「あッ、そうや。ああいう場面があったな」と、新鮮な思いがするそうですね。

戸田　また、それを見る人の年代ごとによっても、見方が変わってきますよね。

浜村　そら、もうまったくそうですね。

戸田　監督がそこまで深く考えて撮っていたのが分かるようになったのか、それとも見ている自分がそれを監督以上に解釈して分かるようになったのかという、それぞれの考えが成り立ちますよね。

浜村　（笑）。それもありますね。まあ、映画評論家の水野晴郎さんやないけれども、「映画って、ホントにいいもんですね」。これが結論ですね。

戸田　昔、浜村さん、それのパロディで、「映画って、ホントにえいが！」って言うてはりましたね。

浜村　しかし、戸田さん、あんた、ようそんなしょーもないこと覚えてますね（笑）。

あとがき

私が映画そのものに興味をもったのは、小学四年生、十歳のときである。ケネディ暗殺十年を迎えて、その事件の真相を描いた、日本ヘラルド映画配給のデヴィッド・ミラー監督『ダラスの熱い日』（七三）という映画で劇映画の面白さというものに気づいた。そして、東和映画配給で「ビバ！チャップリン」のタイトルで、当時連続上映されていた一連のチャップリン作品によって映画に魅了された。

私の家では、ほとんどテレビを見せてもらえないという事情があって、私は映画と共にラジオにその興味の矛先は向いていった。

まずは、映画のラジオ番組から聴き始めた。映画評論家の淀川長治氏がTBSラジオ（関西では朝日放送ラジオがネット）で毎週放送していた『淀川長治ラジオ名画劇場』（一九七三年十月〜一九八一年三月）で具体的な映画の面白さに導かれた。大きく影響された。

そして、浜村淳さんである。浜村さんがABC朝日放送ラジオで月曜日から金曜日まで夜の帯で放送していた、『ハイッ！浜村淳です――ABC』（一九七四年四月八日〜一九七八年九月二十九日）では、〈淳ちゃんのおもろい話〉〈淳ちゃんの怖ぁ〜い話〉、「平凡パンチ」提供の〈パンチものしりカセット〉（乾龍介ABCアナウンサーがものしり兄ちゃんとして出演）と共に、毎日のように映画の紹介があった（紹介する映画がなくなった場合には、TVの洋画劇場で放送する映画まで語っていた）。

さらには、浜村さんが、ラジオ大阪で放送していたウィークエンド・スペシャル『サタディ・バチョン』（一九七四年十月五日〜一九九一年九月二十八日）でも、映画の紹介があり、それを当たり前のように聞き込んでいた。

私は——いや、私たちの世代は、淀川長治さんと浜村淳さんによって映画熱が熟成された。

個人的に浜村さんとの知己を得てから、もう随分と年月が経つ。その間、芸能史を始め、浜村さん自身のその類まれな話芸のことなどについて、何度もインタビューをさせていただいた。また、映画の試写室の合間での楽しい会話はいまだに続いている。

その浜村さんと初めて、放送という形で対談インタビューさせていただいたのは、今はない関西テレビ系のCS放送局、京都チャンネルで私がナビゲーターを務めていた『京チャン！いんたびゅう』という六十分番組である。その第一回（二〇〇八年十二月一日OA）と第二回（二〇〇九年一月三日OA）に、浜村淳話芸編、映画編とそれぞれ浜村さんに長時間話を伺った時である。

この収録が終わって、当時の浜村さんのマネージャーであった昭和プロダクションの大槻康治氏から、「戸田さんなら、浜村さんと対談で映画の本を作れるんじゃないですか？」とのヒントを得た。「そのためにはラジオで収録して、その後書籍化するのが一番いいんじゃないでしょうか」とのアドバイスを受けた。対談で、浜村さんのその映画体験をたっぷり語って頂けたら、どんなに楽しいかと、すぐに企画は思いついた。しかし、当時も今もラジオ業界の現状は大変で、スポンサー持ち込みでなければ、なかなか番組化は難しい状態であった。

それでも、浜村さんが「うちの番組」と語る、昭和四十九年（一九七四年）四月八日から四十年以上も続く、毎日放送ラジオの朝のワイドショー『ありがとう浜村淳です』を担当していた、島修一プロデューサーに相談すると、特別番組として、『浜村淳の思い出は映画でいっぱい』というタイトルの浜村さんと私が映画についての話をする番組を三回にわたって制作してくださった。

番組には、浜村さんと私以外にも、『ありがとう浜村淳です』に出演する、ありがとう娘が出演した。以下がその記録である。

第一回　二〇一一年一月二日、20：00～21：00　ありがとう娘＝宮崎真理・吉村珠佳
第二回　二〇一一年十一月七日、20：00～21：00　ありがとう娘＝吉村珠佳・山下真央子
第三回　二〇一三年一月二日、10：30～11：25　ありがとう娘＝吉村珠佳・加藤万梨子・西田愛

ラジオ番組からの書籍化をあきらめた私は、旧知の青土社の明石陽介氏に相談したところ、今回の企画が成立した。その後、現・浜村さんのマネージャーである昭和プロダクション＝上井尾勉氏にご協力を願うと同時に、再び毎日放送の島修一氏に収録場所等の相談をすると、「うちとしても、浜村さんの記録は貴重なので、なんとかその録音から番組化できないか考えてみたいと思います」とのお話で、その後、書籍用の録音を毎日放送ラジオのUスタジオで収録し、その録音から編集し

てラジオ放送も同時に行うという企画が成立した。所謂、メディアミックスの形である。

私個人としては、浜村さんの膨大な記憶の対談インタビューの相手としてついてゆけるものかとの不安はあった。浜村さんはスタジオでは、私を真っ直ぐに見据えて語られる。しかし、いざ、実際に収録を始めると、そんなことは杞憂で、とても楽しい至福の時間となった。

毎回、百二十分前後の収録を、番組としては、『浜村淳の浜村映画史』のタイトルで放送時間に合わせて編集し放送した。以下が記録である。

『浜村淳の浜村映画史』（二〇一六年一月三日14：45〜16：30　収録二〇一五年十二月二十八日）
『浜村淳の浜村映画史２』（二〇一六年四月十一日19：00〜20：00　収録二〇一六年二月二十二日）
『浜村淳の浜村映画史３』（二〇一六年八月一日19：00〜20：00　収録二〇一六年五月二十三日）
『浜村淳の浜村映画史４』（二〇一六年九月十二日19：00〜20：00　収録二〇一六年七月十一日）
『浜村淳の浜村映画史５』（二〇一六年十月三日19：00〜20：00　収録二〇一六年　八月十五日）

そして、収録した約十時間の対談インタビューを書籍化したのが本書である。数回に分けて収録したので、同じような話題が出てくることはご容赦願いたい。

博覧強記の浜村さんが語る映画の世界に魅了された。浜村さんは映画評論家であると共に、映画の語り部だ。必ずしも語られる話が映画そのものではないこともある。今回は、その「映画より面白い浜村淳の映画語り」との世間での評判を優先して、最低限の修正のみで、浜村さんの語る映画の世界を記録した。
最後に、浜村淳さんご本人は当然として、昭和プロダクション＝上井尾勉氏、毎日放送ラジオ局編成部＝島修一氏、また、様々なアドバイスを下さった映画評論家＝春岡勇二氏、映画・演劇評論家＝薮下哲司氏、編集者の明石陽介氏には、改めて御礼を申し上げます。

二〇一七年二月吉日

戸田　学

浜村淳（はまむら・じゅん）
映画評論家、パーソナリティー。京都市生まれの京都市育ち。誰にでもわかりやすい独自の話術は、“浜村節”と言われている。浜村節による映画語りは多くの映画ファンを心躍らせてきた。レギュラーパーソナリティーを務める毎日放送ラジオ『ありがとう浜村淳です』は一九七四年に放送開始、屈指の長寿番組としても知られる。主な著書に、『さてみなさん聞いてください』（西日本文庫）、『京都人も知らない京都のいい話』（PHP 研究所）ほか多数。

戸田学（とだ・まなぶ）
作家。一九六三年大阪府堺市生まれ。二〇〇四年、よみうりテレビ「第 33 回上方お笑い大賞・秋田實賞」受賞。現在はテレビやラジオの番組構成、出演、映画や落語を中心とした著述で活躍している。主な著書に、『随筆 上方落語の四天王——松鶴・米朝・文枝・春団治』『上方落語の戦後史』『上方漫才 黄金時代』（岩波書店）、『上岡龍太郎 話芸一代』（青土社）。編著に『桂米朝集成』全四巻（豊田善敬共編、岩波書店）ほか多数。

浜村淳の浜村映画史

名優・名画・名監督

2017年3月10日　第1刷印刷
2017年3月21日　第1刷発行

著　者　浜村淳・戸田学

発行人　清水一人
発行所　青土社
東京都千代田区神田神保町1-29　市瀬ビル　〒101-0051
［電話］03-3291-9831（編集）　03-3294-7829（営業）
［振替］00190-7-192955

印刷・製本　シナノ印刷

装　幀　菊地信義

カバー写真提供　株式会社毎日放送

ISBN 978-4-7917-6974-2　Printed in Japan